Empirische Ökonomie

Bernd Süssmuth · John Komlos

Empirische Ökonomie

Eine Einführung in Methoden und Anwendungen

2., überarbeitete und erweiterte Auflage

Bernd Süssmuth
Institut für Empirische Wirtschaftsforschung – IEW
Universität Leipzig
Leipzig, Deutschland

John Komlos
Seminar für Wirtschaftsgeschichte
Universität München
München, Deutschland

ISBN 978-3-642-30075-2 ISBN 978-3-642-30076-9 (eBook)
https://doi.org/10.1007/978-3-642-30076-9

Die Deutsche Nationalbibliothek verzeichnet diese Publikation in der Deutschen Nationalbibliografie; detaillierte bibliografische Daten sind im Internet über http://dnb.d-nb.de abrufbar.

Springer Gabler
© Springer-Verlag GmbH Deutschland, ein Teil von Springer Nature 2010, 2022
Das Werk einschließlich aller seiner Teile ist urheberrechtlich geschützt. Jede Verwertung, die nicht ausdrücklich vom Urheberrechtsgesetz zugelassen ist, bedarf der vorherigen Zustimmung des Verlags. Das gilt insbesondere für Vervielfältigungen, Bearbeitungen, Übersetzungen, Mikroverfilmungen und die Einspeicherung und Verarbeitung in elektronischen Systemen.
Die Wiedergabe von allgemein beschreibenden Bezeichnungen, Marken, Unternehmensnamen etc. in diesem Werk bedeutet nicht, dass diese frei durch jedermann benutzt werden dürfen. Die Berechtigung zur Benutzung unterliegt, auch ohne gesonderten Hinweis hierzu, den Regeln des Markenrechts. Die Rechte des jeweiligen Zeicheninhabers sind zu beachten.
Der Verlag, die Autoren und die Herausgeber gehen davon aus, dass die Angaben und Informationen in diesem Werk zum Zeitpunkt der Veröffentlichung vollständig und korrekt sind. Weder der Verlag, noch die Autoren oder die Herausgeber übernehmen, ausdrücklich oder implizit, Gewähr für den Inhalt des Werkes, etwaige Fehler oder Äußerungen. Der Verlag bleibt im Hinblick auf geografische Zuordnungen und Gebietsbezeichnungen in veröffentlichten Karten und Institutionsadressen neutral.

Planung/Lektorat: Carina Reibold
Springer Gabler ist ein Imprint der eingetragenen Gesellschaft Springer-Verlag GmbH, DE und ist ein Teil von Springer Nature.
Die Anschrift der Gesellschaft ist: Heidelberger Platz 3, 14197 Berlin, Germany

Vorwort zur 2. Auflage

Zwölf Jahre sind vergangen seit der Fertigstellung der ersten Auflage des vorliegenden Lehrbuchs. Gegeben den rasanten Fortschritt im Bereich der angewandten Ökonometrie stellt dies eine lange Zeit dar. Nichtsdestotrotz erscheinen uns auch viele Methoden, insbesondere in den Kernkapiteln zur einfachen und multiplen Regressionsanalyse (Kap. 5 und 6), als geradezu zeitlos. An einigen Stellen wurde unser Buch korrigiert, erweitert und vor allem um ein ausführliches Stichwortverzeichnis, das in der ersten Auflage schmerzlich fehlte, ergänzt.

Zum Gelingen der zweiten Auflage haben viele Studierende, Promovierende und Institutsmitarbeiter beigetragen. Besonders möchten wir uns bei Marian Hummel, Susanne Flinner, Frank Simmen, Pablo Duarte, Bastian Gawellek, David Leuwer und Marco Sunder für ihre Mühen in Zusammenhang mit der Erstellung dieser 2. Auflage bedanken.

Wir widmen diese Auflage Claude Hillinger, einem hervorragenden, kritischen Wirtschaftswissenschaftler und einem großartigen Menschen. Kurz vor seinem 90. Geburtstag im ersten Corona-Jahr 2020 ist Claude Hillinger von uns gegangen. Er war ein langjähriger Wegbegleiter und Kollege für einen von uns wie auch ein Lehrer, Mentor und Doktorvater für den anderen von uns. Er steht in einer Reihe großer empirischer Wirtschafts- und Konjunkturforscher. So zeichnete sich nicht zuletzt der Doktorvater seines Doktorvaters, Gerhard Tintner, dadurch aus – auch für das vorliegende Lehrbuch – zentrale Methoden auf dem Gebiet der Zeitreihenanalyse, stochastischen Gleichungssysteme, Fehler in den Variablen, Multikollinearität und stochastischen Prozesse als neue Methoden in den 1950er-Jahren zu verbreiten und Theorie und Empirie zusammenzuführen. Seine Bemühungen schlugen sich 1952 im ersten Lehrbuch der Ökonometrie (*Econometrics*, New York) nieder.

Leipzig und Raleigh, NC, im Januar 2022
Bernd Süssmuth
John Komlos

Vorwort zur 1. Auflage

Bei der empirischen Ökonomie, die wir als angewandte Ökonometrie verstehen, handelt es sich um eine wirtschaftswissenschaftliche Kernkompetenz mit dem Charakter einer interdisziplinären Schnittstelle – nicht nur zwischen den ökonomischen Disziplinen. So haben an den diesem Lehrbuch zugrunde liegenden Lehrveranstaltungen Studierende diverser Fachrichtungen wie der Informatik, der Geschichtswissenschaft, der Meteorologie oder der Medizin teilgenommen. In unseren Augen ist es das, was dieses Fach besonders reizvoll macht und seine Akzentuierung als universelles und unmittelbar umsetzbares Humankapital unterstreicht.

Als vor über zehn Jahren die ersten Zeilen des diesem Buch zugrundeliegenden Skripts zur gleichnamigen Lehrveranstaltung im Rahmen des Hauptstudiums der Volkswirtschaftslehre an der Universität München geschrieben wurden, waren gerade die ersten kleinen Schritte zur Einleitung des Bologna-Prozesses im Europarat vollzogen. Durch die Umsetzung der Bologna-Erklärung im europäischen Hochschulraum entfällt die traditionelle Gliederung von Lehrinhalten nach Grund- und Hauptstudium. Sie setzt sich vielmehr in der Bachelor-Master-Struktur der wirtschaftswissenschaftlichen Studiengänge fort. Allerdings gehört die empirische Ökonomie dort freilich zu den Kernbausteinen des wirtschaftswissenschaftlichen Bachelorstudiums. Eine zentrale Motivation für dieses Buch ist es, ein grundständiges Lehrbuch bereitzustellen, das für den wirtschaftswissenschaftlichen Bachelor und seine Nachbarstudiengänge einen ersten elementaren Einstieg in den Teilbereich der empirischen Ökonomie vermittelt.

In der Zeit der ersten Version des Lehrmanuskripts hatte einer von uns gerade sein Promotionsstudium begonnen, während der andere von den Vereinigten Staaten kommend seine ersten Schritte im Hochschulsystem der „alten Welt" tat. In der Zwischenzeit wurden das Skript oder Teile davon in diversen Lehrveranstaltungen an der LMU München, der Universität Bamberg, der TU München und der University of California Santa Barbara eingesetzt, wodurch die Grundlage zu diesem bewusst „nicht-pedantisch" gehaltenen Lehrbuch – insbesondere durch die Hilfe von Studierenden und Assistierenden – ständig weiterentwickelt wurde. Vor dem Hintergrund dieser mehrjährigen Erfahrungen haben wir bewusst auf eine Anwendung der vermittelten Verfahren und Methoden mit Hilfe eines speziellen Software-Pakets verzichtet. Die in diesem Buch dargestellten Anwendungen wurden mit diverser statistisch-ökonometrischer Software, darunter EViews, Gauss, gretl, R, SPSS und Stata durchgeführt, wobei an den entsprechenden Stellen immer das benutzte Programm angegeben wird. Unter einem „nicht-pedantischen" Ansatz verstehen wir einen mehr oder weniger weitgehenden Verzicht auf algebraisches Detail und ausgedehnte Herleitung formaler Zusammenhänge. Wo es uns ungebräuchlich erschien, haben wir von einer Übersetzung der Fachausdrücke ins Deutsche abgesehen und gelegentlich die Bezeichnungen in Deutsch und in Englisch angegeben. Dies ist unter anderem der Tatsache geschuldet, dass für einen Großteil der ökonometrischen Software keine deutsche Version existiert.

Das Buch versucht nicht mehr und nicht weniger als eine anwendungsorientierte Einführung in ökonometrische Methoden zu geben und diese anhand einfacher Anwendungen aus verschiedenen Gebieten, wie etwa der Wirtschaftsgeschichte oder der Politökonomie, zu erklären und zu veranschaulichen. Damit stellt sich das Buch der Aufgabe, den Studierenden neben den methodischen Fertigkeiten auch Anregung und Motivation zu eigenständigem empirischem Arbeiten zu geben. Da wir auch grundlegende Konzepte der beschreibenden und schließenden Statistik behandeln, sind keine umfassenden Vorkenntnisse aus dem Bereich Statistik notwendig. Sollte dieses Fundament bereits gelegt sein und die behandelten Methoden der induktiven Statistik beherrscht werden, können die Kap. 3 und 4 ohne Weiteres übersprungen werden. Für ihre Unterstützung bei der Ausarbeitung des vorliegenden Buchs bedanken wir uns herzlich bei Bastian Gawellek, Alexander von Kotzebue, René Naarmann, Philipp Mandel, Markus Laue und Johanna He.

München im März 2010

John Komlos
Bernd Süssmuth

Inhaltsverzeichnis

1	**Einführung**	1
2	**Vorüberlegungen und Grundbegriffe**	7
	2.1 Statistik als Grundlage der Empirischen Ökonomie	7
	2.2 Abgrenzung und Parallelen zu den Naturwissenschaften	7
	2.3 Was ist Ökonometrie?	8
	2.4 Status und Anspruch der empirischen Ökonomie	9
	2.5 Grundbegriffe der ökonometrischen Analyse	10
	2.5.1 Ökonometrische Modelle	10
	2.5.2 Variablen	18
	2.5.3 Spezifikation einer Schätzform	19
	2.6 Übungsaufgaben	21
3	**Momentenschätzung auf Stichprobenbasis**	23
	3.1 Begriffe	23
	3.1.1 Grundgesamtheit und Stichprobe	23
	3.1.2 Zufallsstichprobe: Diskrete und kontinuierliche Variablen	23
	3.2 Diskrete Variablen	24
	3.3 Verteilungsmomente schätzen auf Grundlage von Stichproben	25
	3.4 Stetige Variablen	32
	3.5 Übungsaufgaben	35
4	**Basiskonzepte der induktiven Statistik**	37
	4.1 Wiederholung der wichtigsten statistischen Maßzahlen	37
	4.2 Die Normalverteilung	40
	4.3 Transformation auf die Standardnormalverteilung	40
	4.3.1 Wahre und empirische Varianz	44
	4.3.2 Der Jarque-Bera-Test auf Normalität	45

4.4 Das Testen von Hypothesen ... 46
4.4.1 Testbeschreibung allgemein ... 46
4.4.2 Konstruktion von Konfidenzintervallen ... 54
4.4.3 Grundlegende Schritte beim Testen von Hypothesen zusammengefasst ... 56
4.5 Übungsaufgaben ... 56

5 Einfaches OLS-Regressionsmodell ... 59
5.1 Herleitung des einfachen OLS-Schätzers ... 59
5.1.1 Alternative lineare Schätzmethoden ... 59
5.1.2 Formale Definition des Residuums (unerklärte Variation) ... 60
5.1.3 Der Unterschied zwischen Residuum $\hat{\varepsilon}_i$ und Störgröße ε_i ... 61
5.1.4 Formale Herleitung des OLS-Schätzers ... 61
5.1.5 Gauss-Markov-Theorem ... 64
5.1.6 Ein numerisches Beispiel ... 64
5.2 Annahmen und Besonderheiten des OLS-Modells ... 65
5.2.1 Anforderungen an die Störterme ... 66
5.2.2 Das Güte- oder Bestimmtheitsmaß R^2 ... 69
5.2.3 Problematisches an R^2 ... 71
5.2.4 Konfidenzintervall für einen OLS-Schätzer ... 73
5.2.5 Prognose (Forecast) basierend auf einem OLS-Modell ... 75
5.2.6 Geschätzte Standardfehler der OLS-Parameter ... 76
5.2.7 Signifikanztest der geschätzten Koeffizienten ... 77
5.2.8 Allgemeine Anmerkungen zu Signifikanztests ... 78
5.3 Verletzung der Annahmen des OLS-Modells ... 79
5.3.1 Autokorrelation der Fehlerterme: serielle Korrelation ... 79
5.3.2 Der Durbin-Watson-Test auf Autokorrelation in den Fehlertermen ... 81
5.3.3 Heteroskedastizität ... 85
5.4 Auswege bei Autokorrelation und Heteroskedastie ... 88
5.4.1 Behebung von Autokorrelation, wenn das lineare Modell angebracht ist ... 88
5.4.2 Behebung von Heteroskedastizität ... 90
5.5 Übungsaufgaben ... 91

6 Multiples OLS-Regressionsmodell ... 93
6.1 Matrixalgebra ... 93
6.1.1 Einheitsmatrix ... 93
6.1.2 Datenmatrix ... 94
6.1.3 Addition und Multiplikation von Matrizen ... 94
6.1.4 Transponieren von Matrizen ... 95
6.1.5 Quadrierung von Matrizen ... 96

		6.1.6	Invertierung von Matrizen	96
	6.2		Herleitung des OLS-Schätzers im Mehr-Exogenen-Fall	100
		6.2.1	Ein Zahlenbeispiel	101
		6.2.2	Standardisierte Koeffizienten	104
	6.3		F-Test	105
		6.3.1	Definition der F-Verteilung	105
		6.3.2	F-Test im Rahmen des multiplen OLS-Modells	106
		6.3.3	Testen auf Strukturbruch: Der Chow-Test	107
	6.4		Multikollinearität	108
		6.4.1	Problem und Auswirkungen von Multikollinearität	108
		6.4.2	Varianzinflationsfaktoren	110
	6.5		Weitere Besonderheiten des multiplen Regressionsmodells	111
		6.5.1	Veränderung der Maßeinheit der Variablen	111
		6.5.2	Spezifikationsfehler – falsche funktionale Form	113
	6.6		Auxiliäre Regressionen	113
	6.7		Tests auf Heteroskedastie	115
	6.8		Zweistufige Schätzung und Instrumentenvariablen	117
		6.8.1	Beispiel für einen einfachen IV-Schätzer	118
		6.8.2	Hausman-Test	120
7	**Maximum-Likelihood-Schätzung**			**123**
	7.1		Der ML-Schätzer im Rahmen von Stichprobenschätzungen	123
	7.2		Der ML-Schätzer im Rahmen linearer Regressionsmodelle	125
8	**Qualitativvariablen-Modelle**			**129**
	8.1		Qualitative unabhängige Variablen: Dummyvariablen	129
		8.1.1	Kategoriale unabhängige Variablen	131
		8.1.2	Interaktionsterme	133
		8.1.3	Qualitative und stetige unabhängige Variablen in einem Modell	133
		8.1.4	Dummyvariablen für saisonale Effekte	134
		8.1.5	Asymmetrische Reaktion (asymmetric response)	135
	8.2		Binäre abhängige Variablen: Probit- und Logit-Modell	136
		8.2.1	Beispiel für einen dichotomen Regressand	136
		8.2.2	Illustration der Defekte des linearen Wahrscheinlichkeitsmodells	138
	8.3		Nichtlineare Modelle: Logit und Probit	139
		8.3.1	Das Prinzip nichtlinearer Wahrscheinlichkeitsmodelle	139
		8.3.2	Interpretation der Beta-Koeffizienten: Marginale Effekte	141
		8.3.3	Odds-Ratio-Interpretation	142
	8.4		Übungsaufgaben	143

9 Zeitreihenanalyse 145
9.1 Unbeobachtete-Komponenten-Modell 145
9.2 Saisonbereinigung.. 146
9.2.1 Das Problem 146
9.2.2 Ein mögliches Verfahren: Differenzfilter 148
9.3 Univariate stochastische Prozesse 148
9.3.1 Random Walk ohne Drift, ein AR(1) Prozess 149
9.3.2 Random Walk mit Drift, ein AR(1) Prozess 151
9.3.3 Stationäre Reihen 151
9.4 Trendmodelle und Trendbereinigung 153
9.4.1 Das deterministische Trendmodell................................... 153
9.4.2 Das stochastische Trendmodell 155
9.4.3 Einheitswurzel- oder Unit-Root-Tests 158
9.5 Die Autokorrelationsfunktion 160
9.5.1 Die Autokorrelationsfunktion für einen White-Noise-Prozess 163
9.5.2 Stationarität und die Autokorrelationsfunktion..................... 165
9.5.3 Anmerkungen zur Trendproblematik 171
9.6 Zeitreihen und Zeitreihenmodelle... 178
9.6.1 ARIMA-Modelle (der Box-Jenkins-Ansatz) 179
9.6.2 Makro-Reihen und häufig verwendete stochastische Prozesse 201
9.7 Übungsaufgaben 206

Anhang A   Tabellenanhang.. 207

Literaturverzeichnis 219

Stichwortverzeichnis... 221

Einführung 1

Bei der Ökonometrie handelt es sich um eine wirtschaftswissenschaftliche Kernkompetenz mit dem Charakter einer interdisziplinären Schnittstelle – nicht nur zwischen den ökonomischen Disziplinen. So haben an den diesem Lehrbuch zugrunde liegenden Lehrveranstaltungen Studierende diverser Fachrichtungen wie der Informatik, der Geschichtswissenschaft, der Meteorologie oder der Medizin teilgenommen. Das macht dieses Fach besonders reizvoll und unterstreicht seine Relevanz als universelles und unmittelbar umsetzbares Humankapital. Trotz seiner Vielschichtigkeit lässt es sich durch vier zentrale Dimensionen beschreiben: *Daten, Statistik, Computertechnologie und Modelle*, die sich aus veränderbaren Größen, den Variablen, und dem Modell Struktur gebenden Parametern zusammensetzen.

Grundsätzlich erheben wir Daten über eine Stichprobe (engl. „Sample") aus der Grundgesamtheit (engl. „Population"). Aus der Stichprobe ziehen wir Schlüsse über die Grundgesamtheit. Wichtig ist daher, dass es sich um eine unverzerrte Zufallsstichprobe handelt, die die Grundgesamtheit so gut wie möglich repräsentiert. Betrachten wir dazu das folgende Diagramm der Verteilung der Körpergröße französischer Soldaten im 18. Jahrhundert.

Wie aus Abb. 1.1 ersichtlich wird, musste man mindestens 60 französische Zoll (162,4 cm; 1 franz. Zoll = 2,71 cm) groß sein, um in der Armee aufgenommen zu werden. Der Mittelwert aus dieser Stichprobe wird daher kein gutes Maß für den Mittelwert der Größe aller französischen Männer aus dieser Zeit sein. Die Stichprobe ist für diesen Zweck „verzerrt".

Um Schlüsse über die Grundgesamtheit zu ziehen, ist es also sehr wichtig, eine unverzerrte Stichprobe zu besitzen. Zwar ist es auch in diesem Fall unwahrscheinlich, die Eigenschaften der Grundgesamtheit perfekt zu messen, doch mit den Methoden der Statistik können dann wahrscheinlichkeitsbasierte Aussagen getroffen werden. Diese Methoden wären hingegen nicht notwendig, wenn Daten zur gesamten Population vorlägen.

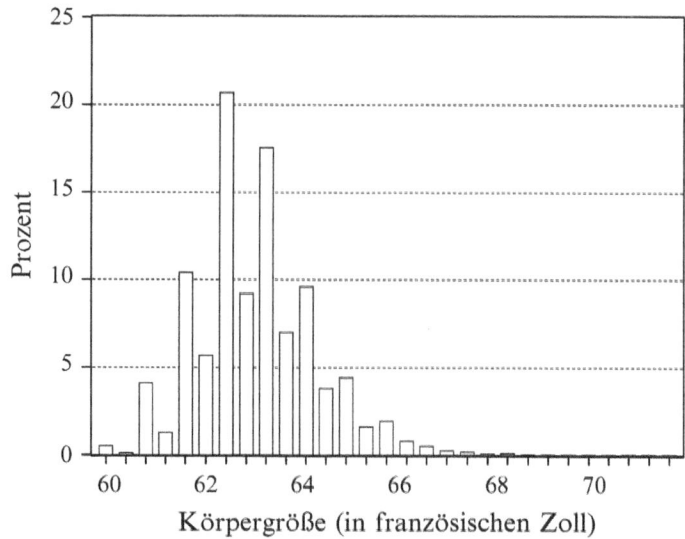

Abb. 1.1 Häufigkeitsverteilung der Körpergröße französischer Soldaten, die zwischen 1740 und 1762 rekrutiert wurden (die Stichprobe hat einen Umfang von $N = 15.400$); Datenquelle: Komlos (2006)

In den Wirtschaftswissenschaften und somit auch in der Ökonometrie ist es in den meisten Fällen nicht möglich, kontrollierte Experimente durchzuführen. Zum Zusammenspiel von Theorie und Daten kann man grundsätzlich folgendes festhalten: Theorien geben oft eine empirische Fragestellung vor, aber die Datenanalyse selbst kann auch zu neuen theoretischen Einsichten führen. Insofern können Daten nicht nur dazu genutzt werden, um bestehende Theorien zu testen. Modelle stellen meist Abstraktionen und Konzeptualisierungen dar, die nur in unserer Vorstellung existieren. Sie beschreiben meist eine grundlegende Tendenz oder durchschnittliche Zusammenhänge, sind aber nicht perfekt, das heißt erklären nicht jede einzelne empirische Beobachtung exakt. Ein Beispiel dafür ist das Engel'sche Gesetz (*Engel's Law*), wie es in Abb. 1.2 dargestellt ist.

Man kann theoretisch auch die absoluten Zahlen der Aufwendungen für Nahrungsmittel – im Unterschied zu ihrem relativen Beitrag zu den Gesamtausgaben – in Beziehung setzen zum Einkommen (Abb. 1.3). Der Anteil der Nahrungsmittelausgaben fällt mit steigendem Einkommen (mit den Gesamtausgaben). Dieser Zusammenhang besteht tendenziell, es ist aber kein perfekter Zusammenhang, wenn man Daten einzelner Haushalte betrachtet: Es gibt *Residuen sowie „Ausreißer"*. Darunter versteht man Beobachtungen, die übrig bleiben (von lat. Residuum = Etwas, was sich gesetzt hat; Rest), wenn man den theoretischen Zusammenhang zugrunde legt, wie in Abb. 1.4 gezeigt wird. Bei allen in der Darstellung gezeigten Punkten handelt es sich um Residuen. Den mit der geschweiften Klammer gekennzeichneten Punkt würden wir aufgrund der großen Abweichung als Ausreißer bezeichnen.

1 Einführung

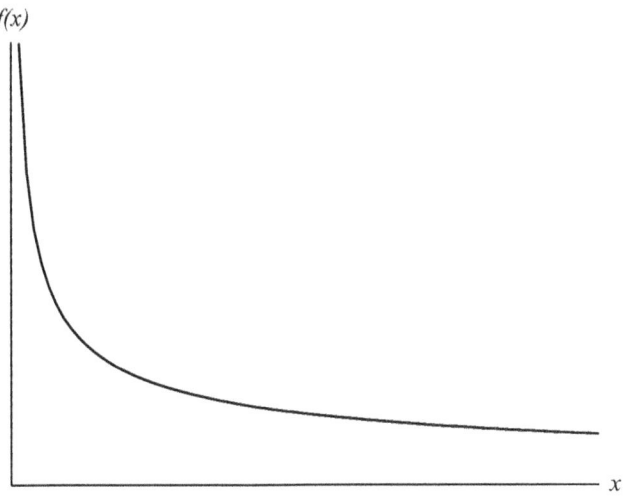

Ausgaben (Einkommen abzgl. Steuern und Ersparnis)

Abb. 1.2 Engel'sches Gesetz I: Anteil der Ausgaben für Nahrungsmittel $f(x)$ als eine Funktion der Gesamtausgaben (des Einkommens nach Steuern und Ersparnisbildung) x

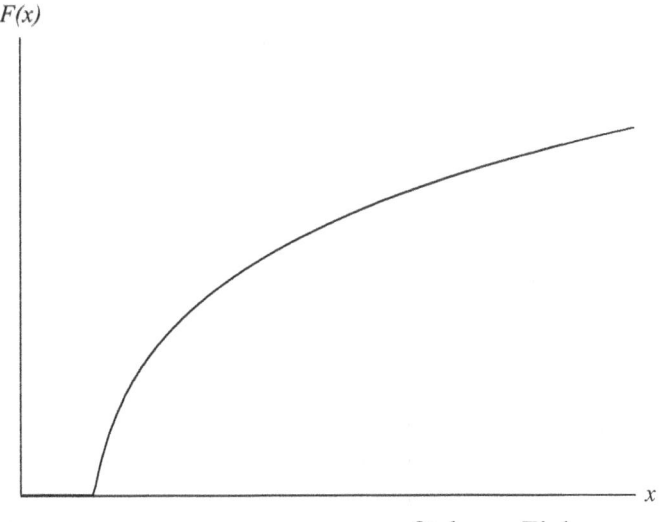

verfügbares Einkommen

Abb. 1.3 Engel'sches Gesetz II: Gesamte Ausgaben für Nahrungsmittel $F(x)$ als eine Funktion des verfügbaren Einkommens x

Wir unterscheiden zwei Aspekte: systematische Abweichungen von idealisierten Zusammenhängen (wie den oben dargestellten) und zusätzliche Schwankungen oder „Rauschen" im Sinne von Fehlern in dem jeweiligen Zusammenhang. Dieses Rauschen ist von nicht-systematischer Natur und stellt daher keine vernachlässigte systematische

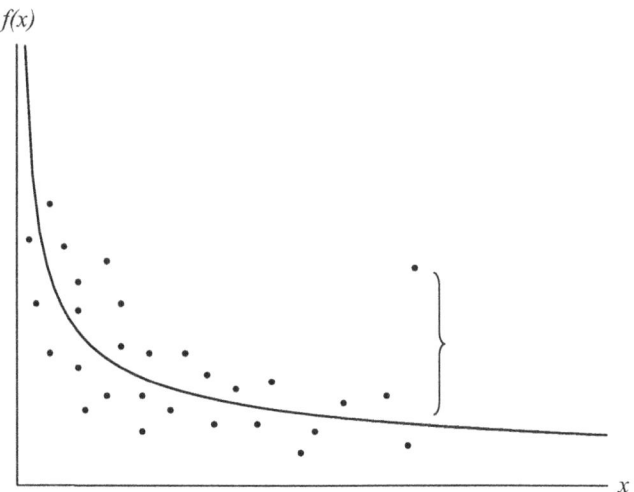

Ausgaben (Einkommen abzgl. Steuern und Ersparnis)

Abb. 1.4 Engel'sches Gesetz III: Beispielhafte Residuen des in Abb. 1.3 gezeigten Zusammenhangs

Komponente dar. Zu derartigen Schwankungen kann es kommen, wenn Variablen – was häufig der Fall ist – fehlerhaft gemessen und erfasst werden oder die Modelle einfach nicht perfekt die Realität beschreiben.

Wir können letztlich nur Aussagen über Wahrscheinlichkeiten treffen. Daher ist statistische Theorie relevant. Das „Rauschen" enthält im Idealfall keine wichtige Information mehr. Wenn die Abweichungen von dem Zusammenhang aber doch ein Muster aufweisen, existiert offenbar noch mehr Information zur Auswertung.

Man sollte berücksichtigen, dass angewandte Ökonometrie nicht eine reine Wissenschaft, sondern eher eine Mischung aus Kreativität, Handwerk und Wissenschaft darstellt. Wir beweisen ein Modell nicht im Sinne der Mathematik, wir treffen vielmehr probabilistische Aussagen darüber, ob eine Hypothese zu verwerfen ist oder nicht. Sowohl bei der Auswahl des Datenmaterials im Zuge der Aufstellung der Hypothese als auch bei der Auswahl der zu untersuchenden Modelle ist Intuition unerlässlich, da es meistens einfach zu viele Aspekte (und auch Daten) gibt, als dass sie alle berücksichtigt werden könnten. Insofern wird unser Blick immer eingeschränkt sein. Bei N möglichen erklärenden Variablen und einem Modell, das aus einer zu erklärenden und mindestens einer erklärenden Variablen besteht, ergeben sich $(2^N - 1)$ mögliche Kombinationen für ein Modell. Bei $N = 20$ übersteigt die Zahl bereits die Millionengrenze (Tab. 1.1 und Abb. 1.5). In der Realität gibt es jedoch oft weitaus mehr als 20 für einen Zusammenhang aus theoretischer Sicht in Frage kommende Variablen. Zudem ergeben sich weitere Möglichkeiten und Komplikationen durch Berücksichtigung unterschiedlicher funktionaler Formen, etwa nicht-linearer Zusammenhänge und unterschiedlicher asso-

1 Einführung

Tab. 1.1 Anzahl möglicher Modelle in Abhängigkeit von der Anzahl der Variablen

Anzahl der		Anzahl der	
Variablen	Modelle	Variablen	Modelle
1	1	14	16383
5	31	16	65535
8	255	18	262143
10	1023	20	1048575
12	4095		

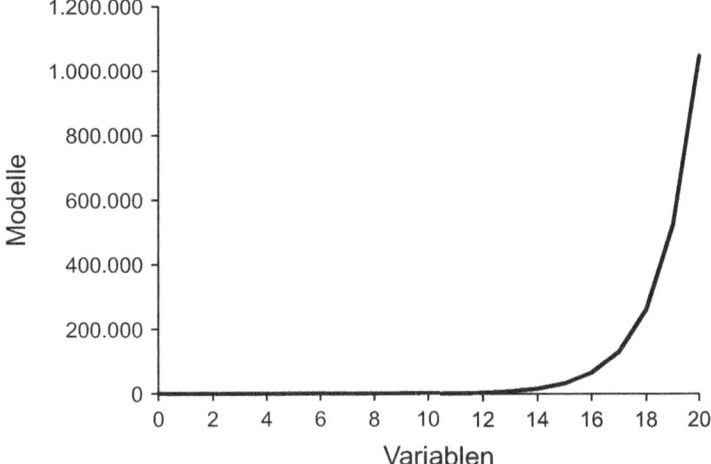

Abb. 1.5 Anzahl möglicher Modelle in Abhängigkeit von der Anzahl der Variablen

ziativer Beziehungen der Variablen untereinander. Es ist keinesfalls offensichtlich, wie man dabei im Allgemeinen vorgehen sollte: Wo soll die Analyse beginnen und welche Kombinationen von erklärenden Variablen sollen untersucht werden? Oft lässt sich im Einzelfall aber mittels Intuition, Theorie – und gesundem Menschenverstand – die Zahl der ökonometrisch zu schätzenden Spezifikationen eingrenzen und letztlich eine sinnvolle Auswahl treffen.

In der empirischen Makroökonomik und dort insbesondere in der Literatur zu ökonomischem Wachstum begegnet man einem ganz ähnlichen Problem. Im Unterschied zu unseren vorangegangen Überlegungen geht es dort darum, alle möglichen Teilgruppen oder „Sub-Sets" an erklärenden Variablen, die nur eine beschränkte Anzahl von erklärenden Variablen umfassen können und z. B. die Wachstumsrate des Pro-Kopf-Bruttoinlandsprodukts beeinflussen, als Erklärende des Modells auszuprobieren und gegeneinander abzuwägen. Es ist analog zu einem Problem, bei dem wir k Elemente aus einer Gesamtheit von n Elementen ziehen ohne diese wieder in den Pool zurückzulegen. Die Reihenfolge der Variablen in den Teilgruppen spielt dabei keine Rolle.

Um das Problem, wie viele solcher Teilgruppen zu berücksichtigen sind, zu lösen, wird die Anzahl der möglichen Kombinationen $n!/(n-k)!$ (z. B. vier Läufer auf drei Medaillen – Gold/Silber/Bronze – aufteilen: Ergibt $4 \cdot 3 \cdot 2 = 24 = 4!/1!$ Kombinationen) geteilt durch die Zahl aller Permutationen von k Variablen ($k!$). Allgemein schreiben wir dies als Binomialkoeffizient:

$$\binom{n}{k} = \frac{n!}{k!(n-k)!}.$$

Wollen wir beispielsweise alle aus je fünf Variablen bestehenden Teilgruppen, die wir aus 15 möglichen erklärenden Variablen zusammenstellen können, in Erwägung ziehen, müssen wir $15!/(10! \cdot 5!) = 3.003$ verschiedene Modelle untersuchen. Bei 6 aus 49 kommt man, wie man von den Lottoziehungen weiß, auf eine Anzahl von etwa 14 Mio. Teilgruppen und somit 14 Mio. Modellen, die es zu untersuchen gäbe. Die Steigerung der Rechenleistung von Computern in den letzten Jahren hat dazu geführt, dass einige Ökonomen genau diese Strategie verfolgt und alle erdenklichen Modellversionen analysiert haben. So hat der katalanische Wachstumsempiriker Xavier Sala-i-Martín einen seiner berüchtigten Forschungsbeiträge „Ich habe mal eben zwei Millionen Modelle geschätzt" (*I just ran two million regressions*) (Sala-I-Martin, 1997) genannt. Sein Vorgehen hat eine ähnliche Zahl an Nachahmern gefunden wie er Modelle gegeneinander abgewogen hat.

Zum Abschluss dieses Prologs sollten wir nicht vergessen zu erwähnen, dass uns die Ökonometrie zwar auf Basis von Stichproben und mit Hilfe der Instrumente der Statistik das Ziehen von verallgemeinernden Rückschlüssen erlaubt, sie aber in erster Linie Assoziationen – jedoch nicht immer kausale Beziehungen – offenlegen wird.

Vorüberlegungen und Grundbegriffe 2

2.1 Statistik als Grundlage der Empirischen Ökonomie

Prinzipiell lässt sich die Statistik als methodische Grundlage der empirischen Ökonomie in zwei große Bereiche einteilen. Zum einen ist dies die *deskriptive* Statistik, die sich im Wesentlichen mit der Beschreibung und Aufbereitung empirischer Daten befasst. Im Vordergrund stehen dabei statistische Maße wie Mittelwert, Varianz oder Schiefe empirischer Daten. Zum anderen stellt die *induktive* Statistik (*Statistical Inference*) den zweiten großen Teilbereich dar. Die induktive Statistik versucht, generalisierende Schlüsse von Stichproben auf die Grundgesamtheit und im Hinblick auf Beziehungen zwischen Variablen zu ziehen.

2.2 Abgrenzung und Parallelen zu den Naturwissenschaften

Die Empirische Ökonomie grenzt sich von den empirischen Naturwissenschaften insofern ab, als in der Ökonomie relativ weniger Möglichkeiten zu wiederholten Experimenten bestehen. Das heißt natürlich nicht, dass auf dem (vermeintlich jungen) Gebiet der Experimentalökonomik nicht auch Experimente von Ökonomen – durchaus auch in Labors – durchgeführt werden. Als ein Beispiel seien hier die experimentellen Studien der US-Ökonomen John Kagel und Raymond Battalio in den 1970er-Jahren genannt. Diese frühen experimentalökonomischen Studien gingen (auch unter Einsatz von Laborratten Battalio et al., 1985) z. B. so spannenden Fragen wie der nach dem Einfluss von Alkohol und Marihuana auf individuelles Arbeitsangebotsverhalten nach (Kagel et al., 1980). Heute wieder ausschließlich mit menschlichen Testsubjekten arbeitend untersucht die Experimentalökonomik eine große Bandbreite ökonomischer Probleme. Mit Fragen wie der nach der Ausgestaltung (dem „Design") von Experimenten oder der internen und externen Validität solcher Experimente werden wir uns hier nicht auseinandersetzen. Wir werden auch nicht näher auf so genannte Quasi-Experimente eingehen. Man spricht von Quasi-Experimenten, wenn man eine Kontrollgruppe (z. B. Personen, die nicht an einer arbeitsmarktpolitischen Maßnahme teilgenommen haben) mit einer „*Treatment*"-Gruppe (z. B. Personen, die eine solche Arbeitsbeschaffungsmaßnahme durchlaufen haben) vergleicht, wobei die Zugehörigkeit zu einer entsprechenden Gruppe zufällig ist.

Darüber hinaus verfügen wir häufig auch nur über verhältnismäßig kurze Datenreihen – etwa im Gegensatz zu Astronomen. Dennoch ist die Ökonomie genauso eine empirische wie auch theoretische Wissenschaft. Ebenso wie sich die alleinige Konzentration auf die Empirie als *„Measurement without Theory"* bezeichnen lässt, kann eine Theorie solange als realitätsisoliert gelten, bis sie einer empirischen Analyse unterzogen wird. Die zentrale empirische Disziplin der Volkswirtschaftslehre stellt die Ökonometrie dar. Die Ökonometrie bedient sich Methoden der Statistik (insbesondere der induktiven Statistik), um ökonomische Modelle zu überprüfen und ökonomische Hypothesen auf statistisch gesichertem Niveau zu validieren. Die Ökonometrie ist in der Lage, Aussagen über die Beziehungen zwischen ökonomischen Variablen und über die Stärke dieser Zusammenhänge zu machen. Die im Vergleich zu den meisten Naturwissenschaften beschränkte Möglichkeit zum Experiment wird daneben von Ökonomen auch zunehmend durch rechnergestützte *Simulationen* ersetzt, wie sie z. B. in der Meteorologie vorherrschen oder bei Simulationen atomarer Explosionen in der Nuklear-Physik durchgeführt werden. Aus traditionellen Gründen werden Simulationen in der Regel nicht zum klassischen Instrumentarium der Ökonometrie gezählt.

2.3   Was ist Ökonometrie?

> Econometric analysis is the field of economics that concerns itself with the application of mathematical statistics and the tools of statistical inference to the empirical measurement of relationships postulated by economic theory. (Greene 2003)

Die wesentliche Aufgabe der Ökonometrie besteht in der empirischen Überprüfung und Weiterentwicklung ökonomischer Modellwelten. Mit ihrer Hilfe kann untersucht werden, ob eine Theorie als zutreffend erachtet werden kann und welche Parameter in welchem Ausmaß tatsächlich empirisch eine Rolle spielen. Was bedeutet „Überprüfung" in diesem Kontext?

Die Theorie kann zwar eine allgemeingültige These formulieren, wie z. B. eine mit dem Preisniveau fallende Nachfragefunktion:

$$Q = f(p) \text{ mit } \frac{\partial Q}{\partial p} < 0.$$

Allerdings ist die Theorie nicht in der Lage, eine konkrete funktionale Form der Nachfragefunktion oder eine bestimmte Steigung für die Funktion zu spezifizieren, die ohne Weiteres im Einklang mit empirischen Daten steht. Darüber hinaus kann die Ökonometrie im Sinne eines induktiven Vorgehens neue Modelle entwickeln. Wie in der Physik gibt es offenbar auch in der Ökonomie einen aus der Theorie deduzierenden (Einstein'sche Relativitätstheorie) oder aus der empirischen Beobachtung induzierenden (Newton'sche Gesetze) Erkenntnisgewinn. Obwohl der spätere Nobelpreisträger Edward Prescott in einem Vortrag Ende der 1990er-Jahre beide Vorgehensweisen als mindestens so verschieden wie das US-Basketball zum europäischen Fußball dargestellt hat, spielt Ökonometrie für beide eine entscheidende Rolle.

Bevor wir uns den Details der empirischen Ökonomie zuwenden, wollen wir die wesentlichen Stationen der historischen Entstehung der Ökonometrie als Teildisziplin der Wirtschaftswissenschaften kurz umreißen. Am Ende des 19. und zu Beginn des 20. Jahrhunderts gelten der – angewandt genauso wie theoretisch orientierte – britische Ökonom William S. Jevons und der US-Ökonom Henry L. Moore als Vorreiter der *ökonometrischen Bewegung*. Im Jahr 1930 gründet sich die bis heute bestehende *Econometric Society*. Zu deren prominenten Vertretern der ersten Stunde zählen der norwegische Ökonom Ragnar Frisch, ihr erster Präsident Irving Fisher und etwas später der niederländische Ökonom Jan Tinbergen. Etwa drei Jahrzehnte später erhalten Frisch und Tinbergen den von der schwedischen Reichsbank gestifteten (und erstmalig verliehenen) Nobelpreis für Wirtschaftswissenschaften im Jahr 1969. Damit würdigt das Preiskomitee ihren Beitrag zur Entwicklung und Anwendung dynamisch-ökonometrischer Modelle zur Analyse von Wirtschaftsprozessen. Nach weiteren zwei Dekaden wird 1989 der norwegische Ökonom Trygve M. Haavelmo ausgezeichnet für seine wahrscheinlichkeitstheoretische Fundierung der Ökonometrie. Es folgen im Jahr 2000 James Heckman und Daniel McFadden, die den Nobelpreis für ihre Verdienste zur Entwicklung mikroökonometrischer Theorien und Methoden verliehen bekommen. In der Reihe großer, mit dem Nobelpreis ausgezeichneter Ökonometriker folgen Clive Granger und Robert Engle, deren methodische Beiträge auf dem Gebiet der Analyse ökonomischer Zeitreihen 2003 honoriert werden. Im Jahr 2011 schließlich erhalten Thomas Sargent und Christopher Sims den Nobelpreis für ihre empirischen Untersuchungen von Ursache und Wirkung in der Makroökonomie.

Im letzten Jahrhundert bis heute hat sich die Ökonometrie zu einer sehr dynamischen Teildisziplin der Volkswirtschaftslehre entwickelt, die in nahezu jedem Bereich der modernen Wirtschaftswissenschaften zum Einsatz kommt.

2.4 Status und Anspruch der empirischen Ökonomie

Im Rahmen der empirischen Ökonomie geht es uns also in erster Linie um die empirische Überprüfung und gegebenenfalls Neu- oder Umformulierung von Hypothesen der volkswirtschaftlichen – oder allgemeiner wirtschaftswissenschaftlichen – Theorie. Dadurch eröffnet sich uns ein weites Feld an Anwendungsmöglichkeiten.

Für wissenschaftliches Arbeiten, wie etwa im Rahmen von Bachelor- oder Masterarbeit, sind das Verständnis und häufig auch die Anwendung der Methoden der empirischen Ökonomie unerlässlich. Eine Mindestanforderung ist hier oft die Fähigkeit zur Interpretation der Ergebnisse ökonometrischer Untersuchungen.

Man sollte sich auch vergegenwärtigen, dass es sich bei der Beherrschung und Anwendung der Methoden der Ökonometrie um Fähigkeiten handelt, die auch außerhalb der universitären Forschung in der Praxis beispielsweise bei Vorhersagen und Prognosen unmittelbar eingesetzt werden können. In diesem Sinne handelt es sich um schnell umsetzbares und universell anwendbares Wissen.

2.5 Grundbegriffe der ökonometrischen Analyse

2.5.1 Ökonometrische Modelle

Ein ökonomisches Modell konstituiert sich aus der Theorie und bildet durch eine mathematisch-funktionale Darstellung im weitesten Sinne ökonomische Verhaltensweisen ab.

Vorgehensweise Schematisch können wir die grundsätzliche Vorgehensweise in der Ökonometrie wie folgt beschreiben. Zunächst wird ein Modell unterstellt. Anschließend wird dem Prinzip der Falsifizierbarkeit („Ablehnung der Nullhypothese") folgend versucht, diese aus dem Modell abgeleiteten Hypothesen auf Grundlage der empirischen Daten abzulehnen. Kann das Modell im Rahmen statistischer Testverfahren nicht abgelehnt werden, wird es angenommen. Allerdings ist die Annahme eines Modells immer konditional und nicht etwa gleichzusetzen mit einem Beweis. Eine ausführliche Darstellung dieser schematischen Vorgehensweise findet sich in Abb. 2.1.

Grundsätzlich ist ein ökonometrisches Modell oder eine Modellspezifikation, also die konkrete Ausformulierung eines Modells, die Basis vieler Arten der Vorhersage oder quantitativen Prognose. Bezüglich der konkreten Werte der Parameter (der Konvention folgend benutzen wir Betas: β) besteht aus der Theorie in der Regel nur eine Vermutung (z. B. negatives Vorzeichen bei einer mit den Preisen fallenden Nachfrage) bis gar keine Information. Sie müssen daher geschätzt werden. In diesem Zusammenhang ist es interessant anzumerken, dass dieses Vorherrschen einer mehr oder weniger vagen Vermutung aus der Theorie zu einer wesentlichen Kritik an der ökonometrischen Praxis der 1980er- und 1990er-Jahre geführt hat: der so genannten „Vorzeichen-Ökonometrie" (*„sign econometrics"*). Auf diesen fundamentalen Missstand machen und machten vor allem die Chicagoer Ökonomin Deidre McCloskey und ihr Koautor Stephen Ziliak aufmerksam. So stellten McCloskey und Ziliak beispielsweise fest, dass in mehr als vier Fünftel aller in den 1990er-Jahren in der renommierten Fachzeitschrift *American Economic Review* publizierten Arbeiten mit empirischem Teil lediglich das Vorzeichen – nicht jedoch die relative oder absolute Größe – der geschätzten Parameter interpretiert wurden (McCloskey und Ziliak, 1996). Wir sollten die Ökonometrie also nicht lediglich dazu benutzen, um aus der Theorie abgeleitete Vermutungen zu falsifizieren, sondern

2.5 Grundbegriffe der ökonometrischen Analyse

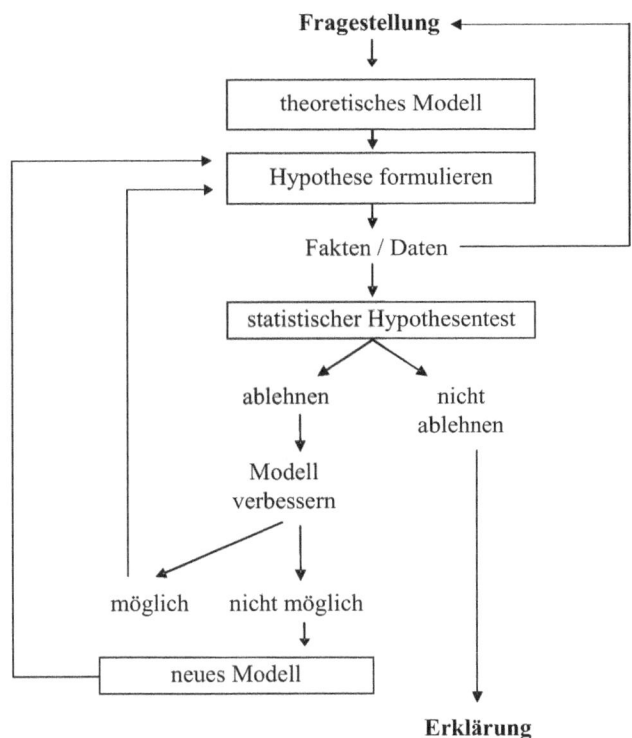

Abb. 2.1 Schematische Darstellung der stilisierten ökonometrischen Arbeitsweise

auch um alle neu gewonnenen Informationen über einen Modellzusammenhang zu berücksichtigen (Abb. 2.1).

Für die Annahme eines Modells ist es entscheidend, dass die Residuen (siehe Abb. 1.4) keine Systematik oder kein systematisches Muster mehr aufweisen. Eine Situation, in der dies nicht gegeben ist, ist in dem zweiten Diagramm der Abb. 2.2 dargestellt. Offenbar beschreibt ein lineares Modell den Zusammenhang zwischen verfügbarem Einkommen und privatem Konsum in den USA ganz gut für die 1970er-Jahre (erstes Diagramm). Es ist hier kein systematisches Muster in den Residuen, das heißt für die Abstände der mit Jahreszahlen gekennzeichneten Punkte auf die Gerade, erkennbar. Dies gilt jedoch nicht für den Zeitraum von 1940 bis 1950 (zweites Diagramm). Natürlich hat dies auch mit dem Eintritt der Vereinigten Staaten in den Zweiten Weltkrieg im Jahr 1941 zu tun, so dass ein möglicher linearer Zusammenhang im Zeitraum von 1941 bis 1945 verzerrt wird.

Oft ist aber auch ein Abweichen von einem linearen Zusammenhang, wie z. B. das in Abb. 2.2 gezeigte Abweichen, nicht unmittelbar und einfach ersichtlich. In Abb. 2.3 ist ein solcher Fall dargestellt.

Dort wird ein Zusammenhang zwischen Humankapitalentlohnung (Stundenlohn) und Humankapital (Bildung in Jahren) für eine Stichprobe von 534 Individuen gezeigt. Ad hoc vermuten wir einen positiven linearen Zusammenhang, wie er auch im ersten Diagramm skizziert ist. Tatsächlich kann hier aber eine Reihe von Umständen dafür sorgen, dass

Abb. 2.2 Privater Konsum und verfügbares Einkommen: USA, 1970–1979 und 1940–1950; Datenquellen: Economic Reports of the President, Council of Economic Advisors (2009)

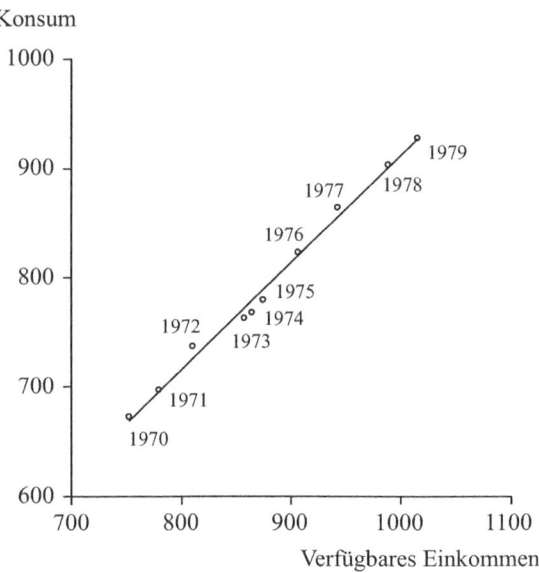

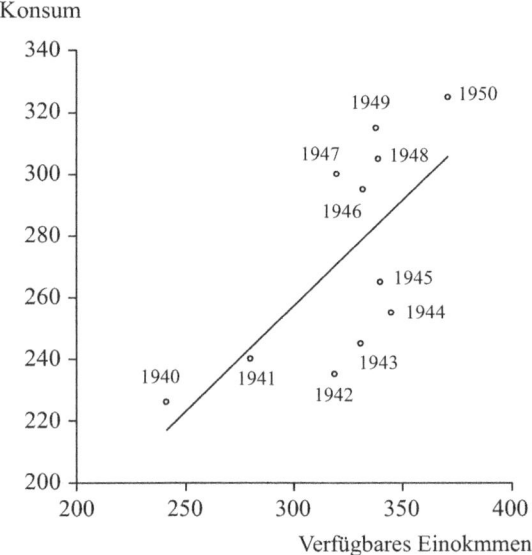

kein einfacher linearer Zusammenhang besteht. So kann so genannte *unbeobachtete Heterogenität* vorliegen und z. B. angeborene Intelligenz, die mehr oder weniger stark über die Individuen hinweg streuen kann, einen maßgeblichen Erklärungsanteil an der Höhe des Stundenlohns haben. Auch kann die Signalfunktion von Bildung eine entscheidende Rolle für die Entlohnung spielen. Beispielsweise kann ein vierjähriges Studium denselben Entlohnungseffekt haben wie ein vorzeitig nach zwei Semestern abgebrochenes Studium, wenn das Faktum des Studienplatzerhalts schon ausreichend Signalwert hat. Zudem mag

Abb. 2.3 Stundenlohn und Bildung, USA im Jahr 1985 (Querschnittsdaten); Datenquelle: US Census Bureau and US Bureau of Labor Statistics (1985); 1. Linie: Regressionsgerade; 2. Linie: Medianwerte

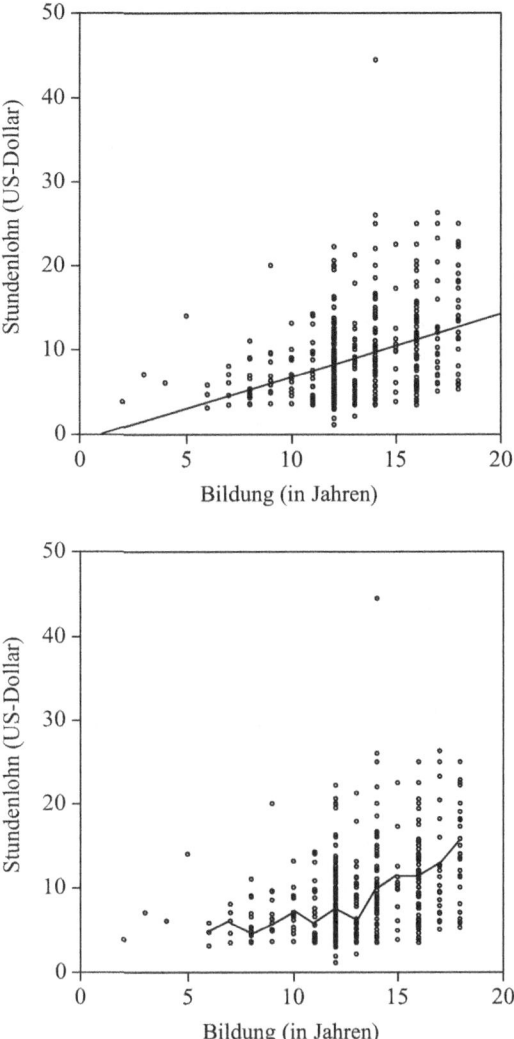

es so sein, dass so genannte „*Sheepskin*"- oder „*Credential*"-Effekte auftreten. Damit wird der Effekt beschrieben, dass oft erst ein Bildungsabschluss (z. B. ein Diplom- oder ein Bachelor-Abschluss) erreicht werden muss, damit der Arbeitsmarkt dies in Form einer höheren Entlohnung honoriert. All diese Umstände und noch einige mehr können dazu führen, dass der Zusammenhang zwischen Humankapitalentlohnung und Humankapital kein einfacher linearer ist. Das im zweiten Diagramm von Abb. 2.3 gezeigte Medianband, d. h. eine Linie, die die Medianwerte – also Werte die die jeweilige Verteilung für eine bestimmte Anzahl von Bildungsjahren in zwei gleiche Hälften teilen – verbindet, bestätigt diese Vermutung. Am Ende dieses Kapitels kann die Berechnung von Häufigkeitsverteilungsmomenten wie des Medians an einem einfachen Beispielszenario geübt werden.

Medianbänder können nützlich sein, um das Abweichen von einem möglichen linearen Zusammenhang aufzuzeigen. Daher haben einige Softwarepakete, wie z. B. Stata, sie als Funktion implementiert.

Abb. 2.4 zeigt diese Anwendung des Programms Stata für den Zusammenhang von Lehrevaluationsnoten (*Score*) und Anzahl an der jeweiligen Lehrveranstaltung teilnehmender Studierenden (*Class Size*). Den Daten liegen 1449 Lehrveranstaltungen zugrunde, gehalten von 299 Dozenten zu 133 Kursthemen über 18 Semester (Wintersemester 1998/99 bis Sommersemester 2007) an der Volkswirtschaftlichen Fakultät der Universität München (Mandel und Süssmuth, 2011). In Analogie zu einer Vorgängerstudie zu diesem Zusammenhang, die an der University of California Santa Barbara von Kelly Bedard und Peter Kuhn durchgeführt wurde, ist der Zusammenhang nicht von einfacher linearer Natur (Bedard und Kuhn, 2008).

Lineare und nicht-lineare Formulierung des Modells Eine makroökonomische Konsumfunktion kann beispielsweise in realen (also preisbereinigten) Größen einfach formuliert werden:

$$C = \beta_0 + \beta_1 Y + \beta_2 R, \tag{2.1}$$

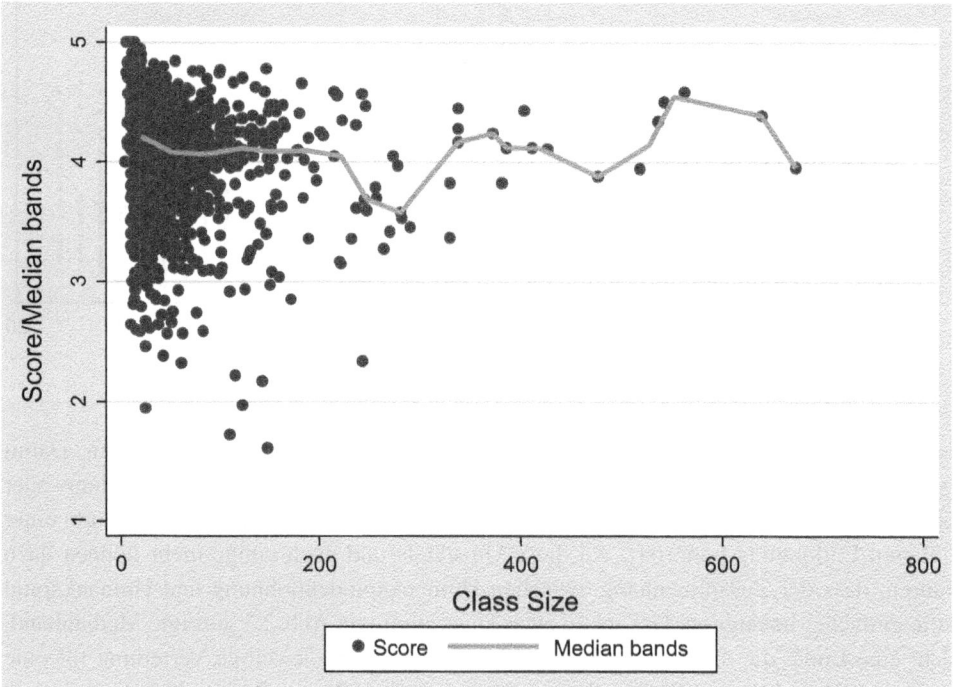

Abb. 2.4 Mit Stata erstelltes Medianband für den Zusammenhang von Lehrevaluationsnote (*Score*) und Lehrveranstaltungsteilnehmerzahl (*Class Size*); Datenquelle: LMU und TU München (1998–2007)

2.5 Grundbegriffe der ökonometrischen Analyse

wobei

C ≡ gesamtwirtschaftlich konsumierte Güter [Geldeinheiten]
Y ≡ Volkseinkommen [Geldeinheiten]
R ≡ gesamtwirtschaftliches Zinsniveau

> **Satz**: Eine Schätzfunktion ist linear formuliert, wenn sich ihre Koeffizienten, d. h. die Multiplikanden der beeinflussenden Variablen bzw. Variablenkombinationen, als Summe darstellen lassen.

Es ist häufig von entscheidender Bedeutung, nicht-lineare Modelle nach Möglichkeit durch Umformung bzw. lineare oder nicht-lineare Kombinationen von Parametern (β-Koeffizienten) zu linearisieren und damit ein einfaches lineares Schätzverfahren zu ermöglichen. Oft besteht bei Modellen mit exponentiellem Charakter eine Möglichkeit der *Linearisierung durch Logarithmierung*.

Beispiele

(a) Exponentielles Bevölkerungswachstum

Ein hypothetisches Modell unterstellt beispielsweise, dass die Bevölkerung Y exponentiell mit der Zeit t wächst ($Y(0)$ drückt die Größe der Population z. B. zum Zeitpunkt der Staatsgründung aus – graphisch ist $Y(0)$ damit nichts anderes als der Ordinatenabschnitt):

$$Y(t) = Y(0) \cdot e^{\beta_1 \cdot t}, \tag{2.2}$$

mit $\beta_1 = 0{,}5$; $Y(0) = 0{,}6$ ist konstant ($\ln 0{,}6 \approx -0{,}5$). Gl. 2.2 ist nicht linear, kann aber linearisiert werden. Dazu müssen wir sie logarithmieren:

$$\ln Y(t) = \ln Y(0) + \beta_1 t = \beta_0 + \beta_1 t, \text{ mit } \beta_0 = \ln Y(0). \tag{2.3}$$

Es handelt sich hier um ein so genanntes Log-Log-Modell (Abb. 2.5).

(b) Polynom-Trend

Sei Y eine Variable, deren Wert mit der Zeit zunimmt oder abnimmt, so kann man sie als einen *Trend* interpretieren. Da wir lediglich eine Vermutung haben, wie Y mit der Zeit variiert (steigt/fällt; linear/quadratisch/exponentiell etc.), formulieren wir ein allgemeines Modell:

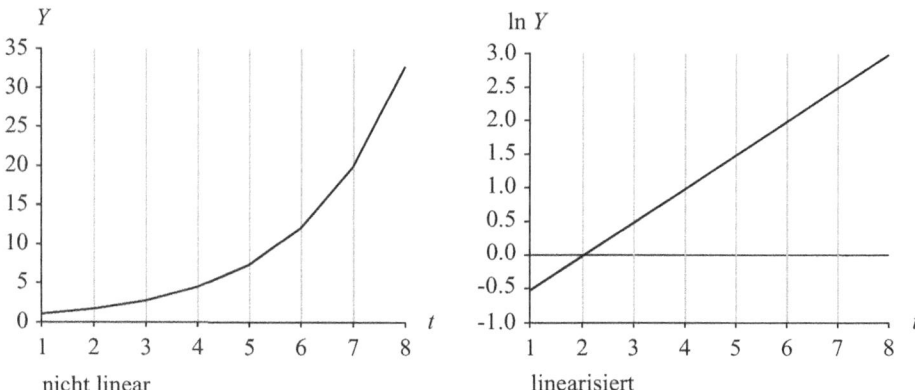

nicht linear   linearisiert

Abb. 2.5 Linearisieren einer Wachstumsfunktion

$$Y = \exp\left(\sum_{j=1}^{\beta} \gamma_j t^j\right). \qquad (2.4)$$

- $\beta = 1$ bezeichnet einen *linearen* Trend.
- $\beta = 2$ bezeichnet einen *quadratischen* Trend.
- $\beta = n$ bezeichnet einen Polynom-Trend n-ter Ordnung.

Durch Logarithmierung erhalten wir etwa für einen wie in Gl. (2.4) modellierten quadratischen Trend eine lineare Form der Art:

$$\ln Y = \gamma_1 t + \gamma_2 t^2. \qquad (2.5)$$

(c) Cobb-Douglas-Produktionsfunktion

Das bekannte Modell einer Cobb-Douglas-Produktionsfunktion (mit den Inputfaktoren Arbeit L und Kapital K sowie ihrem Technologie-Parameter A) kann wie folgt geschrieben werden:

$$Y = A K^{\beta_1} L^{\beta_2}. \qquad (2.6)$$

Dieser Zusammenhang ist nicht linear, das heißt die Werte der Parameter können mit einem linearen Modell nicht bestimmt werden. Jedoch können wir durch Logarithmierung eine lineare Form erhalten:

$$\ln Y = \ln A + \beta_1 \ln K + \beta_2 \ln L = \beta_0 + \beta_1 \ln K + \beta_2 \ln L, \text{ mit } \beta_0 = \ln A. \qquad (2.7)$$

2.5 Grundbegriffe der ökonometrischen Analyse

Spezifikation 2.7 entspricht erneut einer Log-Log-Spezifikation. Sie bezeichnet im Unterschied zu Lin-Lin- oder Lin-Log- oder auch Log-Lin-Formulierungen eine Modellspezifikation mit (durch den Logarithmus naturalis) logarithmierten Argumenten auf beiden Seiten der Gleichung. Die Parameter können im Rahmen eines Regressionsmodells unter der Berücksichtigung eines Fehlerterms mit Hilfe der Methode der kleinsten Quadrate – auf Englisch kurz *Ordinary Least Squares* (im Folgenden mit OLS abgekürzt) genannt – geschätzt werden.

Die Koeffizienten sind jetzt auch einfach interpretierbar. Das Absolutglied der linearen Form gibt uns den ln-Wert des Technologieparameters an. Die Koeffizienten sind als Elastizitäten interpretierbar und ihre Summe erlaubt uns zudem, Aussagen über Skaleneffekte zu machen. Addieren sich β_1 und β_2 zu 1, liegen konstante Skalenerträge (SE) vor (für >1: wachsende SE; für <1: abnehmende SE).

Mit der Hilfe von SE lässt sich z. B. beantworten, wie die Clubs der Ersten Fußballbundesliga in Deutschland ihre sportlichen Erfolge „produzieren". Schießt Geld tatsächlich Tore in dem Sinne, dass eine Verdopplung des Marktwerts des Kaders der Profimannschaft auch zu einer Verdopplung des messbaren sportlichen Erfolgs führt – oder gar zu mehr als einer Verdopplung? Und welche Rolle spielt der Marktwert des Trainers?

> **Beispiel**
> *Fallende Skalenerträge in der Ersten Fußballbundesliga?* Man kann zunächst allgemein davon ausgehen, dass der sportliche Erfolg von Bundesligavereinen im Wesentlichen von den Fähigkeiten der Spieler und Trainer abhängt. Wenn der Markt für Profispieler und -trainer kompetitiv und hinreichend unreguliert ist, können wir dieses „Humankapital" durch die ausgehandelten Löhne annähern. Eine einfache Cobb-Douglas-Produktionsfunktion wäre dann:
>
> $$Y = A(H^S)^\alpha (H^T)^\beta,$$
>
> wobei die beiden H-Variablen das jeweils eingesetzte Humankapital – approximiert durch Spieler- und Trainergehälter – ausdrücken. Die zugehörige Spezifikation ist:
>
> $$y_i = \beta_0 + \beta_1 h_i^S + \beta_2 h_i^T + \sum_{j=1}^{C} \gamma_j Q_{j,i}.$$
>
> Kleinbuchstaben drücken logarithmierte Werte aus, der Index i bezeichnet die 18 Fußballbundesligisten und mit Q werden weitere Einflussgrößen – wie etwa die jeweilige Saison, Beteiligung an internationalen Turnieren oder Spielertransferaktivitäten – berücksichtigt.

> Man kann nun das Cobb-Douglas'sche Modell auch gegen eine flexiblere so genannte Translog-Produktionsfunktionsspezifikation:
>
> $$y_i = \beta_0 + \beta_1 h_i^S + \beta_2 h_i^T + \beta_3 \left(h_i^S\right)^2 + \beta_4 \left(h_i^T\right)^2 + \beta_5 h_i^S h_i^T$$
>
> abwägen, wobei hier zur Vereinfachung die Q-Variablen in der Darstellung der Spezifikation vernachlässigt wurden.
>
> Für die Spielzeiten 1999/2000 und 2000/2001 schätzen Kern und Süssmuth (2005) einen Wert von ungefähr 0,4 für β_1 – wohingegen sie für β_2, β_3, β_4 und β_5 finden, dass diese statistisch keinen Einfluss auf den sportlichen Erfolg der Bundesligisten im betrachteten Zeitraum haben. Dies impliziert drei Erkenntnisse: (i) Eine einfache Cobb-Douglas-Spezifikation ist gerechtfertigt, (ii) es wird mit fallenden Skalenerträgen produziert und (iii) die Qualität der Trainer (angenähert durch die an sie gezahlten Gehälter) spielt entgegen der vorherrschenden Expertenmeinung keine Rolle.
> Quelle: Kern und Süssmuth (2005)

Allerdings können nicht alle nicht-linear formulierten Modelle linearisiert werden. Ein Beispiel hierfür werden wir an späterer Stelle noch kennenlernen, nämlich das *Logit-Modell* mit der Form:

$$P = \frac{1}{1 + e^{-(\alpha + \beta x)}}.$$

Dieses Modell kann allerdings mit Hilfe der so genannten Maximum-Likelihood-Methode geschätzt werden.

2.5.2 Variablen

Als Variable bezeichnen wir dimensionsgleiche Quantitäten, die unterschiedliche Werte zu verschiedenen Beobachtungszeitpunkten oder für verschiedene Wirtschaftssubjekte annehmen können.

Abhängige und Unabhängige Als abhängige Variablen y werden die Variablen bezeichnet, die im Rahmen eines ökonomischen Modells durch die so genannten unabhängigen Variablen x erklärt werden sollen. In Gl. 2.1 wäre also C die abhängige und Y eine der unabhängigen Variablen.

Einige synonyme Bezeichnungen für abhängige Variable sind Abhängige (*dependent*), zu Erklärende, Endogene, Regressand, linksseitige Variable oder *left-hand-side variable*, was häufig auch abgekürzt wird mit einem knappen LHS. Für unabhängige Variable existiert eine analoge Reihe an Synonymen: Unabhängige (*independent*), Erklärende, Exogene, Regressor, rechtsseitige Variable oder *right-hand-side variable* (RHS).

Bei abhängigen wie auch unabhängigen Variablen kann es sich auch um so genannte Proxy- oder Dummyvariablen handeln.

Proxyvariablen Häufig verfügt man in der Realität nicht über Datensätze für theoretische Variablen wie etwa einen gesamtwirtschaftlichen Zinssatz. Man verwendet dann in der Regel Indizes zur Approximation. Beispielsweise kann der gesamtwirtschaftliche Zinssatz angenähert werden durch den Index der Renditen von festverzinslichen Obligationen, den Diskontsatz einer Zentralbank in Quartalsdurchschnitten oder durch ähnliche Größen. Ein weiteres Beispiel sind unterschiedliche Grade und Arten der Ausbildung oder Erziehung. Hier können wir – neben vielfachen anderen Möglichkeiten – Abschlüsse oder Abschlussnoten als Proxyvariablen für Humankapital verwenden.

Dummyvariablen Eine weitere Kategorie von Variablen stellen Dummyvariablen dar. Sie werden insbesondere bei *qualitativen Variablen*, deren Ausprägungen den Charakter von *Attributen* haben, oder bei *Strukturbrüchen* eingesetzt. Qualitative Variablen wären beispielsweise die Attribute männlich oder weiblich. Eine Dummyvariable für das Geschlecht von Wirtschaftssubjekten wird auch als *binäre Variable*, also als Variable, die nur zwei Werte annimmt, bezeichnet. Bei mehr als zwei Attributen spricht man von *kategorialen Variablen*. Ein Beispiel ist die Variable Schulnote in ordinaler Skalierung. Unter Strukturbrüchen versteht man Wechsel in der Datenstruktur, wie sie sich etwa durch die deutsche Wiedervereinigung oder beim Währungswechsel von Reichsmark auf DM für nominale Größen ergeben. Dummyvariablen indizieren dann die Zugehörigkeit der Ausprägungen zum jeweiligen Daten-Subsample, worauf wir später zurückkommen werden. Üblicherweise werden Dummies so kodiert, dass sie die Werte 0 oder 1 annehmen. Für die Binärvariable Geschlecht können wir also zum Beispiel männlich = 0, weiblich = 1 wählen.

2.5.3 Spezifikation einer Schätzform

Störterm Bisher haben wir lediglich aus der Theorie stammende systematische Beziehungen angesprochen. Um ein ökonometrisches Modell vollständig zu spezifizieren, benötigen wir aber zudem noch ein stochastisches Element, das die zufälligen Abweichungen der Beobachtungen um den systematischen Anteil des beobachteten Wertes ausdrückt: den Stör- oder Fehlerterm.

Im Wesentlichen gibt es fünf Gründe, weshalb es einer stochastischen Spezifikation bedarf. Zum Ersten sind Modelle natürlich *nie perfekt*. Daneben können wir mit Hilfe der Störterme auch *zufällige Ereignisse* wie Naturkatastrophen berücksichtigen. Außerdem kann der stochastische Teil auch durch *Spezifikationsfehler*, die in der Unvollständigkeit erklärender Variablen begründet sein können, gerechtfertigt sein. Auch *Messfehler*, die bei der Erhebung der beobachteten Datenwerte auftreten, sprechen für ein stochastisches Element. Zuletzt lässt sich noch anführen, dass sich ökonometrische Schätzungen häufig auf Verhaltensgleichungen beziehen. Durch die stochastische Spezifikation wird berücksichtigt, dass Menschen sich auch *erratisch verhalten* können.

Formal gelangt man zu einer stochastischen Formulierung, indem man in der Modellgleichung (siehe Gl. 2.1) den Störterm ε addiert. Für die einfache Konsumfunktion gilt:

$$C = \beta_0 + \beta_1 Y + \beta_2 R + \varepsilon. \tag{2.8}$$

Spezifikationsgrad Ein Modell stellt immer nur eine Approximation der Realität dar, d. h. es können nie alle beeinflussenden Variablen berücksichtigt werden. Der Störterm deckt zu einem Teil auch diesen Einfluss ab. Es stellt sich häufig die Frage, wann ein Modell hinreichend spezifiziert wurde. Betrachten wir dazu zwei einfache Beispiele. Eine mögliche Hypothese der Politökonomie ist ein Wählerstimmenanteil Y (in Prozent) eines Politikers, der mit dem Umfang der Wahlkampfausgaben X zunimmt:

$$Y = f(X) \text{ mit } \frac{\partial Y}{\partial X} > 0.$$

Dieses einfache Modell kann als unvollständig erachtet werden. Fehlende Einflussfaktoren sind etwa das Wetter am Wahltag, Erfahrung und Parteizugehörigkeit des Politikers, konjunkturelle Faktoren und etliche weitere Größen.

Ähnlich inkomplette Modelle stellen Konsumfunktionen dar. Abstrahierend geht man in der grundständigen Mikroökonomik davon aus, dass der Lebensmittelkonsum C primär von der Höhe des Einkommens Y abhängt:

$$C = \beta_0 + \beta_1 Y \text{ mit } \frac{\partial C}{\partial Y} > 0.$$

Aber ist der Lebensmittelkonsum alleine vom Einkommen abhängig? Auch dieses Modell kann natürlich angereichert werden mit weiteren Regressoren wie der Größe des Haushalts oder der Familie, der Berufsgruppenzugehörigkeit, dem Urbanisierungsgrad, dem ethnischen Hintergrund oder auch mit zeitlichen Verzögerungseffekten wie der Berücksichtigung von Y_{t-1} und C_{t-1}, die um eine Periode verzögerte Variablenwerte (*lagged variables*) oder – anders ausgedrückt – Werte der Vorperiode darstellen.

Begriffspaar Querschnitt – Zeitreihe Es handelt sich um eine jeweils andere Datenstruktur. Bei *Querschnitten* wird der Beobachtungszeitpunkt fixiert, die Untersuchungseinheit – Personen, Unternehmen, Länder, Regionen usw. – variiert. Der Index $i = 1, \ldots, N$ drückt die Untersuchungseinheiten aus, beispielsweise für den festen Jahreszeitpunkt $t = 2010$:

$$C_i = \beta_0 + \beta_1 Y_i + \beta_2 R_i + \varepsilon_i, \text{ mit } i = 1, \ldots, N. \qquad (2.9)$$

Für Querschnittsdatenmodelle ist die Zeit konstant.

Im Gegensatz dazu wird bei Zeitreihen der Beobachtungszeitpunkt variiert und die Untersuchungseinheit – Personen, Unternehmen, Länder, Regionen usw. – fixiert. Der Index $t = 1, \ldots, T$ drückt den Beobachtungszeitraum aus. Beispielsweise für das Bundesland i = Bayern:

$$C_t = \beta_0 + \beta_1 Y_t + \beta_2 R_t + \varepsilon_t, \text{ mit } t = 1, \ldots, T. \qquad (2.10)$$

Es gibt auch den Fall, dass Querschnitts- und Zeitreihendaten miteinander kombiniert werden. Wir sprechen dann von einem Panel-Datensatz (zum Beispiel für 16 Bundesländer im Zeitraum von 1995 bis 2010; $N = T = 16$):

$$C_{it} = \beta_0 + \beta_1 Y_{it} + \beta_2 R_{it} + \varepsilon_{it}, \text{ mit } i = 1, \ldots, N \text{ und } t = 1, \ldots, T. \qquad (2.11)$$

Panels besitzen die allgemeinen Dimensionen Beobachtungsebene und Erhebungsbasis. Die Beobachtungsebene bilden Untersuchungseinheiten wie etwa Individuen, Haushalte oder Unternehmen, die über die Zeit hinweg verfolgt werden können. Als Erhebungsbasis fungieren Meldungen oder Umfragen, die in gleichmäßigen Abständen nach den gleichen Regeln erhoben werden. Ein Beispiel für ein umfragebasiertes Panel ist der vom Institut für Wirtschaftsforschung Halle (IWH) erhobene Arbeitsmarktmonitor der Neuen Bundesländer. Ein Beispiel für ein meldungsbasiertes Panel ist die Beschäftigungsstichprobe des Instituts für Arbeitsmarkt und Berufsforschung (IAB) in Nürnberg. Es handelt sich dabei um eine Zufallsauswahl aus Beschäftigungs- und Arbeitslosenmeldungen.

Wichtig ist auch die Unterscheidung in *echte* und *unechte* Panel. Die Beschäftigungsstichprobe oder der West-Point-Kadetten-Datensatz rekrutierter US-Soldaten sind beispielsweise keine echten Panels, da nicht immer dieselben Personen befragt werden. Sie sind das Zufallsergebnis einer wiederholten Querschnittserhebung. Ein echter Paneldatensatz dagegen ist das vom Deutschen Institut für Wirtschaftsforschung (DIW) in Berlin gemanagte Sozioökonomische Panel (SOEP). Das SOEP oder auch GSOEP (*German Socio-economic Panel*) wird seit 1984 durch die Befragung derselben Haushalte und Individuen jährlich erhoben. Es handelt sich um eine für Deutschland repräsentative Wiederholungsbefragung von über 12.000 Privathaushalten.

2.6 Übungsaufgaben

Deskriptive Statistik und Momente Gehen Sie von folgender Situation aus. Eine Werbeagentur hat einen Anzeigenentwurf entwickelt. Bevor der Entwurf „geschaltet" wird, wird er an einer kleinen Stichprobe getestet. Eine Zufallsstichprobe von zehn Versuchspersonen soll den Entwurf mit Hilfe des folgenden Polaritätenprofils einstufen:

	1	2	3	4	5	6	
interessant							langweilig
veraltet							aktuell
unglaubwürdig							überzeugend
ansprechend							abstoßend
unverständlich							verständlich

Die Versuchspersonen kreuzen die folgenden Werte an. Die ersten fünf Versuchspersonen sind weiblichen, die zweiten fünf männlichen Geschlechts.

Kategorie	Antworten der Versuchspersonen									
Interessantheit	1	2	2	1	1	2	2	3	4	2
Aktualität	6	5	5	6	6	5	4	3	3	4
Glaubwürdigkeit	6	4	4	6	4	5	3	3	3	4
Attraktivität	1	3	3	2	3	2	3	3	4	2
Verständlichkeit	3	4	4	6	6	2	6	3	2	4

2.1 In wie viel Prozent aller Fälle wird der Wert „1" („6") angekreuzt? Um wie viel Prozent wird „6" häufiger angekreuzt als „1"? Um wie viele Prozent*punkte*? Um wie viel Prozent wird „1" seltener angekreuzt als „6"? Um wie viele Prozent*punkte*?

2.2 Wie groß sind für die Kategorie „Verständlichkeit" der Modalwert (d. h. der häufigste Wert), der Median, das arithmetische Mittel, die Spannweite (*Range*) und die Standardabweichung?

2.3 Wie sieht die Häufigkeitsverteilung zur Kategorie „Attraktivität" aus? Zeichnen Sie ein Stabdiagramm und markieren Sie in der Zeichnung das arithmetische Mittel, den Median und Modalwert sowie die Standardabweichung.

2.4 Wie sieht auf der Basis des arithmetischen Mittels das Polaritätenprofil aus? Wie sind die Variablen „Interessantheit" und „Aktualität" miteinander korreliert? Zeichnen Sie die einzelnen Werte in ein Streudiagramm – Abszisse: „Interessantheit", Ordinate: „Aktualität". Berechnen Sie den Korrelationskoeffizienten (Produktkorrelationskoeffizient nach Pearson).

2.5 Wie interpretieren Sie die Umfrageergebnisse zu dem Entwurf zusammenfassend? Gehen Sie bei Ihrer Interpretation auch ins Detail.

Momentenschätzung auf Stichprobenbasis 3

3.1 Begriffe

3.1.1 Grundgesamtheit und Stichprobe

Unter der Grundgesamtheit (Population) versteht man die Gesamtheit aller möglichen Ausprägungen. Die Stichprobe (Sample) stellt lediglich einen Ausschnitt der Grundgesamtheit dar. Dabei unterliegt die Zusammensetzung der Stichprobe in der Regel der Subjektivität des Auswählenden sowie bestimmten Restriktionen der Messung und der Datenzugänglichkeit.

3.1.2 Zufallsstichprobe: Diskrete und kontinuierliche Variablen

Wir unterscheiden grundsätzlich zwei Arten von Variablen nach ihrer Ausprägungsform. *Diskrete Variablen* besitzen entweder einen finiten Ergebnisraum oder einen infiniten Ergebnisraum, dem eine diskrete – das heißt ganzzahlige – Zählbarkeit zugrunde liegt. Für *stetige Variablen* ist das Ergebnis-Set dagegen beliebig teilbar und somit in ganzzahligen Schritten nicht zählbar. Zur Veranschaulichung sei die Variable „Arbeit" betrachtet. Liegt sie in diskreter Ausprägung vor, wissen wir zum Beispiel nur, ob ein Wirtschaftssubjekt gearbeitet hat. Verfügen wir über stetige Beobachtungen, können wir zudem ersehen, wie viele Stunden, Tage oder Wochen eine Person gearbeitet hat. Für die Gestaltung quantitativer ökonomischer Modelle können wir also vier Fälle unterscheiden.

Zu dieser Einteilung bedarf es zweier kurzer Anmerkungen: Erstens bestimmt die abhängige Variable (auf der linken Seite der Gleichung), ob ein OLS-Modell (Kap. 5 und 6) oder aber ein so genanntes Logit- bzw. Probit-Modell (Kap. 8) zur Anwendung kommt (siehe Tab. 3.1). Die beiden letzteren Modelle werden gelegentlich auch Qualitative-

Tab. 3.1 Ausprägungen von endogenen und exogenen Variablen

Abhängige Variable Y	Unabhängige Variable X
Kontinuierlich (OLS)	Kontinuierlich
Kontinuierlich (OLS)	Diskret (Dummy – binäre)
Diskret (Logit oder Probit)	Kontinuierlich
Diskret (Logit oder Probit)	Diskret (Dummy – binäre)

Antwort-Modelle genannt, da ihre linksseitige Variable – sozusagen als „Antwort" auf die Determinanten der rechten Gleichungsseite – „qualitativen" Charakter im Sinne einer diskreten Ausprägung hat. Der Großteil unserer Überlegungen wird sich auf die ersten beiden Fälle beschränken, in denen die zu erklärende Variable kontinuierliche Ausprägungen annimmt.

3.2 Diskrete Variablen

Wahrscheinlichkeitsdichtefunktion (Probability Density Function: PDF)

$$i = 0, \ldots, N : \quad p(x = x_i) = f(x_i) \tag{3.1}$$

$$\text{mit} \quad 0 \leq p(x = x_i) \leq 1 \quad \text{und} \quad \sum_i p(x_i) = 1, \sum_i f(x_i) = 1;$$

$p(x = x_i)$ drückt die Wahrscheinlichkeit aus, dass x den Wert x_i annimmt. Mit f notieren wir die relative Häufigkeit, das heißt den Stichprobenanteil einer bestimmten Ausprägung der betrachteten Variablen. Sie stellt für uns einen Näherungswert der tatsächlichen Wahrscheinlichkeit, also eine empirische Wahrscheinlichkeit, dar. Grundsätzlich gilt auch für die empirischen Wahrscheinlichkeiten, dass sich die Wahrscheinlichkeit eines einzelnen Ereignisses auf das Intervall zwischen 0 und 1 beschränkt und dass sich die Wahrscheinlichkeiten aller möglichen Ereignisse immer zu 1 (100 %) summieren.

Verteilungsfunktion (Cumulative Distribution Function: CDF)

$$F(x_a) = \sum_{i=0}^{a} p(x_i) = \mathrm{P}(x \leq x_a) \tag{3.2}$$

Mit Hilfe der Verteilungsfunktion können wir die Wahrscheinlichkeit dafür bestimmen, dass die Variable x einen Wert annimmt, der kleiner bzw. größer ist als ein bestimmter Wert x_a. Beispielsweise kann die Wahrscheinlichkeit dafür bestimmt werden, dass ein Haushalt mehr als $x_a = 2$ arbeitende Personen umfasst. Wir können die Wahrscheinlichkeitsfunktion für diskrete Variablen auch als Funktion der Dichte schreiben:

$$f(x_i) = F(x_i) - F(x_{i-1}). \tag{3.3}$$

Tab. 3.2 Beispiel einer Wahrscheinlichkeitsdichtefunktion: Kinderzahl von Familien

1	2	3	4
Anzahl Kinder (x)	Anzahl Familien (n)	Stichprobenanteil $f(x)$	CDF $F(x)$
Variable	Absolute Häufigkeit	Relative Häufigkeit	Kumulierte Anteile
0	4	0,0625 [$p(0); f(0)$] = 4/64	0,0625
1	12	0,1875 [$p(1); f(1)$] = 12/64	0,2500
2	20	0,3125 [$p(2); f(2)$] = 20/64	0,5625
3	16	0,2500 [$p(3); f(3)$] = 16/64	0,8125
4	8	0,1250 [$p(4); f(4)$] = 8/64	0,9375
5+	4	0,0625 [$p(5); f(5)$] = 4/64	1,0000
Gesamt (N)	64	1,0	
$F(1) = F(0) + f(1) = 0,0625 + 0,1875 = 0,25$			
$F(2) = F(1) + f(2) = 0,25 + 0,3125 = 0,5625$ das heißt $f(2) = F(2) - F(1)$			
$F(3) = F(2) + f(3) = 0,5625 + 0,25 = 0,8125$			

Um ein intuitives Verständnis für Wahrscheinlichkeitsdichtefunktionen diskreter Variablen zu gewinnen, betrachten wir folgendes Beispiel. Tab. 3.2 zeigt die absolute (Spalte 2) und relative (Spalte 3) Häufigkeitsverteilung der Kinderanzahl einer Stichprobe von 64 Familien. Wie wir an Spalte 1 erkennen, sind die Ausprägungswerte (Anzahl der Kinder) der diskreten Variable ganzzahlige Ziffern. Würde man anstelle der Kinderzahl das Einkommen der Familien untersuchen, ließe sich der ursprünglich stetig skalierte Verdienst durch Intervallbildung in diskrete Ausprägungen umwandeln (beispielsweise $ 5000–9999, $ 10.000–14.900 etc.). Man sieht aus der Tabelle, dass sich die absoluten Häufigkeiten zur Größe der Stichprobe addieren. Die relativen Häufigkeiten stellen Proportionen der Gesamtheit dar und summieren sich zu 1. Da es Konvention ist, Wahrscheinlichkeiten in Proportionen einer sich zu 1 summierenden Gesamtheit anzugeben, wird die relative Häufigkeitsverteilung Wahrscheinlichkeitsfunktion genannt.

$$\text{Mittelwert} = \sum_i x(i) f(i) = (0 \cdot 0{,}06) + (1 \cdot 0{,}18) + \cdots + (5 \cdot 0{,}06) = 2{,}375$$

$$\text{oder} \quad \frac{1}{N} \sum_i x(i) n(i) = \frac{1}{64} [(0 \cdot 4) + (1 \cdot 12) + \cdots + (5 \cdot 4)] = 2{,}375$$

3.3 Verteilungsmomente schätzen auf Grundlage von Stichproben

Ein gebräuchlicher Ansatz der Statistik ist es, die Momente der Verteilung – etwa einen Mittelwert oder die Varianz – einer Grundgesamtheit mittels der Verteilung von Stichproben (*Sampling Distributions*) zu schätzen. Anhand der entsprechenden Stichprobenverteilungen können wir die Eigenschaften eines Schätzers beurteilen.

Ein *unverzerrter Schätzer* (*unbiased estimator*) ist ein Schätzer, dessen Über- und Unterschätzungen sich egalisieren. Bei einer symmetrischen Stichprobenverteilung des Schätzers impliziert Unverzerrtheit also, dass Schätzungen zu gleichen Teilen größere und kleinere Werte aufweisen als es dem wahren Wert entspricht. Dies ist schematisch im ersten Teil von Abb. 3.1 dargestellt.

Ein *effizienter Schätzer* ist ein Schätzer, der, sofern er außerdem unverzerrt ist, die niedrigste Varianz der Stichprobenverteilung aufweist. Abb. 3.2 zeigt die Stichprobenverteilungen zweier Schätzungen einer Variable, die beide im Mittel den wahren Wert θ liefern. Beide Schätzer sind unverzerrt. Der Erwartungswert beider Stichprobenverteilungen ist:

$$E(\hat{\theta}) = \mu\,|_{f_1(\hat{\theta})} = \mu\,|_{f_2(\hat{\theta})} = \theta.$$

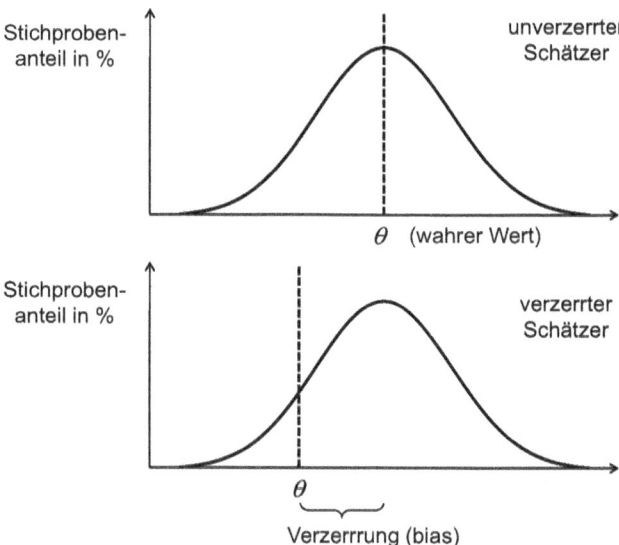

Abb. 3.1 Unverzerrter und verzerrter Schätzer

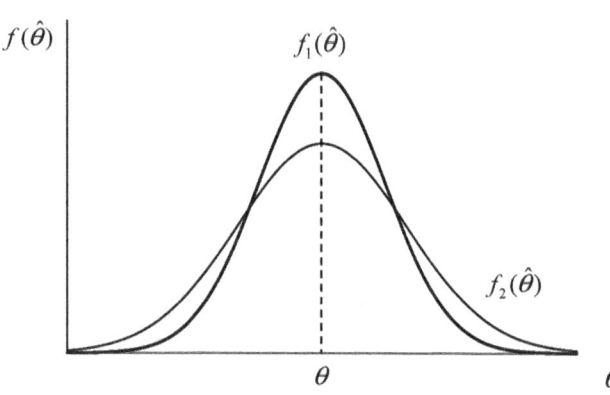

Abb. 3.2 Effizienz und Verzerrung von Schätzern I

Abb. 3.3 Effizienz und Verzerrung von Schätzern II

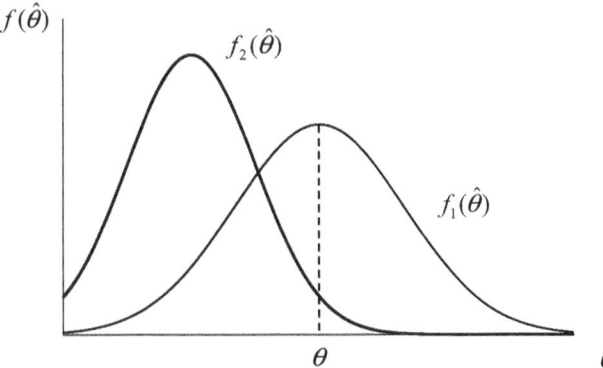

Der Schätzer f_1 ist effizient, da seine Streuung geringer ist als die von f_2 (Abb. 3.2).

In Abb. 3.3 ist der Schätzer f_2 verzerrt, aber streut nur gering. Der Schätzer f_1 ist zwar unverzerrt, weist jedoch eine vergleichsweise hohe Streuung auf:

$$\text{Varianz von } f_1 = \sigma^2_{f_1(\hat{\theta})} > \text{Varianz von } f_2 = \sigma^2_{f_2(\hat{\theta})}.$$

Die Verzerrung oder der so genannte Bias ist definiert als:

$$\text{Bias} = \text{E}(\hat{\theta}) - \theta.$$

Der mittlere quadrierte Fehler (*mean squared error: MSE*) ist gegeben durch:

$$\text{MSE} = \text{Bias}^2 + \text{Varianz} = \left(\text{E}(\hat{\theta}) - \theta\right)^2 + \sigma^2.$$

Ein *konsistenter Schätzer* ist ein Schätzer, dessen Stichprobenverteilung sich stärker um den wahren Wert konzentriert, je größer der Stichprobenumfang n wird. Mit zunehmendem n nimmt bei einem konsistenten Schätzer also sowohl die Verzerrung als auch die Streuung ab.

Abb. 3.4 zeigt zufällig gezogene Stichprobenverteilungen unterschiedlicher Größe eines Schätzers.

In der ersten Teilabbildung lag der Stichprobenumfang bei $n = 100$, in der zweiten bei $n = 500$, in der dritten bei $n = 10.000$ und in der vierten bei $n = 100.000$. Man sieht deutlich, dass sich mit zunehmender Stichprobengröße sowohl die Eigenschaft der Unverzerrtheit (die Verteilung wird immer symmetrischer um den wahren Wert) als auch die der Effizienz (die Streuung der Verteilung nimmt ab) einstellen. Der Schätzer ist entsprechend für große Stichprobenumfänge konsistent (Abb. 3.5).

Beispiel für die experimentelle Momentenschätzung Durch Experimente können wir Stichprobenverteilungen generieren. Eine Stichprobenverteilung ist dabei die relative

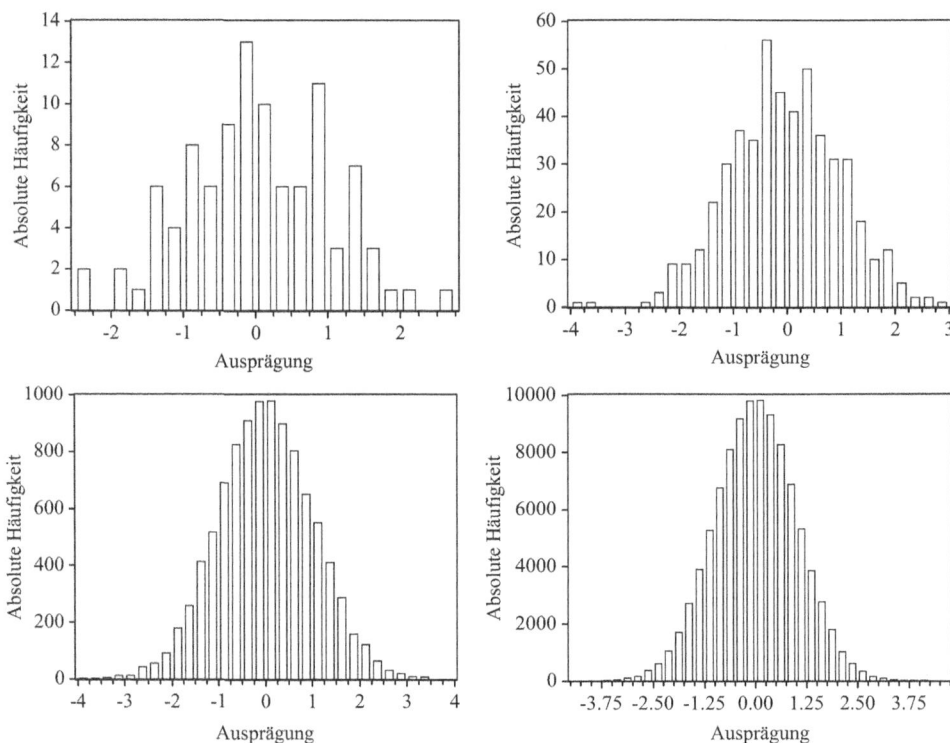

Abb. 3.4 Stichprobenumfang und Streuung. Stichprobenumfang von links oben nach rechts unten: $n = 50$, $n = 100$, $n = 10.000$, $n = 100.000$; jeweils wahres arithmetisches Mittel = 0

Abb. 3.5 Konsistenz eines Schätzers: $n_4 > n_3 > n_2 > n_1$.

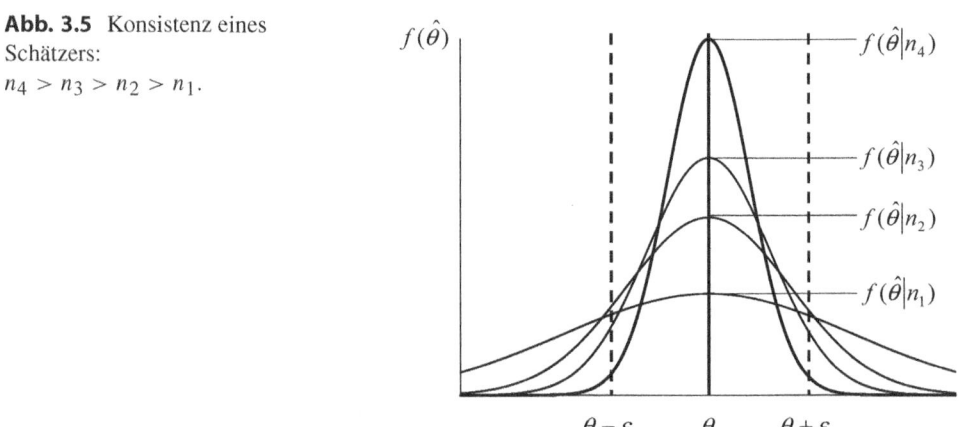

Häufigkeitsverteilung der Ausprägungswerte, die ein Schätzer im Rahmen einer unendlich (∞) oft gezogenen Stichprobe annimmt. Wir können natürlich nicht unendlich viele Stichproben ziehen. Im Gegensatz zu den empirischen Naturwissenschaften ist unsere

3.3 Verteilungsmomente schätzen auf Grundlage von Stichproben

Möglichkeit, Experimente zu wiederholen, in der Regel sehr begrenzt. Unsere Aussagen haben also immer (nur) approximativen, asymptotischen Charakter.

Wie können wir eine Grundgesamtheit simulieren?

- Für diskrete Variablen ist dies beispielsweise durch Objekte wie Kugeln in einer Urne oder Karten möglich.
- Bei stetigen Variablen können wir dies zum Beispiel durch ein permanent konstant ausgelenktes Pendel oder durch Computer-Zufallsgeneratoren erreichen.

Veranschaulichen wir uns diese Erkenntnis an einem einfachen Beispiel:

- Wir wollen die zwei zentralen Momente, Erwartungswert und Varianz, einer Grundgesamtheit (Urne) schätzen über wiederholtes Ziehen einer Stichprobe mit Zurücklegen.
- Wir gehen von einer Urne aus, die ∞ viele Kugeln enthält. Der Anteil an roten Kugeln beträgt 70 %, der an weißen Kugeln 30 %.
- Unser Ziel ist es, den Erwartungswert und die Varianz für den Anteil roter Kugeln in der Grundgesamtheit zu schätzen, indem wir für jede Urne je 100 Samples ziehen: einmal mit Stichprobengröße $n = 4$ (Tab. 3.3) und einmal mit einem Stichprobenumfang von $n = 16$ (Tab. 3.4).
- Es handelt sich um zwei verschiedene, voneinander getrennte „Experimente". Wir benutzen also keine Information aus dem einen für das andere Experiment.
- Wir tragen den geschätzten Anteil der roten Kugeln an der Abszisse, die relative Häufigkeit des Auftretens an der Ordinate ab und erhalten so eine empirische Wahrscheinlichkeitsdichtefunktion, aus der wir unsere Erkenntnisse über den Schätzer hinsichtlich des tatsächlichen Farbanteils ableiten können.

Wir führen für unser Beispiel die folgende Notation ein:

$\pi \equiv$ tatsächlicher Anteil roter Kugeln in der Urne (in %)
$\hat{\pi} \equiv$ Anteil roter Kugeln in der Stichprobe (in %)

Tab. 3.3 Ergebnisse des ersten Experiments mit $n = 4$

Rote Kugeln		Häufigkeiten	
Anzahl	Anteil	Absolute Häufigkeit	Relative Häufigkeit f
0	0,00	1	0,01
1	0,25	6	0,06
2	0,50	28	0,28
3	0,75	42	0,42
4	1,00	23	0,23
Gesamt		100	1,00

Tab. 3.4 Ergebnisse des ersten Experiments mit $n = 16$

Rote Kugeln		Häufigkeiten	
Anzahl	Anteil	Absolute Häufigkeit	Relative Häufigkeit f
0	0,0000	0	0,00
1	0,0625	0	0,00
2	0,1250	0	0,00
3	0,1875	0	0,00
4	0,2500	0	0,00
5	0,3125	1	0,01
6	0,3750	0	0,00
7	0,4375	1	0,01
8	0,5000	5	0,05
9	0,5625	10	0,10
10	0,6250	17	0,17
11	0,6875	21	0,21
12	0,7500	20	0,20
13	0,8125	15	0,15
14	0,8750	7	0,07
15	0,9375	3	0,03
16	1,0000	0	0,00
Gesamt		100	1,00

$f \equiv$ relative Häufigkeit des Auftretens roter Kugeln
$n \equiv$ Größe des Sample, 4; 16 zwei verschiedene „Experimente"

Mittelwert $= \sum f(i)\hat{\pi}(i) = [(0,01 \cdot 0) + \cdots + (0,23 \cdot 1)] = 0,7$; daher $E(\hat{\pi}) = \pi$.

Der Modus (häufigste Wert) liegt allerdings bei 0,75; $\hat{\pi}$ ist ein unverzerrter Schätzer für π (Abb. 3.6).

$$\hat{\sigma} = \sqrt{\text{Var}} = \sqrt{\sum_{i=0}^{n} f_i(\hat{\pi}_i - 0,7)^2} = 0,223.$$

Die Ergebnisse des zweiten Experiments mit $n = 16$ sind in Tab. 3.4 angegeben. Der Mittelwert ist immer noch 0,7, aber der neue Modus (0,6875) ist näher am wahren Wert 0,7 als im ersten Experiment mit $n = 4$ (dort war der Modus 0,75). σ ist nun kleiner (0,119).

Wir können die wesentlichen gewonnenen Erkenntnisse aus unseren experimentellen Überlegungen zusammenfassen:

Erstens kam in beiden Stichproben-Experimenten der geschätzte Erwartungswert jeweils fast exakt an den wahren Wert heran. Wir hatten es also in beiden Fällen mit einem unverzerrten Schätzer zu tun. Zweitens konzentrierte sich der Mittelwert im Vergleich der

3.3 Verteilungsmomente schätzen auf Grundlage von Stichproben

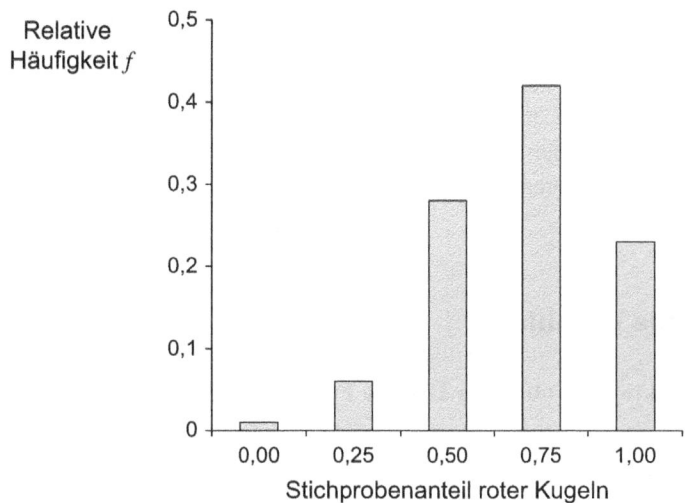

Abb. 3.6 Relative Häufigkeitsverteilung: Urnenexperiment I

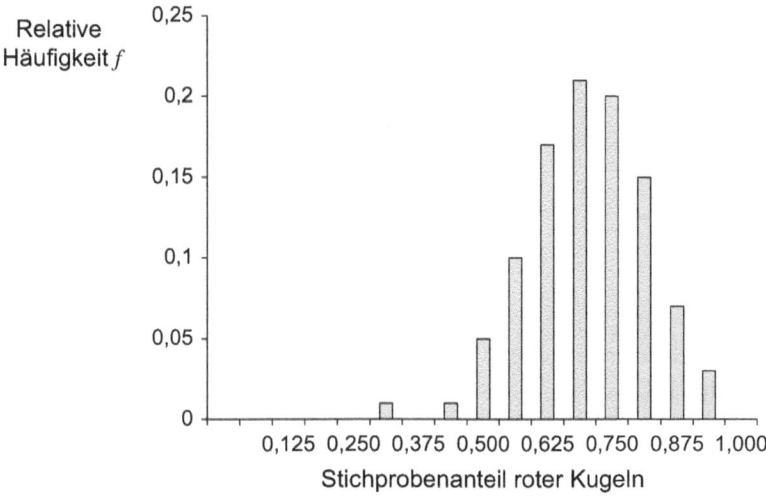

Abb. 3.7 Relative Häufigkeitsverteilung: Urnenexperiment II

beiden Experimente mit zunehmender Größe n der Stichprobe (von 4 auf 16) stärker um den wahren Wert. Beide experimentellen Verteilungen generierten uns konsistente Schätzer. Zudem näherte sich mit zunehmender Größe des Samples (von 4 auf 16) die Stichprobenverteilung der Symmetrieeigenschaft (Abb. 3.7).

Die Standardabweichung σ hat sich etwa halbiert bei einer Vervierfachung der Stichprobengröße. Genau genommen gilt, dass sich die Standardabweichung σ umgekehrt proportional zur Wurzel aus n verhält, also:

$$\sigma = \frac{1}{\sqrt{n}}.$$

Natürlich sollten wir nicht vergessen zu erwähnen, dass unsere Ergebnisse und Erkenntnisse auch von der Anzahl der Züge abhängen, die wir durchführen, das heißt dem Umfang des jeweiligen Experiments. Im Beispiel war dies jeweils ein Umfang von 100 Zügen.

3.4 Stetige Variablen

Verteilungsfunktion (Probability Density Function) Für stetige Variablen gilt:

$$P(x = x_t) = 0,$$

das heißt die Wahrscheinlichkeit, die mit einem Beobachtungspunkt assoziiert wird, ist null. Da wir bei stetigen Variablen die Ausprägungen nicht in Schritten beobachten, bedeutet dies, dass für stetig verteilte Ausprägungen die Fläche eines Punktes null ist (Abb. 3.8). Für die Verteilungsfunktion gilt

$$F(x_a) = P(x \leq x_a) \qquad (3.4)$$

und

$$F(x_a) = \int_{-\infty}^{x_a} f(x)dx. \qquad (3.5)$$

Es gilt natürlich auch für stetige Variablen, dass die Gesamtfläche unter der Verteilungsfunktion gleich 1 ist:

$$\int_{-\infty}^{+\infty} f(x)dx = 1.$$

Wir wollen uns die Verteilungsfunktion einer stetigen Variablen intuitiv verständlich machen an einem Beispiel:

Angenommen man verliert seine analoge Uhr und findet sie nach einem unbestimmten Zeitraum wieder. Wie hoch ist dann die Wahrscheinlichkeit, dass genau einer der Zeiger, beispielsweise der Minutenzeiger, exakt auf einer Ziffer steht? Und wie hoch ist die Wahrscheinlichkeit, dass ein bestimmter Zeiger zwischen zwei genauen Ziffern des Ziffernblattes steht?

Um diese Fragen zu beantworten, stellen wir zunächst einmal zwei grundsätzliche Überlegungen an. Erstens ist die Zeit eine stetige, beliebig teilbare Variable, so dass es theoretisch unendlich viele Punkte zwischen zwei beliebigen Punkten eines Ziffernblattes

Abb. 3.8 Verteilungsfunktion stetiger Variablen als Fläche unter der PDF

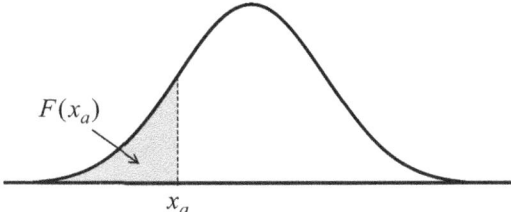

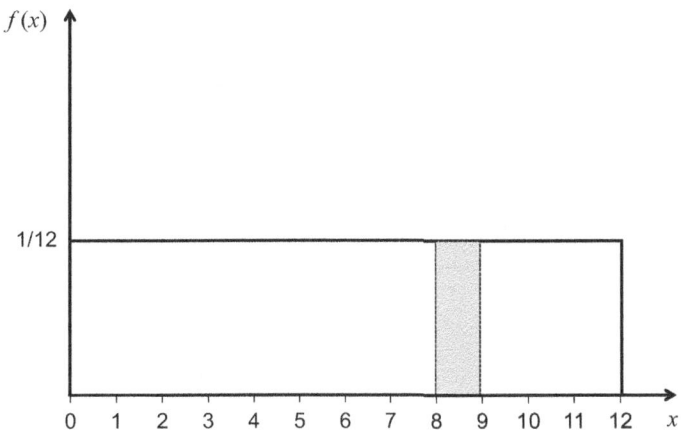

Abb. 3.9 Beispiel für eine stetige Verteilung: Uhrzeiger

gibt, an denen ein Zeiger stehen bleiben könnte. Zweitens muss, wenn diese erste Überlegung zutrifft, die Wahrscheinlichkeit, dass einer der Zeiger an einem bestimmten Punkt stehen bleibt (beispielsweise auf der Ziffer „12") gleich null sein.

Wir können nach diesen Überlegungen das Zeitkontinuum zwischen den Ziffern einer Analoguhr als eine *Gleichverteilung*, die auch *uniforme Verteilung* oder *Uniformverteilung* genannt wird, darstellen. Die Dichte einer Gleichverteilung ist gegeben durch:

$$f(x) = \begin{cases} \frac{1}{b-a} & \text{für } a \leq x \leq b \\ 0 & \text{sonst} \end{cases} \quad \text{hier: } b = 12 \text{ und } a = 0.$$

Die Wahrscheinlichkeitsdichtefunktion (PDF) einer gleichverteilten Variablen nimmt dabei immer die geometrische Form eines Rechtecks an (Abb. 3.9).

Der Flächeninhalt für unser Beispiel ist gegeben durch:

$$P(8 < x \leq 9) = \int_8^9 f(x)dx = \frac{1}{12} \cdot 1 = \frac{1}{12}.$$

Dass die Wahrscheinlichkeit für das Stehen des Zeigers an einem bestimmten Punkt – etwa auf der Ziffer „8" – gleich 0 ist, d. h. $P(x = 8) = 0$, können wir uns auch einfach numerisch veranschaulichen. Berechnen wir beispielsweise die Wahrscheinlichkeit bei einer Uhr mit Sekundenskalierung, dass ein Stundenzeiger eine Sekunde vor oder nach der Ziffer „8" steht:

$$P(8 \cdot 3600 - 1 \leq x < 8 \cdot 3600) + P(8 \cdot 3600 < x \leq 8 \cdot 3600 + 1)$$

$$= \frac{2}{12 \cdot 60 \cdot 60} = \frac{1}{6 \cdot 3600} = \frac{1}{21600} = 0{,}0000046296\ldots$$

Wir sehen an dieser kleinen Rechenübung, dass die Wahrscheinlichkeit sehr nahe an Null reicht. Nachdem Zeit eine beliebig teilbare Größe darstellt – schließlich könnten wir auch Berechnungen für Zehntel-, Hundertstel- oder Tausendstel-Sekunden oder für noch kleinere Einheiten wie Nano-Sekunden (10^{-9} s) vornehmen –, ist die Punktwahrscheinlichkeit immer gleich Null. Die Wahrscheinlichkeit, dass der Zeiger aber zwischen den Ziffern 8 und 9 stehen bleibt, ist 1/12.

Für die Wahrscheinlichkeitsdichtefunktion einer stetigen Variable gilt:

$$f(x) = \frac{dF(x)}{dx}. \tag{3.6}$$

Mit anderen Worten gibt die Dichtefunktion für kontinuierliche Variablen die Steigung der Verteilungsfunktion an. Die Verteilungsfunktion $F(x)$ muss für stetige – genauso wie für diskrete – Variablen folgende vier Eigenschaften erfüllen:

1. $0 \leq F(x) \leq 1$
2. wenn $x > y \Rightarrow F(x) \geq F(y) \Leftrightarrow P(x_i \leq x) \geq P(y_i \leq y)$
3. $F(+\infty) = 1$
4. $F(-\infty) = 0$

Die Eigenschaft (2) kann man sich graphisch dadurch veranschaulichen, dass $F(x)$ immer Integrale von $f(x)$ bezeichnet (Abb. 3.10).

Abb. 3.10 Wahrscheinlichkeiten als Differenz von Verteilungsfunktionswerten (Flächen unter der PDF) stetiger Variablen

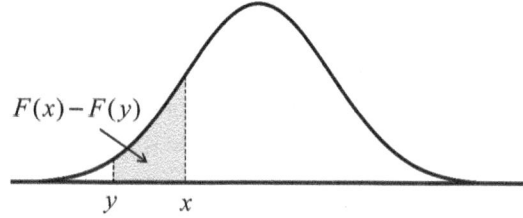

3.5 Übungsaufgaben

Wahrscheinlichkeitsdichte & Verteilungsfunktion
Nehmen Sie die Werte zur Kinderzahl von Familien in Tab. 3.2 zur Hand.

3.1 Wie hoch ist die Wahrscheinlichkeit, dass eine zufällig aus dieser Stichprobe ausgewählte Familie kinderlos ist? Wie hoch ist die Wahrscheinlichkeit, dass eine zufällig gezogene Familie genau drei Kinder hat? Wie hoch ist die Wahrscheinlichkeit, dass eine zufällig aus dieser Stichprobe ausgewählte Familie zwei oder weniger Kinder hat?

3.2 Warum können Sie – gegeben die Information in Tab. 3.2 – keine Aussage darüber treffen, ob eine Familie 3 bis 5 oder mehr als 5 Kinder hat?

4 Basiskonzepte der induktiven Statistik

4.1 Wiederholung der wichtigsten statistischen Maßzahlen

Der Erwartungswert Man kann den Erwartungswert E(x) als den mit den zugehörigen Wahrscheinlichkeiten gewichteten Durchschnitt der x-Ausprägungen bezeichnen. Es gilt die Berechnungsvorschrift

$$\mu = \mathrm{E}(x) = \sum_{x} x \cdot p(x) \quad \text{bei diskreten Variablen und}$$

$$\mu = \mathrm{E}(x) = \int_{-\infty}^{+\infty} x \cdot f(x)\, dx \quad \text{bei stetigen Variablen.}$$

Eine wichtige rechnerische Eigenschaft von E(x) ist, dass

$$\mathrm{E}(\text{konst.}) = \text{konst.},$$

wobei „konst." einen beliebigen konstanten Wert bezeichnet. Zudem gilt:

$$\mathrm{E}(ax + b) = a \cdot \mathrm{E}(x) + b \quad \text{mit } a = \text{konst. und } b = \text{konst.}$$

Varianz und Standardabweichung Die Varianz wird als Dispersions- oder Streuungsmaß einer Verteilung bezeichnet. Die Quadratwurzel der Varianz ist die Standardabweichung σ:

$$\sigma^2 = \mathrm{Var}(x) = \mathrm{E}(x - \mathrm{E}(x))^2 = \mathrm{E}(x^2) - 2\mu \mathrm{E}(x) + \mu^2$$
$$= \mathrm{E}(x^2) - 2\mu^2 + \mu^2 = \mathrm{E}(x^2) - \mu^2.$$

Wichtige rechnerische Eigenschaften von Var(x):

$$\sigma^2 \geq 0$$

$$\text{Var}(\text{konst.}) = 0$$

$$\text{Var}(ax + b) = a^2 \cdot \text{Var}(x) \quad \text{mit a = konst. und} \quad \text{b = konst.}$$

Gemeinsame Verteilungen

$$E(x + y) = E(x) + E(y)$$
$$\text{Var}(x + y) = \text{Var}(x) + \text{Var}(y) + 2\text{Cov}(x, y)$$

wobei Cov(x, y) für die Kovarianz zweier Zufallsvariablen steht. Sie ist definiert als:

$$\sigma_{xy} = \text{Cov}(x, y) = E[(x - E(x))(y - E(y))].$$

Wenn also kleine Werte von x einhergehen mit tendenziell niedrigen y-Werten, so gilt Cov(x, y) > 0. Korrespondieren dagegen große y-Werte tendenziell mit niedrigen Werten von x, so gilt Cov(x, y) < 0. Sind die Beobachtungen von x und y unkorreliert, d. h. nehmen sie ihre Ausprägungen unabhängig voneinander an, dann ist Cov(x, y) $= 0$.
Als Korrelationskoeffizienten ρ bezeichnen wir schließlich den Zusammenhang:

$$\rho(x, y) = \frac{\text{Cov}(x, y)}{\sigma_x \cdot \sigma_y}.$$

Wir sollten auch nicht vergessen zu betonen, dass Korrelation nicht Kausalität impliziert, sondern vielmehr für eine Assoziation zweier Variablen steht (Abb. 4.1).

Schiefe Unter der Schiefe einer Verteilung versteht man ihre Abweichung von der Symmetrie-Eigenschaft (Abb. 4.2). Die Schiefe ist ein Maß der deskriptiven Statistik dritter Ordnung und ist gegeben durch den Zusammenhang:

$$\mu_3 = E(x - \mu)^3.$$

Der Erwartungswert ist das Moment erster Ordnung, die Varianz das Moment zweiter Ordnung einer Verteilung. Später werden wir mit der Kurtosis oder Wölbung auch ein höheres Moment im Zusammenhang mit der Normalverteilung betrachten.

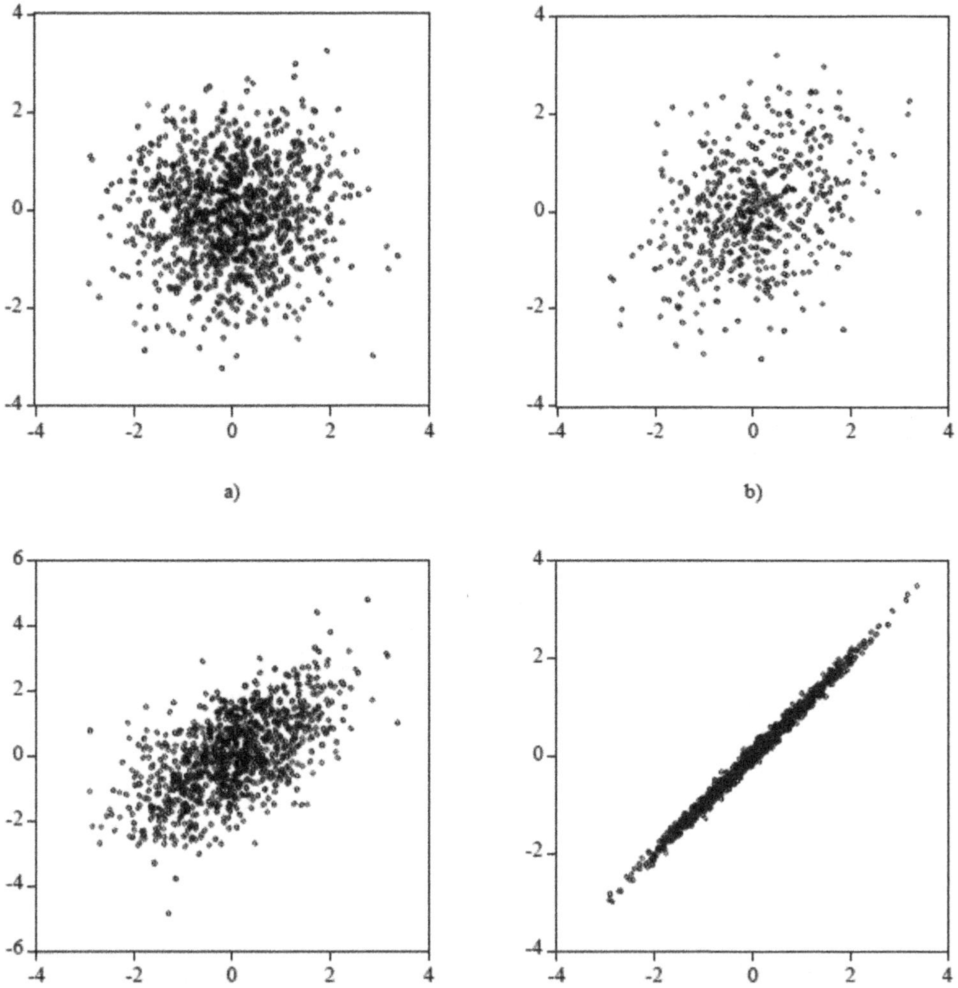

4.1 Wiederholung der wichtigsten statistischen Maßzahlen

Abb. 4.1 Beispiele für unterschiedlich starke Korrelationen: (**a**) $\rho = 0$; (**b**) $\rho = 0{,}3$; (**c**) $\rho = 0{,}6$; (**d**) $\rho = 0{,}99$

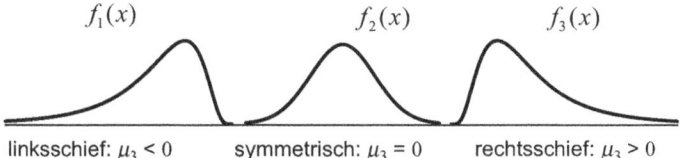

linksschief: $\mu_3 < 0$ symmetrisch: $\mu_3 = 0$ rechtsschief: $\mu_3 > 0$

Abb. 4.2 Polare Ausprägungen der Schiefe einer Verteilung

4.2 Die Normalverteilung

Eine in der induktiven Statistik zentrale Verteilung ist die Normalverteilung. Die Normalverteilung ist die Verteilung einer stetigen Variable und besitzt die Dichtefunktion:

$$f(x) = \frac{1}{\sqrt{2\pi\sigma^2}} e^{-\frac{1}{2}\left(\frac{x-\mu}{\sigma}\right)^2},$$

wobei $\sigma \equiv$ Standardabweichung von x und $\mu \equiv$ Erwartungswert von x;
$\pi \equiv 3{,}14159\ldots$ und $e \equiv 2{,}71828\ldots$. Die Normalverteilung (NV) weist sechs wesentliche Eigenschaften auf (Abb. 4.3):

1. Die NV ist stetig und symmetrisch um μ. Der Erwartungswert (das arithmetische Mittel), der Median (der Wert, der die Verteilung in zwei gleich große Hälften teilt) und der Modus (der in der Verteilung am häufigsten vorkommende Wert) sind identisch.
2. Die NV erstreckt sich von $-\infty$ bis $+\infty$. Sie ist unbegrenzt.
3. Die NV-Funktion erreicht ihr Maximum (Nullsteigung) am Punkt $x = \mu$.
4. Die beiden Punkte, an denen die Steigung der NV-Funktion am steilsten wird, treten an den Stellen $x = \mu \pm \sigma$ auf. Diese Punkte werden Inflektionspunkte genannt. Mit Erreichen dieser Punkte beginnt die NV – zu den Rändern hin – abzuflachen. Dies impliziert auch, dass die Standardabweichung den Abstand vom Zentrum der Verteilung zu einem dieser Punkte misst.
5. Die NV ist vollkommen spezifiziert durch Erwartungswert und Varianz.
6. Die Fläche unter der Normalverteilung beträgt 1 und die Fläche zwischen μ und $\mu + \sigma \approx 1/3$ (Abb. 4.4).

4.3 Transformation auf die Standardnormalverteilung

Für die Standardnormalverteilung (SNV) gilt $\mu = 0$ und $\sigma = 1$ und

$$f(x) = \frac{1}{\sqrt{2\pi}} e^{-\frac{x^2}{2}}.$$

Abb. 4.3 Normalverteilung

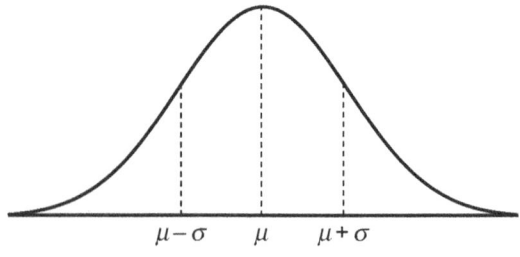

4.3 Transformation auf die Standardnormalverteilung

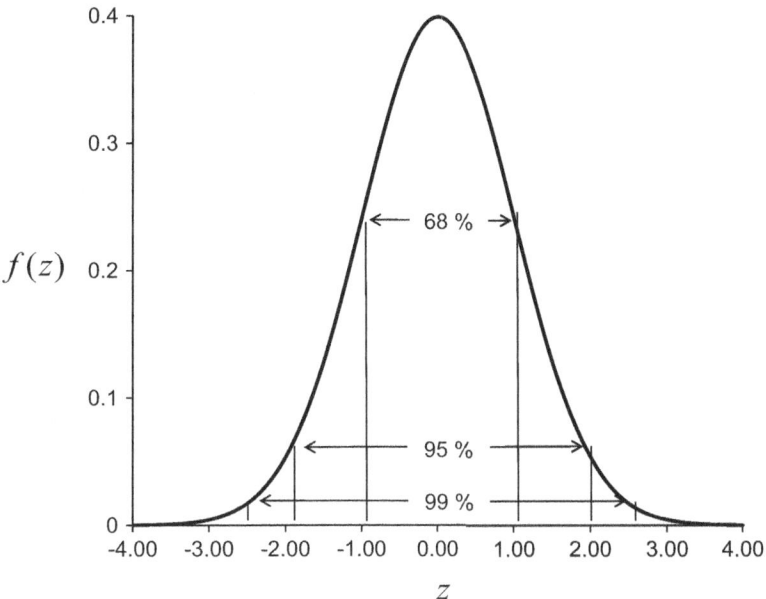

Abb. 4.4 Dichte (PDF) der Standardnormalverteilung

Wenn wir zum Ziel haben, die Wahrscheinlichkeit dafür zu ermitteln, dass eine stetige Variable einen bestimmten Wert annimmt und von einer NV der Variable ausgegangen werden kann, transformieren wir die NV-Zufallsgröße x in eine SNV-Variable z mit $\mu = 0$ und $\sigma = 1$. Dazu wird x so transformiert, dass $\mathrm{E}(ax+b) = 0$ und $\mathrm{Var}(ax+b) = 1$. Unsere Lösungswerte für a und b müssen demnach die folgenden Gleichungen erfüllen:

$$\mathrm{E}(ax+b) = a\mathrm{E}(x) + b = a\mu_x + b = 0 \Leftrightarrow b = -a\mu_x,$$

$$\mathrm{Var}(ax+b) = a^2\mathrm{Var}(x) = a^2\sigma_x^2 = 1 \Leftrightarrow a = \frac{1}{\sigma_x} \Leftrightarrow b = -\frac{\mu_x}{\sigma_x}$$

$$\Leftrightarrow ax + b = \frac{1}{\sigma_x}x - \frac{\mu_x}{\sigma_x} = \frac{x - \mu_x}{\sigma_x} = z.$$

Wir können zeigen, dass $z = (x - \mu_x)/\sigma_x$ einen Erwartungswert von 0 und eine Varianz von 1 hat oder anders ausgedrückt, dass die Transformation korrekt durchgeführt wurde:

$$\mathrm{E}\left(\frac{x - \mu_x}{\sigma_x}\right) = \frac{\mathrm{E}(x) - \mu_x}{\sigma_x} = \frac{\mu_x}{\sigma_x} - \frac{\mu_x}{\sigma_x} = 0,$$

da $\mathrm{E}(\mu_x) = \mu_x$ und $\mathrm{E}(\sigma_x) = \sigma_x$;

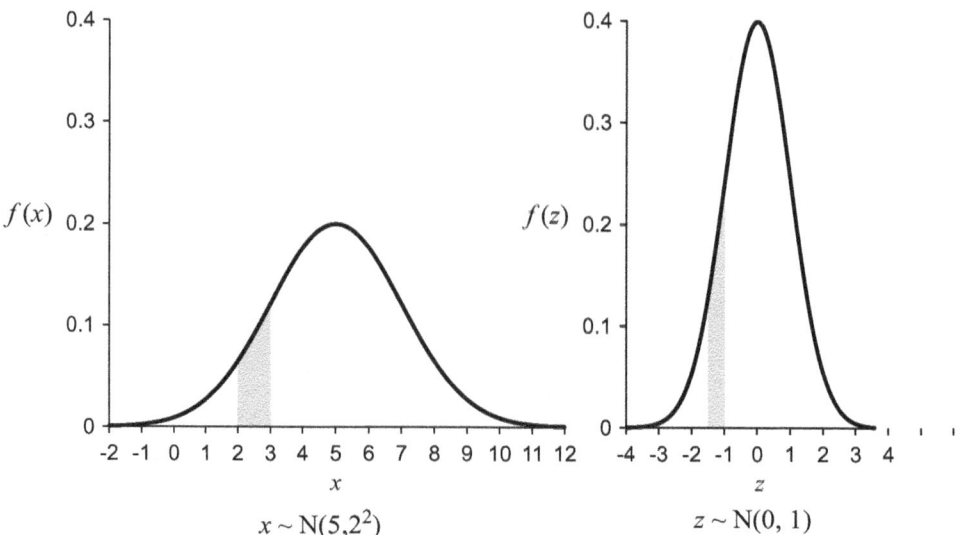

Abb. 4.5 Transformation zur Standard-Normalverteilung

$$\mathrm{Var}\left(\frac{x-\mu_x}{\sigma_x}\right) = \frac{1}{\sigma_x^2}\mathrm{Var}(x) = \frac{1}{\sigma_x^2}\sigma_x^2 = 1.$$

Die Wahrscheinlichkeit, dass ein Wert aus dem markierten Bereich gezogen wird, ist bei beiden Verteilungen gleich (Abb. 4.5). Wir können jede normalverteilte Variable x in eine standardnormalverteilte Variable z überführen gemäß:

$$z = \frac{x-\mu_x}{\sigma_x} \text{ mit } z \sim N(0,1).$$

Wenn wir die Wahrscheinlichkeit berechnen wollen, dass eine Variable x Werte zwischen x_1 und x_2 annimmt, rechnen wir aus Gründen der Einfachheit mit z:

$$P(x_1 < x < x_2) = P(z_1 < z < z_2), \text{ wobei}$$

$$\frac{x_1-\mu_x}{\sigma_x} = z_1 \text{ und } \frac{x_2-\mu_x}{\sigma_x} = z_2.$$

Betrachten wir ein Beispiel: Sei $x \sim N(5, 2^2)$. Wie hoch ist $P(2 < x < 3)$?

$$z_1 = \frac{2-5}{2} = -\frac{3}{2} = -1{,}5 \text{ und } z_2 = \frac{3-5}{2} = -1.$$

Aus Tab. 4.1 folgt:

4.3 Transformation auf die Standardnormalverteilung

Tab. 4.1 Kumulierte Fläche unter der halben Dichtefunktion der Standard-Normalverteilung im positiven Wertebereich

z	0,00	0,01	0,02	0,03	0,04	0,05	0,06	0,07	0,08	0,09
0,0	0,0000	0,0040	0,0080	0,0120	0,0160	0,0199	0,0239	0,0279	0,0319	0,0359
0,1	0,0398	0,0438	0,0478	0,0517	0,0557	0,0596	0,0636	0,0675	0,0714	0,0753
0,2	0,0793	0,0832	0,0871	0,0910	0,0948	0,0987	0,1026	0,1064	0,1130	0,1141
0,3	0,1179	0,1217	0,1255	0,1293	0,1331	0,1368	0,1406	0,1443	0,1480	0,1517
0,4	0,1554	0,1591	0,1628	0,1664	0,1700	0,1736	0,1772	0,1808	0,1844	0,1879
0,5	0,1915	0,1950	0,1985	0,2019	0,2054	0,2088	0,2123	0,2157	0,2190	0,2224
0,6	0,2257	0,2291	0,2324	0,2357	0,2389	0,2422	0,2454	0,2486	0,2517	0,2549
0,7	0,2580	0,2611	0,2642	0,2673	0,2704	0,2734	0,2764	0,2794	0,2823	0,2852
0,8	0,2881	0,2910	0,2939	0,2967	0,2995	0,3023	0,3051	0,3079	0,3106	0,3133
0,9	0,3159	0,3196	0,3212	0,3238	0,3264	0,3289	0,3315	0,3340	0,3365	0,3389
1,0	0,3413	0,3438	0,3461	0,3485	0,3508	0,3531	0,3554	0,3577	0,3599	0,3621
1,1	0,3643	0,3665	0,3686	0,3708	0,3729	0,3749	0,3770	0,3790	0,3810	0,3830
1,2	0,3849	0,3869	0,3888	0,3907	0,3925	0,3944	0,3962	0,6980	0,3997	0,4015
1,3	0,4032	0,4049	0,4066	0,4082	0,4099	0,4115	0,4131	0,4147	0,4162	0,4177
1,4	0,4192	0,4207	0,4222	0,4236	0,4251	0,4265	0,4279	0,2492	0,4306	0,4319
1,5	0,4332	0,4345	0,4357	0,4370	0,4382	0,4394	0,4406	0,4418	0,4429	0,4441
1,6	0,4452	0,4463	0,4474	0,4484	0,4495	0,4505	0,4515	0,4525	0,4535	0,4545
1,7	0,4554	0,4564	0,4573	0,4582	0,4591	0,4599	0,4608	0,4616	0,4625	0,4633
1,8	0,4641	0,4649	0,4656	0,4664	0,4671	0,4678	0,4686	0,4693	0,4699	0,4706
1,9	0,4713	0,4719	0,4726	0,4732	0,4738	0,4744	0,4750	0,4756	0,4761	0,4767
2,0	0,4773	0,4778	0,4783	0,4788	0,4793	0,4798	0,4803	0,4808	0,4812	0,4817
2,1	0,4821	0,4826	0,4830	0,4834	0,4838	0,4842	0,4846	0,4850	0,4854	0,4857
2,2	0,4861	0,4864	0,4868	0,4871	0,4875	0,4878	0,4881	0,4884	0,4887	0,4890
2,3	0,4893	0,4896	0,4898	0,4901	0,4904	0,4906	0,4909	0,4911	0,4913	0,4916
2,4	0,4918	0,4920	0,4922	0,4925	0,4927	0,4929	0,4931	0,4932	0,4934	0,4936
2,5	0,4938	0,4940	0,4941	0,4943	0,4945	0,4946	0,4948	0,4949	0,4951	0,4952
2,6	0,4953	0,4955	0,4956	0,4957	0,4959	0,4960	0,4961	0,4962	0,4963	0,4964
2,7	0,4965	0,4966	0,4967	0,4968	0,4969	0,4970	0,4971	0,4972	0,4973	0,4974
2,8	0,4974	0,4975	0,4976	0,4977	0,4977	0,4978	0,4979	0,4979	0,4980	0,4981
2,9	0,4981	0,4982	0,4983	0,4983	0,4984	0,4984	0,4985	0,4985	0,4986	0,4986
3,0	0,4987	0,4987	0,4987	0,4988	0,4988	0,4989	0,4989	0,4989	0,4990	0,4990

$$P(2 < x < 3) = P(-3/2 < z < -1) = P(1 < z < 3/2)$$
$$= 0,4332 - 0,3413 = 0,0919,$$

da es sich um eine symmetrische Verteilung handelt (Abb. 4.6 und 4.7).

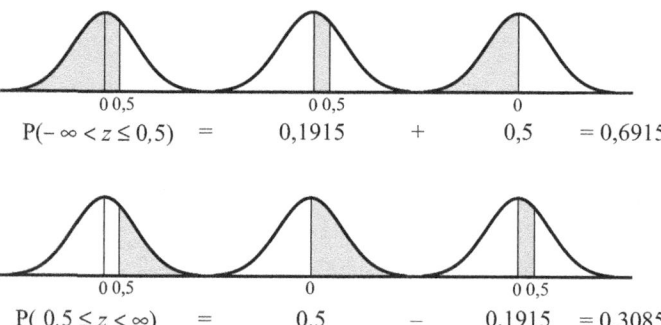

Abb. 4.6 Beispiele der Wahrscheinlichkeitsberechnung mit Hilfe der Standard-Normalverteilung

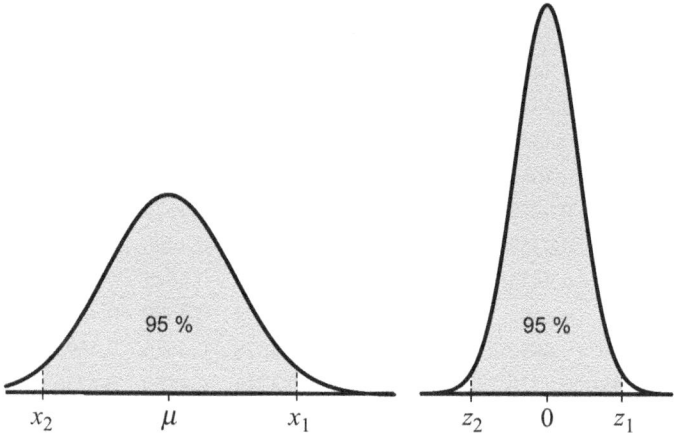

Abb. 4.7 Ursprüngliche und standardisierte Verteilung

Die Tabelle der kumulierte Fläche unter der halben Dichtefunktion der Standard-Normalverteilung im positiven Wertebereich findet sich zur einfachen Referenz auch im Anhang in Tab. A.1.

4.3.1 Wahre und empirische Varianz

Für den Fall, in dem die wahre Varianz nicht bekannt ist, muss sie aus der Stichprobe geschätzt werden.

Wahre oder tatsächliche Varianz Um die wahre Varianz zu kennen, müsste man die Mittelwertabweichungen der Ausprägungen für alle möglichen i kennen. Dann berechnet sich die tatsächliche Varianz gemäß:

$$\sigma^2 = \frac{1}{n}\sum(x_i - \mu)^2;$$

4.3 Transformation auf die Standardnormalverteilung

mit n = Größe der Population (Grundgesamtheit).

Empirische Varianz Kann man nicht auf alle Mittelwertabweichungen der Ausprägungen für alle möglichen i zurückgreifen und kennt man daher nicht den wahren Erwartungswert μ, kann eine Schätzung des Erwartungswerts aus einer Stichprobe gewonnen werden. Zusammengefasst ist die Situation die folgende:

- $\hat{\mu}$ = Mittelwert der Stichprobe
- $(x_i - \mu)$ ist nicht bekannt.

Die empirische Varianz berechnet sich dann gemäß

$$\hat{\sigma}^2 = \frac{1}{n-1} \sum (x_i - \hat{\mu})^2$$

mit n = Anzahl der Ausprägungen und $(n-1)$ = Anzahl der Freiheitsgrade. Da wir mit einem aus dem Sample und nicht aus der Grundgesamtheit bestimmten Erwartungswert rechnen, verlieren wir 1 Freiheitsgrad.

Es handelt sich dabei um einen erwartungstreuen Schätzer der tatsächlichen Varianz. Das heißt es gilt:

$$E(\hat{\sigma}^2) = \sigma^2.$$

Zentraler Grenzwertsatz (*Central Limit Theorem*): Bei unabhängigen Ziehungen aus einer Zufallsgröße x mit Mittelwert μ und Varianz von σ^2 nähert sich mit zunehmender Stichprobengröße n die Stichprobenverteilung des Erwartungswerts von x einer Normalverteilung mit Erwartungswert μ und Varianz σ^2/n an. Dies unterstellt allerdings, dass die wahre Varianz σ^2 bekannt ist. Ist die tatsächliche Varianz nicht bekannt, wird sie durch ihre Schätzung – die Stichprobenvarianz – ersetzt.

4.3.2 Der Jarque-Bera-Test auf Normalität

Die Normalverteilungsannahme lässt sich zum Beispiel mit dem Jarque-Bera-Test überprüfen. Dieser Test baut auf zwei Merkmalen der Normalverteilung auf. Zum einen beinhaltet er die Schiefe S, die die Abweichung von der Symmetrieeigenschaft quantifiziert. Für die Normalverteilung nimmt S einen Wert von 0 an (s. Abb. 4.2). Zum anderen benutzt er die Wölbung oder Kurtosis K, die für die Normalverteilung einen Wert von 3 aufweist.

Die Teststatistik erfasst gemeinsam die Abweichung der beiden Merkmale S und K der beobachteten Verteilung von den Referenzwerten der Normalverteilung. Sie lautet:

$$\text{JB} = \frac{n}{6}\left(S^2 + \frac{(K-3)^2}{4}\right), \text{ wobei}$$

$$S = \frac{\mu_3}{\sigma^3} = \frac{\frac{1}{n}\sum_{i=1}^{n}(x_i - \bar{x})^3}{\left(\frac{1}{n}\sum_{i=1}^{n}(x_i - \bar{x})^2\right)^{\frac{3}{2}}}; \quad K = \frac{\mu_4}{\sigma^4} = \frac{\frac{1}{n}\sum_{i=1}^{n}(x_i - \bar{x})^4}{\left(\frac{1}{n}\sum_{i=1}^{n}(x_i - \bar{x})^2\right)^{2}}.$$

Für eine Normalverteilung gilt $S = 0$, $K = 3$ und somit JB = 0. Unter der Nullhypothese der Normalverteilung folgt die JB-Teststatistik asymptotisch einer χ^2-Verteilung mit 2 Freiheitsgraden (siehe Anhang, Tab. A.5). Ist bei einem Signifikanzniveau von 5 % die Teststatistik größer als 5,99, würde man die Nullhypothese des Vorliegens einer Normalverteilung verwerfen.

4.4 Das Testen von Hypothesen

4.4.1 Testbeschreibung allgemein

Für unseren Schätzer des Mittel- oder Erwartungswerts einer Verteilung wird eine Statistik mit bekannter Verteilung – etwa eine Normalverteilung – unterstellt. Durch die Kenntnis der Verteilung kann die Wahrscheinlichkeit bestimmt werden, ob der Schätzer $\hat{\mu}$ unter der Annahme einer bestimmten Hypothese eintritt.

Zweiseitiger Test (two tailed test) Für den zweiseitigen Test lauten Null- und Gegenhypothese wie folgt:

Nullhypothese: $H_0 : \mu = \mu_0$
Gegenhypothese: $H_1 : \mu \neq \mu_0$.

Grundsätzlich gilt, dass wir eine Hypothese entweder verwerfen oder nicht. Dabei stellt sich die Frage, was unser Kriterium oder unsere Vorschrift für das Verwerfen einer Hypothese sein sollte. Wenn wir etwa die Vorstellung haben, die marginale Grenzrate des Konsums betrage 0,9 und wir schätzten einen Wert von 0,8999. Würden oder sollten wir unsere Hypothese dann akzeptieren oder verwerfen?

Stellen wir dazu einige Überlegungen an: Wir werden die Nullhypothese plausiblerweise dann ablehnen, wenn der empirische Mittelwert sehr stark von μ_0 abweicht.

Weicht er nicht stark ab, lehnen wir H_0 nicht ab. Es ist wichtig zu notieren, dass wir nach dieser Logik H_0 nicht verwerfen, was nicht gleichbedeutend damit ist, dass H_0 tatsächlich wahr ist.

4.4 Das Testen von Hypothesen

Idee des zweiseitigen Tests Werte des Stichprobenerwartungswerts, die sehr viel größer oder sehr viel kleiner als μ_0 ausfallen, sprechen gegen die Nullhypothese. In der Regel gestatten wir eine Restwahrscheinlichkeit von 0,1, mit der wir H$_0$ an beiden Rändern der Verteilung ablehnen. Das heißt wir akzeptieren Abweichungen bis zu einem 0,05-Anteil der Wahrscheinlichkeitsmasse auf jeder Seite des Mittelwerts der Verteilung.

Die zu der Darstellung in Abb. 4.8 gehörige Nullhypothese lautet $z = 0$. Wir nehmen die Nullhypothese an, wenn z in der Akzeptanzregion oder dem Annahmebereich liegt und lehnen sie ab, wenn z in einen der beiden Ränder der Verteilung fällt (Ablehnungsbereich: linksseitig vom unteren Schwellenwert z_L und rechtsseitig vom oberen Schwellenwert z_H). Daher wird dieser Test auch zweiseitiger Test genannt.

Wir verwenden den zweiseitigen Test unter anderem dann, wenn wir keine Vorinformation darüber haben, ob der wahre Wert größere oder kleinere Ausprägungen annimmt als einen bestimmten Wert – etwa 0 wie in Abb. 4.8.

Betrachten wir ein numerisches Beispiel, in dem das Konfidenzniveau bei 0,90 liegt. Der Ablehnungsbereich macht dann für einen zweiseitigen Test 0,05 der gesamten Wahrscheinlichkeitsmasse jeweils auf beiden Seiten der Verteilung aus, d. h. er liegt bei $2 \cdot 0{,}05 = 0{,}1$ insgesamt. Damit ist das Signifikanzniveau in diesem Fall 0,1; wir sprechen auch von einem zehnprozentigen Signifikanzniveau oder von Signifikanz auf einem Niveau von 10 %.

$$\left.\begin{array}{l} P(\bar{x} < \mu_L) = 0{,}05 \\ P(\bar{x} > \mu_H) = 0{,}05 \end{array}\right\} \Rightarrow P(\mu_L \leq \bar{x} \leq \mu_H) = 0{,}9.$$

Bei dieser Wahrscheinlichkeit handelt es sich um das zugehörige Sicherheitsniveau, das hier im Beispiel bei 0,9 oder 90 % liegt.

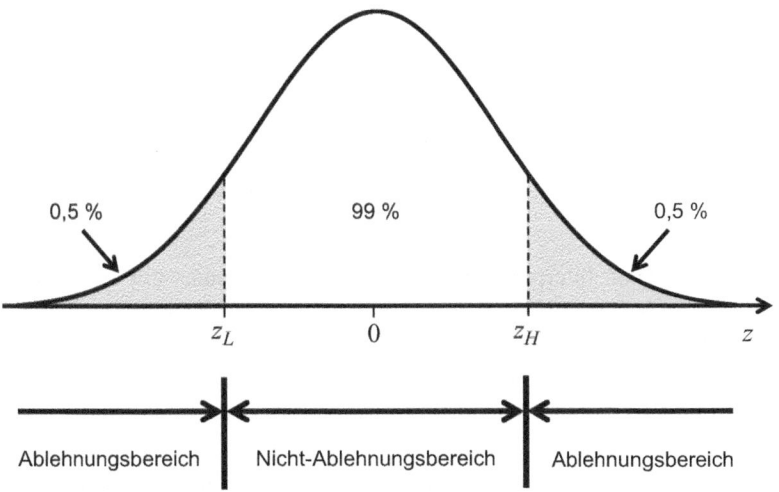

Abb. 4.8 Zweiseitiger Test mit Sicherheits- oder Konfindenzniveau von 0,99 und Signifikanzniveau von 0,01 (0,005 + 0,005 = 0,01); 1 % der Fläche liegt in den Rändern (*tails*) der Verteilung

Abb. 4.9 Kritischer Wert bei der Standardnormalverteilung (zweiseitiger Test); Signifikanzniveau von 5 % (0,05)

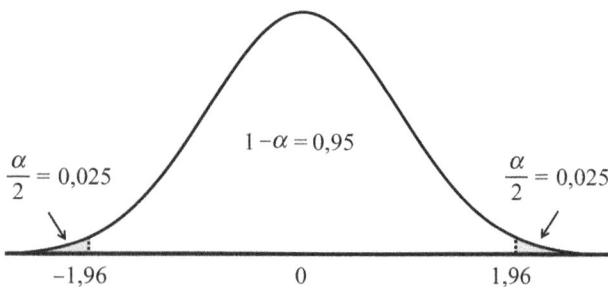

Damit wird auch klar, dass es sich beim Signifikanzniveau um die Gegenwahrscheinlichkeit des Sicherheitsniveaus handelt (hier 0,1 oder 10 %).

Wir verwenden üblicherweise eines von drei gängigen Signifikanzleveln:

1. $2 \cdot 0{,}005 = 0{,}01 \Rightarrow z = \pm 2{,}58$ (Ablehnungsbereich: 0,005 an beiden Rändern)
2. $2 \cdot 0{,}025 = 0{,}05 \Rightarrow z = \pm 1{,}96$ (Ablehnungsbereich: 0,025 an beiden Rändern)
3. $2 \cdot 0{,}05 = 0{,}1 \Rightarrow z = \pm 1{,}65$ (Ablehnungsbereich: 0,05 an beiden Rändern).

Die Bedeutung des Signifikanzniveaus (Abb. 4.9):

Grundsätzlich ist es möglich, dass wir eine Stichprobe erhalten, deren Erwartungswert innerhalb des kritischen Bereichs liegt, obwohl $\mu = \mu_0$. Unser Testdesign garantiert allerdings, dass dies lediglich in 10,5 oder 1 % aller Fälle passiert (je nach Wahl unseres Signifikanzniveaus). Das bedeutet in 10,5 oder 1 % aller Fälle würden wir H_0 verwerfen, obschon H_0 tatsächlich wahr ist. Wir nennen einen derartigen Fehler *Fehler 1. Art (type one error)*.

Das Signifikanzniveau entspricht also der Wahrscheinlichkeit für einen Fehler 1. Art.

In aller Regel werden wir die folgende Nullhypothese testen:

$$H_0 : \mu = 0.$$

Die zugehörige Gegenhypothese lautet dann einfach

$$H_1 : \mu \neq 0.$$

Zur ökonometrischen Interpretation des zweiseitigen Testens gilt es Folgendes anzumerken: Wenn wir beispielsweise den Koeffizienten einer linearen Gleichung schätzen, würde die Nullhypothese aussagen, dass der Koeffizient gleich 0 ist, das heißt die unabhängige Variable also keinen Einfluss auf die abhängige Variable hat.

Wie gehen wir nun konkret vor im Rahmen eines zweiseitigen Testverfahrens? Wie genau lautet die Testvorschrift?

Zunächst transformieren wir die Untersuchungsvariable auf die Standardnormalverteilung:

4.4 Das Testen von Hypothesen

$$z = \frac{\hat{\mu} - \mu_0}{\sqrt{\frac{\sigma^2}{n}}} = \frac{(\hat{\mu} - \mu_0) \cdot \sqrt{n}}{\sigma}.$$

Dann setzen wir beispielsweise ein Signifikanzniveau von 0,01 an, womit für einen zweiseitigen Test gilt:

$$P(z < z_L) = P(z > z_H) = 0{,}005.$$

Dies ist der Fall für $|z| = 2{,}575$, das heißt $z_H = +2{,}575$ und $z_L = -2{,}575$. Diesen Wert substituieren wir in die obige Bestimmungsgleichung von z. Wenn

$$z_L > z \Leftrightarrow -2{,}575 > \frac{(\hat{\mu} - \mu_0) \cdot \sqrt{n}}{\sigma} \Rightarrow H_0 : \mu = \mu_0 \text{ ablehnen,}$$

wir nehmen H_1 an. Wir sprechen dann davon, dass unser Schätzer signifikant von μ_0 verschieden ist. Testen wir die Nullhypothese $\mu_0 = 0$, können wir auch davon sprechen, dass $\hat{\mu}$ signifikant ist. Analog gilt:

$$z_H < z \Leftrightarrow +2{,}575 < \frac{(\hat{\mu} - \mu_0) \cdot \sqrt{n}}{\sigma} \Rightarrow H_0 : \mu = \mu_0 \text{ ablehnen.}$$

Für $\mu_0 = 0$ und

$$2{,}575 \geq \left| \frac{\hat{\mu} \cdot \sqrt{n}}{\sigma} \right|,$$

ist $\hat{\mu}$ dagegen insignifikant zu einem Signifikanzniveau von 1 %.

Wir akzeptieren die Nullhypothese, wonach unser Schätzer sich statistisch nicht signifikant von Null unterscheidet.

Andererseits verwerfen wir die Nullhypothese H_0, wenn

$$2{,}575 < \left| \frac{\hat{\mu} \cdot \sqrt{n}}{\sigma} \right|.$$

Einseitiger Test (one tailed test) Im Rahmen einseitiger Tests überprüfen wir Hypothesen, die nicht in Gleichungs-, sondern in Ungleichungsform formuliert sind.

In manchen Fällen wissen wir a priori, dass μ_0 nicht kleiner (oder größer) als ein bestimmter Wert für μ – etwa nicht kleiner (oder größer) als 0 – sein kann. Wir betrachten dann also nur einen Rand (*tail*) der Verteilung (Abb. 4.10). Eine Zusammenfassung wichtiger kritischer Werte gibt Tab. 4.2.

Abb. 4.10 Prinzip des einseitigen Tests

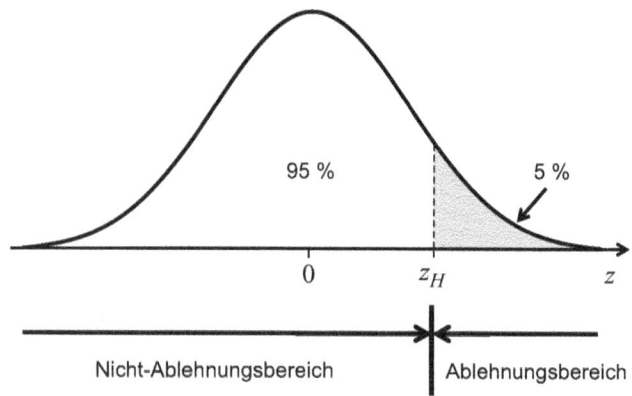

Tab. 4.2 Übersicht wichtiger kritischer Werte im Rahmen von Hypothesentests

	Sicherheits-niveau	Signifikanz-niveau	Fläche (an beiden Rändern)	Fläche (an einem Rand)	Wert in NV-Tabelle	Z-wert
2-seitig	99 %	1-0,99 =0,01	0,01	0,01/2 =0,005	0,5-0,005 =0,495	±2,575
	95 %	1-0,95 =0,05	0,05	0,05/2 =0,025	0,5-0,025 =0,475	±1,960
	90 %	1-0,90 =0,10	0,10	0,10/2 =0,050	0,5-0,050 =0,450	±1,645
1-seitig	99 %	1-0,99 =0,01	-	0,01	0,5-0,01 =0,490	2,330
	95 %	1-0,95 =0,05	-	0,05	0,5-0,05 =0,450	1,645
	90 %	1-0,90 =0,10	-	0,10	0,5-0,10 =0,400	1,285

Definitionen *Fehler 1. Art (type one error)*: H_0 ablehnen, obwohl H_0 wahr ist.

Es ist möglich, dass wir eine deutlich von Null (für H_0: $\mu = 0$) abweichende Teststatistik erhalten, obwohl μ de facto aber gleich Null ist. In diesem Fall würden wir jedoch schließen, dass $\mu \neq 0$.

Fehler 2. Art (type two error): H_0 nicht ablehnen, obwohl H_0 falsch ist.

Es können nicht beide Fehler minimiert werden: Es besteht offenbar ein Trade-off-Verhältnis zwischen den beiden Fehlern. Dies können wir uns anhand von Abb. 4.11 und Tab. 4.3 verdeutlichen. Die in Abb. 4.11 dargestellte Verteilung 1 ist unbekannt und H_0 : $\mu = \mu_2$ wird angenommen. Ein Fehler 2. Art kann dann auftreten, wenn die Realisation tatsächlich nicht aus Verteilung 2, sondern aus einer anderen Verteilung, deren Mittelwert μ_1 ist, stammt.

Die Nummerierung in Tab. 4.3 hat folgende Bedeutung: [1] markiert in Abb. 4.11 den linksseitig von der grauen Fläche dargestellten Flächeninhalt von Verteilung 2; [2] steht für den grauen Flächeninhalt, [3] für den nicht-gefüllten Flächeninhalt von Verteilung 1 und [4] für den schwarz gekennzeichneten Flächenteil.

Wie man an Abb. 4.11 erkennen kann, verhält es sich offenbar so, dass, wenn wir die Wahrscheinlichkeit für einen Fehler 1. Art reduzieren, die Wahrscheinlichkeit für einen Fehler 2. Art erhöht wird.

4.4 Das Testen von Hypothesen

Abb. 4.11 Trade-off-Verhältnis zwischen dem Fehler 1. Art und dem Fehler 2. Art

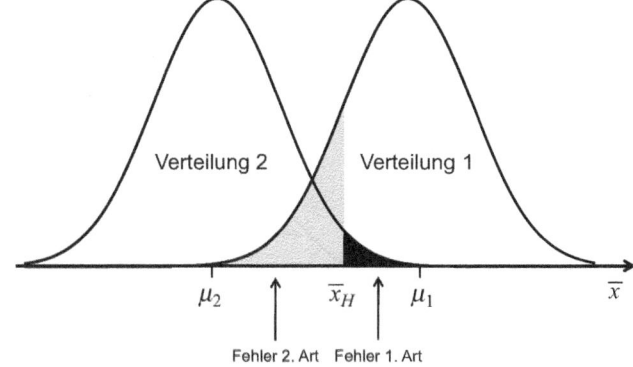

Tab. 4.3 Szenarien zum Trade-off zwischen dem Fehler 1. Art und dem Fehler 2. Art

		Unsere Einschätzung	
		(H_0-Annahme) $\mu = \mu_2$	(H_0-Ablehnung) $\mu \neq \mu_2$
Tatsächlich zutreffend	$\mu = \mu_2$	OK[1]	Fehler 1.Art[4] Wahrscheinlichkeit: Signifikanzniveau
	$\mu \neq \mu_2$	Fehler 2.Art[2] Wahrscheinlichkeit: unbekannt	OK[3]

Die Minimierung des Fehlers 1. Art hat sich durchgesetzt. Sie ist Konvention im Rahmen der schließenden Statistik und ihrer ökonometrischen Anwendung. Zudem haben wir keinen Anhaltspunkt hinsichtlich der Wahl eines bestimmten Signifikanzniveaus, abgesehen von den konventionell gewählten Signifikanzniveaus von 0,01, 0,05 oder 0,1. Die Wahrscheinlichkeit eines Fehlers 1. Art entspricht diesem gewählten Signifikanzniveau. Da uns Verteilung 2 (Abb. 4.11) unbekannt ist, kennen wir auch die Wahrscheinlichkeit eines Fehlers 2. Art nicht.

Student-t-Verteilung Auch im Rahmen des Testens von Hypothesen müssen wir die tatsächliche Varianz durch eine empirische Varianz approximieren, sofern wir nur über Stichproben- und nicht Gesamtpopulationswerte verfügen.

Das Testprinzip des seit etwa 100 Jahren eingesetzten Student-t-Tests lässt sich so umreißen: Beim t-Test wird die Nullhypothese H_0 dann verworfen, wenn der Schätzer (im Fall der Schätzung des ersten Moments der Mittelwert der Stichprobe) zu weit vom Wert μ_0 entfernt ist. Die Distanz dieser Abweichung wird dabei in (empirischen) Standardabweichungseinheiten gemessen. Das heißt die Testgröße wird auf geschätzte Standardfehlereinheiten normiert, indem sie durch die empirische Standardabweichung dividiert wird.

Die konkreten kritischen Werte der t-Verteilung (Abb. 4.12) findet man in Tab. 4.4.

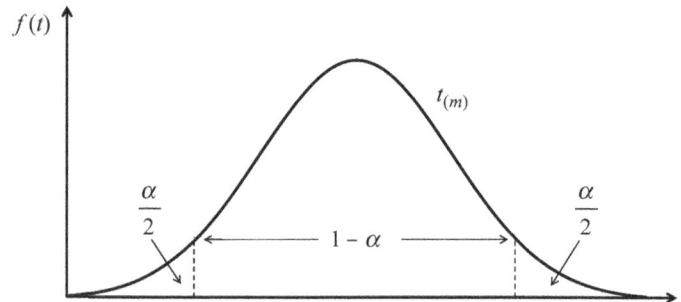

Abb. 4.12 Kritische Werte einer t-Verteilung mit m Freiheitsgraden (zweiseitiger Test)

In Tab. 4.4 beziehen sich die α-Werte auf einseitige Tests. Bei einem zweiseitigen Test mit einem Signifikanzniveau von 0,05 müsste man beispielsweise den kritischen Wert in der Spalte $\alpha = 0{,}025$ verwenden – etwa 2,228 bei 10 Freiheitsgraden.

Die Testgröße τ des Student-t-Tests ist definiert als:

$$\tau = \left| \frac{(\hat{\mu} - \mu_0) \cdot \sqrt{n}}{\sqrt{\hat{\sigma}^2}} \right| \quad \text{mit} \quad \hat{\sigma}^2 = \frac{1}{n-1} \sum (x_t - \bar{x})^2.$$

Bei der Testvorschrift müssen wir den ein- von dem zweiseitigen Fall unterscheiden. Die Testvorschrift lautet

1. für zweiseitige Tests:
    $H_0 : \hat{\mu} = \mu_0$;

$$\tau = \left| \frac{(\hat{\mu} - \mu_0) \cdot \sqrt{n}}{\sqrt{\hat{\sigma}^2}} \right| > t_{n-1, \frac{\alpha}{2}} \Rightarrow H_0 \text{ ablehnen};$$

$$\tau = \left| \frac{(\hat{\mu} - \mu_0) \cdot \sqrt{n}}{\sqrt{\hat{\sigma}^2}} \right| \leq t_{n-1, \frac{\alpha}{2}} \Rightarrow H_0 \text{ nicht ablehnen};$$

2. für einseitige Tests ist der kritische t-Verteilungswert $t_{n-1, \alpha}$.

Für beide Fälle gilt $n - 1 \equiv$ Anzahl der Freiheitsgrade; $\alpha \equiv$ Signifikanzniveau (Tab. 4.4).

Veranschaulichen wir uns dies an einem einfachen Zahlenbeispiel. Sei $N = 41$; die Anzahl der Freiheitsgrade 41-1, denn es geht uns um die Schätzung eines (des ersten) Moments einer Verteilung. Der kritische t-Wert bei einem zweiseitigen Test mit einem Signifikanzniveau von 5 % ist dann gegeben durch:

$$t_{40; 0{,}025} = 2{,}021.$$

4.4 Das Testen von Hypothesen

Tab. 4.4 Rechter Rand der kritischen Werte der t-Verteilung

DF	$\alpha = 0{,}05$	$\alpha = 0{,}025$	$\alpha = 0{,}005$
1	6,314	12,706	63,657
2	2,920	4,303	9,925
3	2,353	3,182	5,841
4	2,132	2,776	4,604
5	2,015	2,571	4,032
6	1,943	2,447	3,707
7	1,895	2,365	3,499
8	1,860	2,306	3,355
9	1,833	2,262	3,250
10	1,812	2,228	3,169
11	1,796	2,201	3,106
12	1,782	2,179	3,055
13	1,771	2,160	3,012
14	1,761	2,145	2,977
15	1,753	2,131	2,947
16	1,746	2,120	2,921
17	1,740	2,110	2,898
18	1,734	2,101	2,878
19	1,729	2,093	2,861
20	1,725	2,086	2,845
21	1,721	2,080	2,831
22	1,717	2,074	2,819
23	1,714	2,069	2,807
24	1,711	2,064	2,797
25	1,708	2,060	2,787
26	1,706	2,056	2,779
27	1,703	2,052	2,771
28	1,701	2,048	2,763
29	1,699	2,045	2,756
30	1,697	2,042	2,750
40	1,684	2,021	2,704
50	1,676	2,009	2,678
60	1,671	2,000	2,660
70	1,667	1,994	2,648
80	1,664	1,990	2,639
90	1,662	1,987	2,632
100	1,660	1,984	2,626
110	1,659	1,982	2,621
120	1,658	1,980	2,617
∞	1,645	1,960	2,576

Abb. 4.13 Interpretation des p-Werts im Rahmen des t-Tests

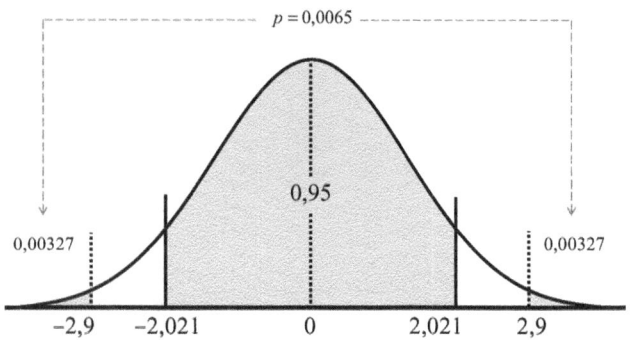

Angenommen, wir errechnen als Testgröße:

$$\left| \frac{\hat{\mu} - \mu_0}{\frac{\hat{\sigma}}{\sqrt{n}}} \right| = 2{,}9.$$

Dies in der Testvorschrift angesetzt führt uns zu folgendem Ergebnis:

$$2{,}9 > 2{,}021 \Rightarrow H_0 : \hat{\mu} = \mu_0 \text{ ablehnen}.$$

Wie ist dies zu interpretieren – etwa in unserem numerischen Beispiel? Was bedeutet hier beispielsweise ein p-Wert in Höhe von 0,0065?

Dieser Wert entspricht der Fläche der t-Verteilung links des unteren Testgrößenwerts $-2{,}9$ und rechts des oberen Testgrößenwerts von $2{,}9$ (Abb. 4.13). Bei einem Signifikanzniveau von 5 % wird die Nullhypothese abgelehnt, wenn $p < 0{,}05$.

Die Tabelle der rechtsseitigen kritischen Werte der Student-*t*-Verteilung findet sich zur einfachen Referenz auch im Anhang in Tab. A.2.

4.4.2 Konstruktion von Konfidenzintervallen

Warum bildet man Konfidenzintervalle?

Haben wir die beste Schätzung – gegeben unser begrenztes Wissen – ermittelt, können wir uns Gedanken über die Akkuratheit (Performanz) unseres Schätzers machen. So können wir uns etwa fragen, in welchen Wertebereich die Mittelwerte bei erneuten Stichproben mit 95 % Wahrscheinlichkeit fallen würden.

Zu einer Antwort gelangen wir über die Stichprobenverteilung des Schätzers. Ist ihre Streuung gering, so liegt ein großer Anteil an Schätzungen innerhalb einer *engen* Spanne um den wahren Wert der gesuchten Größe. Ist ihre Streuung dagegen groß, so liegt ein großer Anteil an Schätzungen innerhalb einer *weiten* Wertespanne um den wahren Wert.

4.4 Das Testen von Hypothesen

Betrachten wir auch zur Konstruktion eines Konfidenzintervalls ein Beispiel. Angenommen es ginge uns um das Schätzen des Mittelwerts einer Verteilung mittels einer Stichprobe. Wenn wir wissen, dass eine Normalverteilung vorliegt, das heißt:

$$x \sim N(\mu, \sigma^2),$$

dann transformieren wir zunächst das gesuchte erste Moment, den Mittelwert, auf die Standardnormalverteilung:

$$\frac{\hat{\mu} - \mu}{\sqrt{\sigma^2/n}} \sim N(0, 1).$$

Aus der Tabelle zur Standardnormalverteilung (Tab. 4.1) können wir entnehmen, dass 95 % aller Werte in den Bereich zwischen $-1{,}96$ und $+1{,}96$ fallen. Wir können also schreiben:

$$P\left(-1{,}96 \leq \frac{\hat{\mu} - \mu}{\sqrt{\sigma^2/n}} \leq +1{,}96\right) = 0{,}95.$$

Dieser Ausdruck besagt, dass 95 % aller Stichprobenwerte, die aus einer Normalverteilung mit Erwartungswert μ und Standardabweichung σ gezogen wurden, derartige Mittelwerte aufweisen, dass sie die folgende Ungleichung erfüllen:

$$-1{,}96 \leq \frac{\hat{\mu} - \mu}{\sqrt{\sigma^2/n}} \leq +1{,}96.$$

Diese Ungleichung multiplizieren wir mit $\sqrt{\sigma^2/n}$ und subtrahieren $\hat{\mu}$:

$$-1{,}96\sqrt{\sigma^2/n} - \hat{\mu} \leq (-\mu) \leq +1{,}96\sqrt{\sigma^2/n} - \hat{\mu}.$$

Wenn wir diesen Zusammenhang nun mit -1 multiplizieren und die Seiten vertauschen, so erhalten wir das 95 %-Konfidenzintervall für den Mittelwert μ der Grundgesamtheit:

$$\hat{\mu} - 1{,}96\sqrt{\sigma^2/n} \leq \mu \leq \hat{\mu} + 1{,}96\sqrt{\sigma^2/n}.$$

Die Wahrscheinlichkeit, dass dieses Intervall den wahren Mittelwert beinhaltet, beträgt 95 % (0,95).

Liegt der Wert 0 innerhalb des Konfidenzintervalls (KI), dann ist der Schätzer „nicht signifikant" oder nicht signifikant von 0 verschieden im Sinne von

$$H_0 : \mu_0 = 0.$$

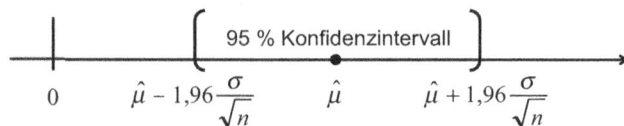

Abb. 4.14 Konfindenzintervall (Niveau: 95 %): Eckige Klammern markieren den Bereich von Werten, die nicht signifikant von $\hat{\mu}$ verschieden sind

$\hat{\mu}$ unterscheidet sich nicht signifikant von allen Werten innerhalb des KI; damit ist unser Schätzer signifikant verschieden von allen außerhalb des KI gelegenen Werten (Abb. 4.14).

4.4.3 Grundlegende Schritte beim Testen von Hypothesen zusammengefasst

1. Formulierung von H_0 und H_1,
2. Festlegen, ob ein- oder zweiseitiger Test durchzuführen ist,
3. Signifikanzniveau (Wahrscheinlichkeit für Fehler 1. Art) wählen – etwa 5 %,
4. Kritischen z-Wert, beispielsweise 1,96, bzw. t-Wert ermitteln,
5. Teststatistik, beispielsweise $\tau = \left|\frac{(\hat{\mu}-\mu_0)\sqrt{n}}{\hat{\sigma}}\right|$, berechnen,
6. H_0 ablehnen, wenn τ vom Betrag her größer als der kritische Wert ausfällt.

4.5 Übungsaufgaben

Wahrscheinlichkeit und Normalverteilung

4.1 Wie hoch ist die Wahrscheinlichkeit, dass eine aus $x \sim N(\mu, \sigma^2)$ gezogene Zufallsgröße innerhalb von Wertebereichen von 1, 2 oder 3 Standardabweichungseinheiten um den Mittelwert μ liegt?

Die Antwort für 3 Standardabweichungseinheiten lautet:

$$2 \cdot 0{,}4987 = 0{,}9974$$

4.2 *Testen: Bush vs. Gore 2000 – (k)ein Sieger?*
Am 2. November des Jahres 2000 traten George W. Bush und Al Gore bei der US-Präsidentschaftswahl gegeneinander an. Obwohl Gore insgesamt 48,4 % der Stimmen erhielt und Bush lediglich auf 47,9 % der Stimmen kam, wurde Bush am 20. Januar 2001 als Nachfolger Bill Clintons vereidigt. Dies ist nach dem US-amerikanischen Wahlrecht und dem Prinzip von Wahlmännern möglich. Bis zum 6. November war nicht eindeutig klar, ob Bush tatsächlich mehr als die Hälfte der Stimmen im Bundesstaat Florida, die für die zum Sieg erforderlichen 25 Wahlmänner nötig war, gewonnen hatte. Eine erste Welle

4.5 Übungsaufgaben

von Nachzählungen in den Wahllokalen der 67 Wahlbezirke Floridas ergab, dass Bush 107.900 mehr Stimmen als Gore von den 13 Mio. Wählern in Florida erhalten hatte.

Wenn wir davon ausgehen, dass Bush-Stimmen über die Wahllokale in Florida als annähernd normalverteilt gelten konnten, welche beiden Größen sind entscheidend dafür, dass Florida tatsächlich von Bush gewonnen wurde? Warum?

Hinweis: Man testet hier, ob man bis auf eine Restwahrscheinlichkeit von 1, 5 oder 10 % die (Null-)Hypothese, dass Florida keinen eindeutigen Sieger hatte ($\mu = 0{,}5$) ablehnen kann. Es stellt sich die Frage, ob der Stichprobenwert $\mu_R = 0{,}5 + 107.900/(13 \cdot 10^6)$, wobei R für „Republikaner" (der Partei Bushs) steht, tatsächlich signifikant von $\mu_0 = 0{,}5$ abweicht.

Eine weitere Welle von Nachzählungen der Stimmen in Florida in den ersten Novembertagen 2000 ergab, dass Bush definitiv gewonnen hat.

4.3 Wovon hängt es wie ab, dass Bushs Vorsprung mindestens ein Zehntausendstel der Florida-Stimmen ausgemacht hat?

Zur Information und den tatsächlichen Gegebenheiten: Das unter enormer medialer Aufmerksamkeit stattfindende Aus- und Nachzählen der Stimmen in Florida 2000 war mit erheblichen Schwierigkeiten und Unsicherheiten verbunden.

Nachdem die Regierung Floridas Bush zum Sieger erklärt hatte, klagten Gores Anwälte vor dem Supreme Court des Bundesstaates erfolgreich auf Annullierung. Die Republikaner um Bush klagten gegen diese Entscheidung vor dem Obersten Gerichtshof der USA. Dieser bestimmte, dass die vom Supreme Court Floridas angeordneten und bereits begonnenen Neuauszählungen unzulässig seien. Manche Quellen behaupten, dass der Vorsprung Bushs bei „wenigen Dutzend Stimmen" gelegen hat.

Trotz eines US-weiten Vorsprungs von mehr als einer halben Million Stimmen war Gore damals der Verlierer der Wahl. George W. Bush wurde 2001 der 43. Präsident der USA. Al Gore wurde 2007 für seinen Beitrag zum globalen Klimaschutz der Friedensnobelpreis verliehen.

Einfaches OLS-Regressionsmodell 5

5.1 Herleitung des einfachen OLS-Schätzers

Mit OLS bezeichnen wir das so genannte *Ordinary-Least-Squares-Modell*, das auf Deutsch auch gelegentlich unter Schätzmodell auf Grundlage der Methode der Kleinsten Quadrate (KQ) oder KQ-Modell firmiert. Es empfiehlt sich zunächst eine grafische Veranschaulichung in einem Streudiagramm (*Scatter Plot*).

In einem Streudiagramm werden die empirischen Werte der Erklärenden X an der Abszisse, die beobachteten Ausprägungen der zu Erklärenden Y an der Ordinate abgetragen. Zu jedem Punkt im Streudiagramm korrespondiert also ein Wertepaar (x_i, y_i).

Wir suchen nun einen linearen Schätzer – das heißt grafisch eine Gerade – der die im Streudiagramm dargestellte „Punktewolke" am besten (am nächsten kommend) charakterisiert. Man spricht in diesem Zusammenhang von Anpassung oder Fit der Gerade an die Punkte.

Wir werden uns in diesem Kapitel vorwiegend dem so genannten Ein-Exogenen-Fall zuwenden, der eine endogene Variable (notiert mit y oder Y) mit einer exogenen Variable (notiert mit x oder X) assoziiert. Wir sollten allerdings betonen, dass die hier erläuterte Problematik größtenteils auch für den Mehr-Exogenen- (oder multiplen) Fall gilt, den wir im Folgekapitel ausführlich beleuchten werden, wobei wir in einigen Teilen des aktuellen Kapitels bereits auf diesen Fall vorgreifen.

5.1.1 Alternative lineare Schätzmethoden

In der empirischen Ökonomie sucht man, vereinfacht gesprochen, einen linearen Schätzer, der sich den empirischen Wertepaaren am besten anpasst. In der ersten Teilabbildung von Abb. 5.1 sieht man einen linearen Schätzer, der das erste und das letzte Beobachtungspaar

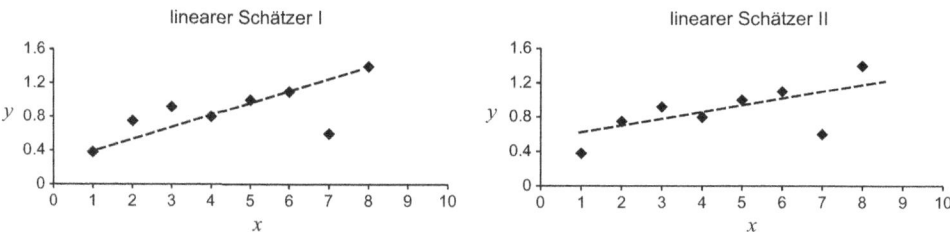

Abb. 5.1 Zwei mögliche lineare Schätzer

verbindet und eine Gerade zwischen höchstem und niedrigstem Exogenen-Wert darstellt. Dieser Schätzer ist ziemlich willkürlich. In der Regel ist kein guter Fit von einem solchen Schätzer zu erwarten.

Ein alternatives lineares Schätzverfahren ist die Summe der Abweichungen einer linearen Funktion y – mit Achsenabschnitt α und Steigung β – zu den empirischen Punkten zu minimieren, wie man es in der zweiten Teilabbildung von Abb. 5.1 sieht. Dieser Schätzer berücksichtigt allerdings nicht, dass sich positive (+) und negative Abweichungen (-) gegenseitig aufheben können. Man würde so letztlich nicht wissen, wie gut die Anpassung des Schätzers tatsächlich ist.

Man kann nun als Alternative in Erwägung ziehen, die Summe der Beträge der Abweichungen zu minimieren. Aber auch dieser lineare Schätzer hätte einen ernstzunehmenden Defekt. Dem Absolutwert einer Abweichung von zwei Einheiten würde nach diesem Kalkül dieselbe Gewichtung zukommen wie zwei betraglichen Abweichungen um je eine Einheit. Wobei Letzteres, was die Anpassungsqualität der Schätzung anbelangt, weniger schwerwiegend wäre.

Im Folgenden soll der OLS-Ansatz, der die Summe der Residuenquadrate minimiert, formal charakterisiert werden. Der Schätzer, den wir genauer betrachten, minimiert die Summe der Residuenquadrate, das heißt die Summe der quadrierten Abweichungen der wahren y-Werte von der Anpassungsgerade:

$$\hat{y}_i = \hat{\alpha} + \hat{\beta} x_i,$$

daher auch der Name KQ-Schätzer (Kleinste Quadrate) oder Ordinary-Least-Squares-Modell (Abb. 5.2).

5.1.2 Formale Definition des Residuums (unerklärte Variation)

Das Residuum, oder auch die empirische Abweichung, ist nicht gleichzusetzen mit der Störgröße ε.

In Stichproben der Dimension $i = 1, \ldots, N$ ist das Residuum $\hat{\varepsilon}_i$ definiert als:

$$\hat{\varepsilon}_i = y_i - \hat{y}_i. \tag{5.1}$$

5.1 Herleitung des einfachen OLS-Schätzers

Abb. 5.2 OLS-Schätzung des bedingten Mittelwertes (systematische Variation)

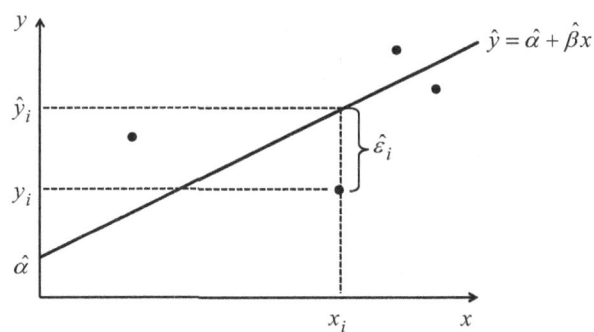

Gemäß der Definition unserer Schätzgeraden $\hat{y}_i = \hat{\alpha} + \hat{\beta} x_i$ erhalten wir:

$$\hat{\varepsilon}_i = y_i - \left(\hat{\alpha} + \hat{\beta} x_i\right) = y_i - \hat{\alpha} - \hat{\beta} x_i. \tag{5.2}$$

5.1.3 Der Unterschied zwischen Residuum $\hat{\varepsilon}_i$ und Störgröße ε_i

$\hat{\varepsilon}_i \equiv$ Abstand der empirischen Beobachtungen auf die geschätzte Funktion $\hat{y}_i$;
$\varepsilon_i \equiv$ Abstand auf die theoretische (wahre) Funktion y_i.

Abweichungen vom theoretisch wahren Zusammenhang zwischen X und Y, die in der Realität auftreten, bezeichnen wir als Störterme. Sie sind im Prinzip nicht erkenn- oder beobachtbar.

5.1.4 Formale Herleitung des OLS-Schätzers

Der OLS-Schätzer minimiert die Summe der quadrierten Residuen Q:

$$Q = \sum_{i=1}^{N} \hat{\varepsilon}_i^2. \tag{5.3}$$

Die Minimierung erfolgt über die zwei wählbaren Koeffizienten $\hat{\alpha}$ und $\hat{\beta}$. Grafisch bedeutet dies, dass das KQ-Prinzip den Achsenabschnitt und die Steigung der Regressionsgeraden so an die Datenpaare (x_i, y_i) anpasst, dass die quadrierten Abstände zur Schätzgeraden minimiert werden (Abb. 5.3). Im Folgenden sehen wir aus Vereinfachungsgründen von der Indexierung der Summationszeichen ab. Es wird grundsätzlich immer summiert von $i = 1$ bis $i = N$, wobei N die Anzahl an Beobachtungen ausdrückt.

Abb. 5.3 Abstand zwischen geschätzter und wahrer Funktion beeinflusst die Größe der Residuen

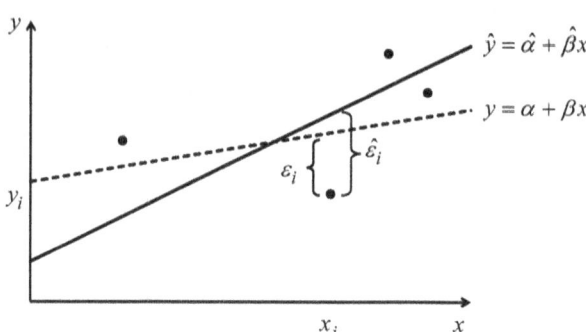

$$\min_{\hat{\alpha},\hat{\beta}} Q = \sum \hat{\varepsilon}_i^2 \text{ mit } \hat{\varepsilon}_i = (y_i - \hat{y}_i) = y_i - \hat{\alpha} - \hat{\beta} x_i. \tag{5.4}$$

Die Optimierung erfolgt bezüglich der beiden Unbekannten $\hat{\alpha}$ und $\hat{\beta}$ bei gegebenen Werten für Endogene und Exogene. Bilden wir die Ableitungen aus (5.4), so erhalten wir zwei Bedingungen erster Ordnung:

$$\frac{\partial Q}{\partial \hat{\alpha}} = \frac{\partial \sum \left(y_i - \hat{\alpha} - \hat{\beta} x_i\right)^2}{\partial \hat{\alpha}} = 0, \tag{5.5}$$

$$\frac{\partial Q}{\partial \hat{\beta}} = \frac{\partial \sum \left(y_i - \hat{\alpha} - \hat{\beta} x_i\right)^2}{\partial \hat{\beta}} = 0. \tag{5.6}$$

Die Bedingungen erster Ordnung aus den Gl. (5.5) und (5.6) können wir nun umformulieren zu den folgenden Ausdrücken (5.7) und (5.8).

Beachtet werden sollte, dass es sich bei $\hat{\alpha}$ und $\hat{\beta}$ um konstante Werte handelt.

Sie können daher in den Summen geschrieben oder diesen vorangestellt werden. Auch zu beachten ist, dass der Summationsindex von $i = 1$ bis $i = N$ läuft, so dass $\sum = N$ gilt. Aus (5.5) folgt:

$$-\sum 2\left(y_i - \hat{\alpha} - \hat{\beta} x_i\right) = 0 \Leftrightarrow 2\hat{\alpha}\sum + 2\hat{\beta}\sum x_i = 2\sum y_i$$

$$\Leftrightarrow \hat{\alpha} N + \hat{\beta}\sum x_i = \sum y_i \Leftrightarrow \hat{\alpha} N = \sum y_i - \hat{\beta}\sum x_i$$

$$\Leftrightarrow \hat{\alpha} = \frac{1}{N}\sum y_i - \hat{\beta}\frac{1}{N}\sum x_i \Leftrightarrow \hat{\alpha} = \bar{y} - \hat{\beta}\bar{x}$$

$$\Leftrightarrow \bar{y} = \hat{\alpha} + \hat{\beta}\bar{x}. \tag{5.7}$$

5.1 Herleitung des einfachen OLS-Schätzers

Die Regressionsgerade verläuft durch die Mittelwerte $\bar{x}$ und $\bar{y}$. Aus (5.6) folgt:

$$-\sum 2\left(y_i - \hat{\alpha} - \hat{\beta}x_i\right)x_i = 0 \Leftrightarrow \sum x_i\left(y_i - \hat{\alpha} - \hat{\beta}x_i\right) = 0$$

$$\Leftrightarrow \sum x_i y_i - \sum \hat{\alpha} x_i - \sum \hat{\beta} x_i^2 = 0$$

$$\Leftrightarrow \hat{\alpha}\sum x_i + \hat{\beta}\sum x_i^2 = \sum x_i y_i. \tag{5.8}$$

Die letzten Zeilen in den Zusammenhängen (5.7) und (5.8) bilden zusammen das sogenannte Normalgleichungssystem (NGLS) – ein lösbares Gleichungssystem mit zwei Gleichungen und zwei Unbekannten. Wir können es durch einfache Umformungen und Subtraktion der beiden Normalgleichungen nach dem Steigungsparameter der Regressionsgeraden auflösen.

Wir multiplizieren dazu (5.7) mit der N-fachen Summe der Exogenen und erhalten:

$$\hat{\alpha} N \sum x_i + \hat{\beta} \sum x_i \sum x_i = \sum y_i \sum x_i. \tag{5.9}$$

Anschließend multiplizieren wir (5.8) mit N und erhalten:

$$\hat{\alpha} N \sum x_i + \hat{\beta} N \sum x_i^2 = N \sum x_i y_i. \tag{5.10}$$

Subtrahieren wir nun (5.10) von (5.9), ergibt sich:

$$\hat{\beta}\left[\left(\sum x_i\right)^2 - N \sum x_i^2\right] = \sum y_i \sum x_i - N \sum x_i y_i. \tag{5.11}$$

Dieser Ausdruck lässt sich nun einfach nach dem Steigungsparameter der Regressionsgeraden auflösen:

$$\hat{\beta} = \frac{\sum y_i \sum x_i - N \sum x_i y_i}{\left(\sum x_i\right)^2 - N \sum x_i^2}. \tag{5.12}$$

Unter den in Kap. 5.2 spezifizierten Annahmen ist dies das optimale β. Benutzen wir die Notation $\bar{x} = \frac{1}{N}\sum x_i$ und $\bar{y} = \frac{1}{N}\sum y_i$, ist (5.12) gleich

$$\hat{\beta} = \frac{\sum (x_i - \bar{x}) \cdot (y_i - \bar{y})}{\sum (x_i - \bar{x})^2}, \tag{5.13}$$

oder auch – wenn wir Zähler und Nenner jeweils durch N dividieren –

$$\hat{\beta} = \frac{\sigma_{xy}}{\sigma_x^2}. \tag{5.14}$$

$\hat{\alpha}$ ist gemäß Gl. (5.7) spezifiziert.

5.1.5 Gauss-Markov-Theorem

Sind die getroffenen Annahmen erfüllt, sind $\hat{\alpha}$ und $\hat{\beta}$ BLUE, das heißt sie sind die besten linearen unverzerrten Schätzer (estimators). Diese lineare Schätzung ist diejenige mit der geringsten Varianz.

5.1.6 Ein numerisches Beispiel

Tab. 5.1 zeigt Preise und Mengen für ein Unternehmen, das ein neues für den Massenmarkt gedachtes Mobiltelefon zwölf Monate lang zu unterschiedlichen Preisen „test-verkauft" hat. Wir unterstellen, die Nachfragefunktion nach den Geräten lasse sich linear mit der folgenden Spezifikation annähern:

$$y_i = \alpha + \beta x_i + \varepsilon_i.$$

Wir bestimmen dann die OLS-Schätzungen von α und β über den folgenden Zwischenschritt:

$$\begin{aligned} \bar{x} &= 70 \\ \bar{y} &= 100 \end{aligned} \Rightarrow \begin{aligned} \sum(x_i - \bar{x})(y_i - \bar{y}) &= -3550, \\ \sum(y_i - \bar{y})^2 &= 2250. \end{aligned}$$

Gemäß (5.13) erhalten wir $\hat{\beta} = \frac{-3550}{2250} = -1{,}578$ und gemäß (5.7)

$$\hat{\alpha} = 100 - (-1{,}578) \cdot 70 = 210{,}460$$

Die geschätzte Regressionsgerade ist somit $\hat{y}_i = 210{,}460 - 1{,}578 x_i$ (Abb. 5.4).

Tab. 5.1 Produkteinführungsszenario: Daten zu verkauften Geräten

Monat	Preis (€ pro Gerät): x_i	Verkaufte Geräte: y_i
1	100	55
2	90	70
3	80	90
4	70	100
5	70	90
6	70	105
7	70	80
8	65	110
9	60	125
10	60	115
11	55	130
12	50	130

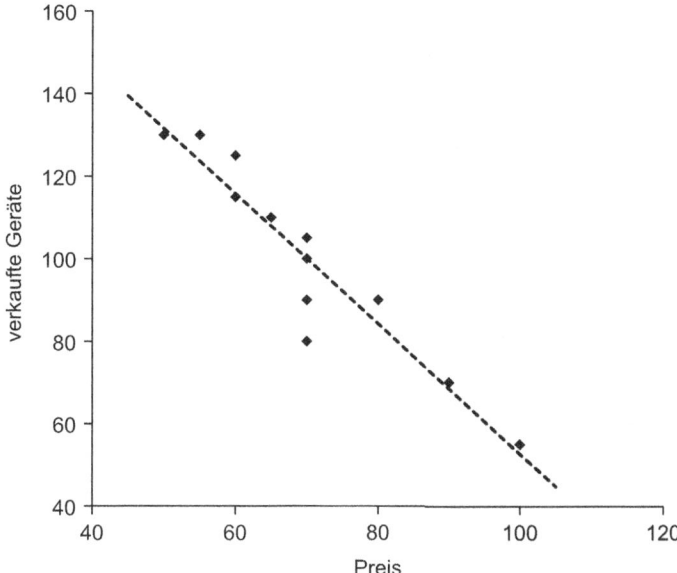

Abb. 5.4 Mobiltelefon-Testverkaufsdaten: Regressionsgerade

5.2 Annahmen und Besonderheiten des OLS-Modells

Im Rahmen von OLS-Schätzungen werden – häufig implizit und nicht näher untersucht – Anforderungen an die Störterme ε und die erklärenden, unabhängigen Variablen X gestellt.

Wir können die Annahmen bezüglich Störterm und exogenen Variablen in sechs bzw. sieben Punkten zusammenfassen:

(i) ε ist normalverteilt,
(ii) $E(\varepsilon_i | x_i) = 0$,
(iii) $E(\varepsilon_i^2) = \sigma^2$: Homoskedastizität: konstante Varianz,
(iv) $E(\varepsilon_i \varepsilon_j) = 0$: keine serielle Korrelation (keine Autokorrelation) für $i \neq j$,
(v) Die Exogene x ist über die Population fixiert, keine Zufallsvariable und nicht mit ε korreliert,
(vi) Der Zusammenhang zwischen y und x ist linear in den Parametern,
(vii) Zusätzlich im multiplen OLS (Kap. 6): keine (perfekte) Kollinearität der Regressoren (Abschn. 6.4).

5.2.1 Anforderungen an die Störterme

Zu (ii):

$E(\varepsilon_t) = 0$ für alle $t = 1, \ldots, T$ (Zeitreihenspezifikation),
$E(\varepsilon_i) = 0$ für alle $i = 1, \ldots, N$ (Querschnittsspezifikation).

Die Annahme (ii) postuliert, dass der Vektor der Störterme keinen systematischen Einfluss auf die abhängige Variable Y ausübt (vielmehr heben sich die Einflüsse der Störgrößen gegenseitig auf). Ein Veranschaulichungsbeispiel: Der Einfluss des Monsunwindes *El Niño* im Rahmen einer OLS-Regression mit dem Sozialprodukt eines südpazifischen Staates als abhängiger Variable Y_t. Er würde keinen Störterm darstellen, da nachgewiesen ist, dass er in regelmäßigen Abständen wiederkehrt, also einen systematischen Einfluss auf das Sozialprodukt Y_t ausübt (sein Erwartungswert $\neq 0$). Man würde den Einfluss von *El Niño* korrekt spezifizieren, indem man ihn als unabhängige Variable einführt.
Zu (iii):

$E(\varepsilon_i^2)$ = konst.; $Var(\varepsilon_i) = E(\varepsilon_i - \bar{\varepsilon})^2 = E(\varepsilon_i^2)$, da $\bar{\varepsilon} = 0$.
$Var(\varepsilon_t) = \sigma^2$ für alle $t = 1, \ldots, T$ (Zeitreihenspezifikation),
$Var(\varepsilon_i) = \sigma^2$ für alle $i = 1, \ldots, N$ (Querschnittsspezifikation).

Annahme (iii) postuliert, dass eine konstante Varianz σ^2 für die Störterme vorliegt. Wir bezeichnen diese Eigenschaft als *Homoskedastie* oder *Homoskedastizität* (Gegenteil: *Heteroskedastie* oder *Heteroskedastizität*).

Das Heteroskedastie-Problem tritt häufiger bei Querschnittsanalysen auf – seltener im Zusammenhang mit Zeitreihen. Als ein Beispiel lässt sich eine auf Querschnittsdaten basierende Konsumfunktion mit Haushaltseinkommen als Exogener und Konsumausgaben als endogener Variable überlegen:

- Bezieher *niedriger* Einkommen geben mit großer Sicherheit ihre Einkommen für unausweichliche Grundkonsumgüter wie Nahrung und Miete aus. Ihr Konsumverhalten wird also nur von in niedrigen Einkommensbereichen gering streuenden Störtermen beeinflusst.
- Bezieher von *hohen* Einkommen dagegen haben einen wesentlich weiteren Spielraum. Sie können ihren Grundkonsum einfach abdecken. Wie sie den Rest ihres Einkommens verwenden (sparen, komplett konsumieren etc.), ist aber unklar. Die Störeinflüsse ihres Konsumverhaltens werden also relativ stark streuen.

Dieser Zusammenhang kann natürlich auch der Art sein, dass es mit höheren (niedrigeren) x-Werten zu relativ niedrigerer (höherer) Streuung kommt. Man denke zum Beispiel an den Zusammenhang von wöchentlicher Sportaktivität und Lebensalter. Hier kann es in jungen Jahren zu starker Streuung der Aktivität kommen (mit extremen Ausprägungs-

5.2 Annahmen und Besonderheiten des OLS-Modells

formen nach oben und nach unten), während die sportliche Aktivität pro Woche in sehr fortgeschrittenem Alter nicht mehr stark über die Individuen streuen dürfte.

Die obige Argumentation für das Beispiel des Konsumverhaltens über verschiedene Einkommenskategorien gilt im Umkehrschluss für das Sparverhalten von Haushalten unterschiedlicher Einkommen, wie uns Abb. 5.5 zeigt.

Sowohl in Abb. 5.6 – dem Referenzfall der Homoskedastie – als auch in dem in Abb. 5.5 gezeigten Beispiel für Heteroskedastie bezeichnet $E[y|x]$ den Erwartungswert

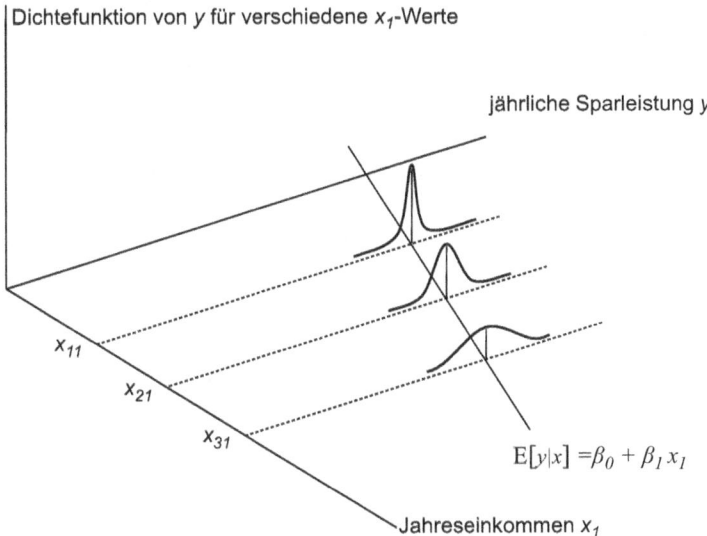

Abb. 5.5 Heteroskedastie: $\sigma_1 \neq \sigma_2 \neq \sigma_3 \neq \sigma$ (für alle X-Werte)

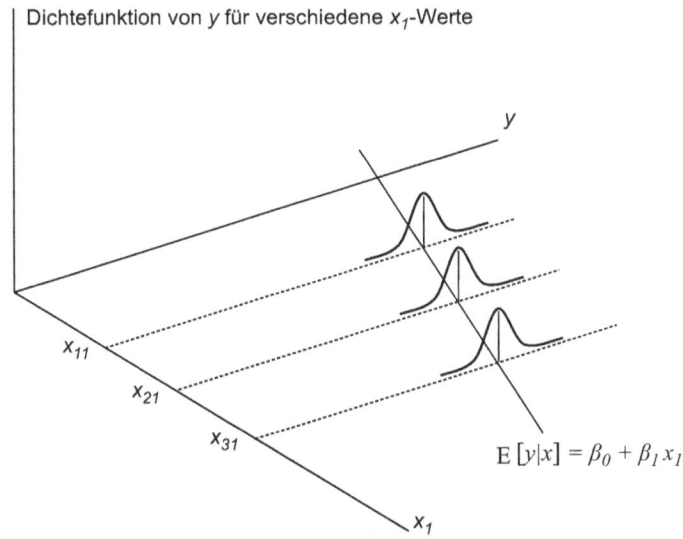

Abb. 5.6 Homoskedastie: $\sigma_1 = \sigma_2 = \sigma_3 = \sigma$ (für alle X-Werte)

des linearen Zusammenhangs von Endogener und Exogener gegeben Ausprägungen der exogenen Variablen. Mit anderen Worten handelt es sich bei $E[y|x]$ um die „wahre Regressionsgerade", sofern (ii) erfüllt ist, das heißt $E[\varepsilon|x] = 0$ gilt.

Zu (iv):

$\mathrm{Cov}(\varepsilon_t, \varepsilon_{t+s}) = 0$ für alle $s \neq 0$ (Zeitreihenspezifikation),
$\mathrm{Cov}(\varepsilon_i, \varepsilon_j) = 0$ für alle $j \neq i$ (Querschnittsspezifikation).

Annahme (iv) postuliert, dass die Störterme untereinander unkorreliert sind.

Wir bezeichnen diese Eigenschaft als Nichtvorliegen von positiver oder negativer Autokorrelation in den Residuen oder auch als Nichtvorliegen „serieller Korrelation".

Das Problem der Autokorrelation tritt relativ häufiger bei Zeitreihen auf – seltener im Rahmen von Querschnittsanalysen.

Wenn wir etwa an das Beispiel der Schätzung eines Engelkurvenzusammenhangs denken, wie wir ihn in Kap. 1 skizziert haben, dann können wir uns gut vorstellen, dass es zu autokorrelierten Residuen kommen kann. Wird für einen Zusammenhang ein Modell linear spezifiziert, während das tatsächliche Modell die unabhängigen Variablen hingegen in quadrierter oder andersartig transformierter Form enthält, resultiert ein Problem serieller Korrelation.

Abb. 5.7 zeigt für einen mit einer linearen Spezifikation geschätzten tatsächlich konkaven Zusammenhang, dass die Residuen eine Systematik aufweisen (Unterschätzung, Überschätzung, Unterschätzung). Das heißt sie variieren nicht unabhängig von ihren vorangegangenen Werten. Serielle Korrelation ist nicht beschränkt auf benachbarte Werte, sondern kann auch zu bestimmten Verzögerungen (*Lags*) bestehen – etwa alle zwölf Perioden wiederkehrende Korrelationen mit zurückliegenden Werten.

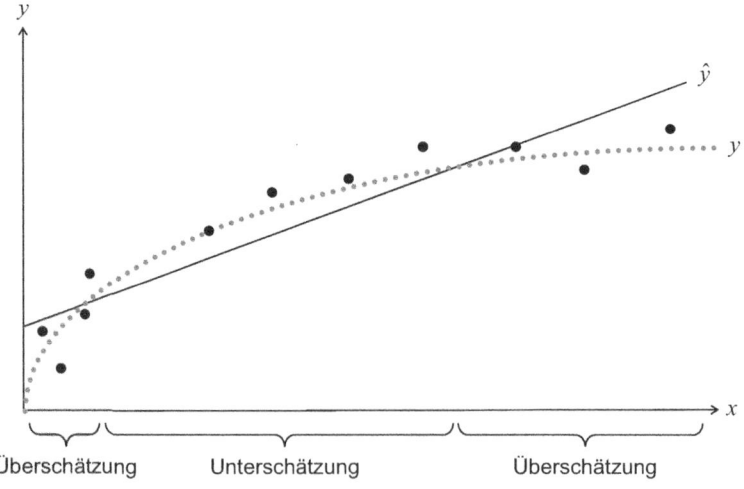

Abb. 5.7 Problem der seriellen Residuenkorrelation aufgrund falscher Modellspezifikation

5.2 Annahmen und Besonderheiten des OLS-Modells

Zu (i):

$$\varepsilon \sim N(0, \sigma^2).$$

Die Annahme (i) wird unter anderem dafür benötigt, um Tests durchzuführen und Prognoseintervalle angeben zu können. Annahme (i) beinhaltet die Annahmen (ii) und (iii), denn:

- Somit ist ein fester Erwartungswert der Störvariable in Höhe von 0 im Sinne von Annahme (ii) gewährleistet und
- es ist so eine konstante, feste Varianz der Störterme in Höhe von σ^2 sichergestellt, wie sie Annahme (iii) erfordert.

Es gilt dann:

$$E(Y_i) = \alpha + \beta X_i, \quad \text{denn} \quad E(\varepsilon_i) = 0 \quad \text{und} \quad Var(Y_i) = \sigma^2, \quad \text{da} \quad E(\varepsilon_t^2) = \sigma^2$$

(für einen gegebenen Wert von X_i).
Folglich ist auch

$$Y_i \sim N(\alpha + \beta X_t, \sigma^2) \quad \text{für gegebenes } X_i,$$

wobei β die Steigung $\Delta Y / \Delta X$ spezifiziert und α den konstanten Achsenabschnitt ausdrückt.

Stellt etwa Y den Konsum dar und X das Einkommen, so kann α als autonomer (einkommensunabhängiger) Konsum und β als die Grenzneigung zum Konsum (*marginal propensity to consume*) interpretiert werden.

5.2.2 Das Güte- oder Bestimmtheitsmaß R^2

Das R^2-Maß quantifiziert die Güte der Anpassung im Rahmen des OLS-Regressionsmodells, für das gilt:

$$y_i = \hat{y}_i + \hat{\varepsilon}_i,$$

das heißt „der tatsächliche Wert entspricht dem geschätzten Wert plus Residuum".

Wir können diesen linearen Zusammenhang einfach tramsformieren, indem wir den Mittelwert von y auf beiden Seiten der obigen Gleichung subtrahieren:

$$y_i - \bar{y} = \hat{y}_i - \bar{y} + \hat{\varepsilon}_i.$$

Dieser Zusammenhang drückt aus, dass der Mittelwertsabstand (linke Gleichungsseite) der Distanz der Regressionsgeraden zum empirischen Mittelwert plus dem Residuum entspricht (rechte Gleichungsseite).

Summieren wir nun all diese Punkte für die gesamte Stichprobe und quadrieren die Ausdrücke, so erhalten wir:

$$\sum (y_i - \bar{y})^2 = \sum [(\hat{y}_i - \bar{y}) + \hat{\varepsilon}_i]^2$$
$$= \sum (\hat{y}_i - \bar{y})^2 + \sum \hat{\varepsilon}_i^2 + 2 \sum (\hat{y}_i - \bar{y})\hat{\varepsilon}_i.$$

Da $\hat{y}_i = \hat{\alpha} + \hat{\beta} x_i$, ergibt sich für den letzten Summanden:

$$2 \sum (\hat{y}_i - \bar{y})\hat{\varepsilon}_i = 2 \sum \left(\hat{\alpha} + \hat{\beta} x_i - \bar{y} \right) \hat{\varepsilon}_i,$$
$$= 2\hat{\alpha} \sum \hat{\varepsilon}_i + 2\hat{\beta} \sum x_i \hat{\varepsilon}_i - 2\bar{y} \sum \hat{\varepsilon}_i.$$

Wir erinnern uns, dass das OLS-Modell $\sum \hat{\varepsilon}_i = 0$ annimmt; somit ist nach Abschn. 5.2.1:

$$\sum x_i \hat{\varepsilon}_i = 0.$$

Damit entfällt der Kreuzproduktterm in der binomischen Quadratformel, da er unter den OLS-Annahmen gleich 0 ist, und wir können schreiben:

$$\underbrace{\sum (y_i - \bar{y})^2}_{\text{TSS(GQS)}} = \underbrace{\sum (\hat{y}_i - \bar{y})^2}_{\text{RSS(RQS)}} + \underbrace{\sum \hat{\varepsilon}_i^2}_{\text{ESS(FQS)}}.$$

Dieser Zusammenhang wird gerne auch kurz und bündig so auf den Punkt gebracht:

$$\text{TSS} = \text{RSS} + \text{ESS}.$$

Er steht für:

Total sum of squares (TSS) = Regression sum of squares (RSS)
+ Error sum of squares (ESS),

oder

Gesamtquadratsumme (GQS) = Regressionsquadratsumme (RQS)
+ Fehlerquadratsumme (FQS),

5.2 Annahmen und Besonderheiten des OLS-Modells

wobei

TSS ≡ Gesamtvariation von y (gegenüber $\bar{y}$),
RSS ≡ Variation von y erklärt durch Variation von x,
ESS ≡ unerklärte Variation.

Intuitiv ist demnach die Anpassung oder der „Fit" umso besser, je größer RSS (bei gegebener TSS). Wir definieren daher R^2 als den Anteil der erklärten Variation an der gesamten Variation:

$$R^2 = \frac{RSS}{TSS} = \text{Erklärte Varianz/Gesamtvarianz}$$
$$\Leftrightarrow 1 = \frac{RSS}{TSS} + \frac{ESS}{TSS} = R^2 + \frac{ESS}{TSS}.$$

Das R^2 ist der Anteil der Variation von y (der abhängigen Variablen) an der Gesamtvariation, der durch die Regressionsgerade erklärt wird. Daher gilt:

$$0 \leq R^2 \leq 1.$$

Zum Beispiel bedeutet ein $R^2 = 0,6$, dass die Regressionsgerade 60 % der Variation von y um den Mittelwert $\bar{y}$ erklärt.

Es können zwei polare Extremfälle auftreten: ESS = TSS $\Rightarrow R^2 = 0$ und ESS = 0 $\rightarrow R^2 = 1$. Nachdem OLS die Summe der quadrierten Residuen minimiert, maximiert es das Bestimmtheitsmaß R^2.

Es ist wichtig anzumerken, dass ein niedriger R^2-Wert nicht die Ungültigkeit eines Regressionsmodells bedeutet. Dies gibt vielmehr an, dass ein Großteil der Variation der zu erklärenden Variable durch das Modell nicht erklärt wird. Dieser Teil kann rein zufälliger Natur und damit nicht mit dem Modell erklärbar sein.

Eine wissenswerte Besonderheit ist, dass im einfachen OLS-Modell das R^2 gleich ist dem quadrierten Korrelationskoeffizienten zwischen x und y ist, also

$$\rho_{x,y}^2 = \left[\frac{\text{Cov}(x,y)}{\sqrt{\text{Var}(x) \cdot \text{Var}(y)}}\right]^2 = \left(\frac{\sigma_{x,y}}{\sigma_x \sigma_y}\right)^2 = R^2.$$

5.2.3 Problematisches an R^2

R^2 ist ein rein technisches Maß, das das Problem der Überspezifikation nicht berücksichtigt. Geht die Anzahl der Regressoren gegen die Anzahl der Beobachtungen, so geht das R^2-Maß gegen 1.

Wir definieren (# ≡ Anzahl):

\# Freiheitsgrade (FG) = # Beobachtungen (N) - # Koeffizienten (K), wobei # Koeffizienten = # erklärende Variablen + 1 (Absolutglied).

Grundsätzlich gilt: Nimmt die Anzahl der Freiheitsgrade ab, so geht der R^2-Wert gegen 1. Als Ausweg aus diesem Problem des Aussageverlusts des Bestimmtheitsmaßes wird üblicherweise das so genannte korrigierte oder adjustierte R^2 (*adjusted* R^2) berechnet.

Das adjustierte R^2 korrigiert das Bestimmtheitsmaß um den Einfluss, der durch den Verlust von Freiheitsgraden entsteht. Man schreibt:

$$\text{adjustiertes } R^2 \equiv \bar{R}^2 = 1 - \frac{N-1}{N-K}(1 - R^2),$$

mit N = # Beobachtungen,
K = # Koeffizienten = # Variablen + 1 (≡ „Konstante").

Es sind zwei Anmerkungen zum adjustierten R^2 zu machen: Zum einen kann es abnehmen, wenn eine zusätzliche unabhängige Variable hinzugenommen wird. Zum anderen kann das adjustierte R^2 auch negative Werte annehmen, was wir uns an einem einfachen Zahlenbeispiel veranschaulichen können. Sei etwa $N = 10$ und $K = 5$ sowie ein relativ niedriger Wert des unkorrigierten R^2 von 0,1 gegeben, dann errechnet man:

$$\bar{R}^2 = 1 - \frac{10-1}{10-5}(1 - 0{,}1) = 1 - \frac{9}{5} \cdot 0{,}9 = 1 - 1{,}62 = -0{,}62 < 0.$$

Allgemein wird das adjustierte R^2 negativ, wenn die Anzahl der Freiheitsgrade gegen 0 tendiert, denn

$$(N - K) \to 0 \Leftrightarrow K \to N,$$

das heißt die Anzahl der Koeffizienten konvergiert dann gegen die Anzahl der Beobachtungen.

Ob das adjustierte R^2 steigt oder fällt hängt davon ab, ob eine zusätzlich hinzugefügte erklärende Variable die Anpassung oder Güte (den „Fit") der Schätzung genügend verbessert, um den Verlust eines weiteren Freiheitsgrades zu kompensieren. Bei der Dokumentation von Regressionsergebnissen sollte daher in erster Linie das adjustierte R^2 und nicht unbedingt das unkorrigierte R^2 ausgewiesen werden.

Unser Ziel ist es aber nicht allein, das adjustierte R^2 zu maximieren. Gerade extreme adjustierte R^2-Werte (etwa in Höhe von 0,98) können auf ein Problem hinweisen. Beispielsweise wäre in der Regression

$$BIP_t = \alpha + \beta(Geldmenge_t)$$

5.2 Annahmen und Besonderheiten des OLS-Modells

mit einem hohen adjustierten R²-Wert zu rechnen, doch die Schätzung wäre höchstwahrscheinlich fehlerhaft oder verzerrt („*spurious regression*"), da davon auszugehen ist, dass beide Variablen – das BIP und die Geldmenge – eine Funktion der Zeit darstellen und trendbehaftet sind.

Wenn beispielsweise die unabhängigen und die abhängigen Variablen einem gemeinsamen Trend folgen, der nicht als exogene Variable in der Regression berücksichtigt wird, dann lässt sich am Wert des Bestimmtheitsmaßes nicht ablesen, ob es sich um den Zusammenhang der endogenen und exogenen Variablen handelt, der diesen R² Wert bewirkt oder ob dieser Wert durch den trendbedingten Zusammenhang der Variablen entsteht.

5.2.4 Konfidenzintervall für einen OLS-Schätzer

Zur Ermittlung von Konfidenzbändern ist es sinnvoll, zunächst die Bestimmungsgleichungen der Varianzen der geschätzten Koeffizienten näher zu betrachten:

$$\text{Var}(\hat{\beta}) = \hat{\sigma}_{\hat{\beta}}^2 = \frac{\hat{\sigma}^2}{\sum_{i=1}^{N}(x_i - \bar{x})^2}, \quad \text{Var}(\hat{\alpha}) = \hat{\sigma}_{\hat{\alpha}}^2 = \hat{\sigma}^2 \left[\frac{1}{N} + \frac{\bar{x}^2}{\sum(x_i - \bar{x})^2} \right],$$

wobei $\hat{\sigma}^2 = \frac{1}{N-2} \sum_i \left(\hat{\varepsilon}_i - \bar{\hat{\varepsilon}} \right)^2 = \frac{1}{N-2} \sum_i \hat{\varepsilon}_i^2$, da $\sum_i \hat{\varepsilon}_i = 0$.

Wir stellen fest:

1. Je größer die Varianz der Residuen, desto größer fallen die Varianzen von $\hat{\alpha}$ und $\hat{\beta}$ aus dem OLS-Modell aus.
2. Je stärker die Erklärenden $(x_i - \bar{x})^2$ streuen, desto kleiner die Varianzen von $\hat{\alpha}$ und $\hat{\beta}$.
   (Falls alle x-Werte identisch wären oder nur ein Wert für x vorläge, würden die Varianzen unendlich groß und wir könnten keine Schlüsse ziehen, weder bezüglich der Steigung noch des Absolutgliedes.)
3. Je größer N, desto kleiner sind die Varianzen von $\hat{\alpha}$, $\hat{\beta}$ und $\hat{y}$.
4. Je weiter x_i von $\bar{x}$ entfernt ist, desto größer ist die Varianz von $\hat{Y}_i$.
5. Je größer der Betrag von $\bar{x}$, desto größer ist $\hat{\sigma}_{\hat{\alpha}}^2$.

Wir kennen σ^2 nicht und müssen das Moment daher wieder schätzen durch:

$$\hat{\sigma}^2 = \frac{1}{n-2} \sum \hat{\varepsilon}_i^2.$$

Man kann zeigen, dass die Schätzvarianz $\sigma_{\hat{Y}_i}^2$ durch:

$$\sigma_{\hat{y}_i}^2 = \sigma^2 \left[\frac{1}{n} + \frac{(x_i - \bar{x})^2}{\sum_i (x_i - \bar{x})^2} \right]$$

ausgedrückt werden kann.

Sofern unser OLS-Schätzer erwartungstreu ist, gilt für seinen Erwartungswert zudem

$$E(\hat{y}_i) = \alpha + \beta x_i, \text{ da } E(\varepsilon) = 0.$$

Demnach ist die Verteilung unseres Schätzers hinreichend bestimmt durch diese beiden Momente:

$$\hat{y}_i \sim N\left(\alpha + \beta x_i, \sigma^2 \left(\frac{1}{n} + \frac{(x_i - \bar{x})^2}{\sum_i (x_i - \bar{x})^2} \right) \right).$$

Transformiert auf die Standardnormalverteilung erhält man den folgenden Ausdruck:

$$\frac{\hat{y}_i - (\alpha + \beta x_i)}{\sigma_{\hat{y}_i}} \sim N(0, 1).$$

Nachdem wir die wahre Varianz des Schätzer aber nicht kennen, ersetzen wir sie durch ihren Schätzwert:

$$\hat{\sigma}_{\hat{y}_i}^2 = \hat{\sigma}^2 \left[\frac{1}{n} + \frac{(x_i - \bar{x})^2}{\sum_i (x_i - \bar{x})^2} \right] \text{ mit } \hat{\sigma}^2 = \frac{1}{n-2} \sum_i \hat{\varepsilon}_i^2.$$

Damit erhalten wir:

$$\frac{\hat{y}_i - (\alpha + \beta x_i)}{\hat{\sigma}_{\hat{y}_i}} \sim t_{n-2}.$$

Und als Konfidenzintervall für $E(y_i) = \alpha + \beta x_i$ ergibt sich:

$$\hat{y}_i - t_{n-2, \frac{\lambda}{2}} \hat{\sigma}_{\hat{y}_i} \leq (\alpha + \beta x_i) \leq \hat{y}_i + t_{n-2, \frac{\lambda}{2}} \hat{\sigma}_{\hat{y}_i} \quad \text{oder kurz } \hat{y}_i \pm t_{n-2, \frac{\lambda}{2}} \cdot \hat{\sigma}_{\hat{y}_i},$$

wobei $(1 - \lambda) \equiv$ Konfidenzniveau. Das heißt die Weite des Konfidenzintervalls hängt von dem gewählten Signifikanzniveau ab, etwa

$$\lambda = 0{,}05 \Leftrightarrow \frac{\lambda}{2} = 0{,}025.$$

Im Anhang in Tab. A.3 finden sich einige weitere Beispielberechnungen für das 95 %-Konfidenzintervall zum Mobilfunkgerät-Testverkaufsdatenbeispiel aus Abschn. 5.1.6.

5.2.5 Prognose (Forecast) basierend auf einem OLS-Modell

Eng verbunden mit der Konstruktion von Konfidenzintervallen, ist das Aufstellen von Vorhersagen auf Basis eines linearen OLS-Modells.

Der Fehler, der einer Prognose anhaftet (*forecast error, f.e.*), setzt sich aus zwei Komponenten zusammen:

$$f.e. = y_i - \hat{y}_i = \underbrace{(\alpha - \hat{\alpha}) + (\beta - \hat{\beta}) \cdot x_i}_{A} + \underbrace{\varepsilon_i}_{B}.$$

Wir können so die Zerlegung der Gesamtvarianz des Vorhersagefehlers im Einzelnen betrachten:

$$\text{Gesamtvarianz des Prognosefehlers} \begin{cases} \text{Varianz aufgrund Verschätzung (A)} = \sigma^2_{\hat{Y}_i} \\ \text{Varianz aufgrund des Störterms (B)} = \sigma^2. \end{cases}$$

Wir können somit schreiben $\hat{\sigma}^2_F = \hat{\sigma}^2_{\hat{Y}_i} + \hat{\sigma}^2$ oder ausführlicher mit

$$\hat{\sigma}^2_F = \hat{\sigma}^2 + \hat{\sigma}^2 \left[\frac{1}{n} + \frac{(X_i - \bar{X})^2}{\sum_i (X_i - \bar{X})^2} \right], \quad \text{da } \hat{\sigma}^2_{\hat{Y}_i} = \hat{\sigma}^2 \left[\frac{1}{n} + \frac{(X_i - \bar{X})^2}{\sum_i (X_i - \bar{X})^2} \right].$$

Auch im Rahmen der Prognose verfügen wir nur über Schätzungen der Schätz- und Störvarianz, so dass wir die geschätzte Prognose-Varianz schreiben als

$$\hat{\sigma}^2_F = \hat{\sigma}^2 \left[1 + \frac{1}{n} + \frac{(X_i - \bar{X})^2}{\sum_i (X_i - \bar{X})^2} \right], \quad \text{mit } \hat{\sigma}^2 = \frac{1}{n-2} \sum_i \hat{\varepsilon}^2.$$

Wiederum können wir in Analogie zu den Konfidenzintervallen auf die Standardnormalverteilung transformieren und das folgende Prognoseintervall aufstellen:

$$\hat{Y}_i - t_{n-2,\frac{\lambda}{2}} \hat{\sigma}_F \leq (\alpha + \beta X_i) \leq \hat{Y}_i + t_{n-2,\frac{\lambda}{2}} \hat{\sigma}_F,$$

mit $(1 - \lambda) \equiv$ Konfidenzniveau, wobei $\alpha + \beta X_i$ der „wahre" Wert von Y_i ist.

Die Ungleichungen drücken aus, dass Y_i mit $(1 - \lambda) \cdot 100\,\%$ Wahrscheinlichkeit im Intervall $[\hat{Y}_i - t\hat{\sigma}_F \,;\, \hat{Y}_i - t\hat{\sigma}_F]$ liegt.

5.2.6 Geschätzte Standardfehler der OLS-Parameter

Aus den geschätzten Standardfehlern der Koeffizienten $\hat{\alpha}$ und $\hat{\beta}$ mit

$$\hat{\sigma}_{\hat{\alpha}}^2 = \hat{\sigma}^2 \left[\frac{1}{n} + \frac{\bar{x}^2}{\sum(x_i - \bar{x})^2}\right], \hat{\sigma}_{\hat{\alpha}} = \sqrt{\hat{\sigma}^2 \left[\frac{1}{n} + \frac{\bar{x}^2}{\sum(x_i - \bar{x})^2}\right]},$$

$$\text{wobei} \quad \hat{\sigma}^2 = \frac{1}{n-2} \sum_i \hat{\varepsilon}_i^2 \Leftrightarrow \hat{\sigma} = \sqrt{\frac{1}{n-2} \sum_i \hat{\varepsilon}_i^2},$$

ergibt sich das Konfidenzintervall

$$\hat{\alpha} \pm t_{n-2, \frac{\lambda}{2}} \cdot \hat{\sigma}_{\hat{\alpha}}$$

zum Signifikanzniveau λ bei n Beobachtungen. Für $\lambda = 5\,\%$ und große n gilt:

$$\hat{\alpha} \pm 1,96 \cdot \hat{\sigma}_{\hat{\alpha}}.$$

Dies bedeutet, dass bei unendlich häufiger Wiederholung der Konfidenzintervallbildung mit unterschiedlichen Stichproben der wahre Wert von α mit 95-prozentiger Wahrscheinlichkeit innerhalb der Grenzen des geschätzten Konfidenzintervalls liegt.

Analog ist mit

$$\hat{\beta} \pm t_{n-2, \frac{\lambda}{2}} \cdot \hat{\sigma}_{\hat{\beta}}$$

und für große n durch

$$\hat{\beta} \pm 1,96 \cdot \hat{\sigma}_{\hat{\beta}}$$

das 95 %-Konfidenzintervall für β definiert, wobei

$$\hat{\sigma}_{\hat{\beta}} = \sqrt{\frac{\hat{\sigma}^2}{\sum(x_i - \bar{x})^2}} \quad \text{mit } \hat{\sigma}^2 = \frac{1}{n-2} \sum_i \hat{\varepsilon}_i^2 \Leftrightarrow \hat{\sigma} = \sqrt{\frac{1}{n-2} \sum_i \hat{\varepsilon}_i^2}.$$

Erwägt man die Präzision der gesamten Regressionsgerade zu untersuchen, so ist ihr Standardfehler gegeben durch

$$\hat{\sigma}_{\hat{y}} = \sqrt{\hat{\sigma}^2 \left[\frac{1}{n} + \frac{(x_i - \bar{x})^2}{\sum_i (x_i - \bar{x})^2}\right]} \quad \text{und}$$

$\hat{Y}_i \pm 1,96 \cdot \hat{\sigma}_{\hat{y}}$ das zugehörige 95 %-Konfidenzintervall.

5.2.7 Signifikanztest der geschätzten Koeffizienten

In der ökonometrischen Praxis ist eine zentrale Hypothese H$_0$ bezüglich eines einzelnen Regressionskoeffizienten β oder des Absolutgliedes α

$$H_0 : \beta = 0 \text{ bzw. } H_0 : \alpha = 0.$$

Die Nullhypothese, die es zu verwerfen gilt, besagt, dass die zu β korrespondierende erklärende Variable – nach statistischen Maßstäben – keinen Einfluss auf unsere abhängige Variable y ausübt.

Die Ablehnung von H$_0$ bedeutet hingegen, dass die exogene Variable x einen signifikanten Einfluss hat, ihr Effekt auf die Abhängige ist nicht Null. Dies heißt jedoch noch nicht automatisch, dass es sich um einen (ökonomisch) wichtigen und wesentlichen Einfluss handelt.

Als Gegenhypothesen kommen in Frage:

H$_1$: $\beta \neq 0$; H$_1$: $\alpha \neq 0$ für einen zweiseitigen Test;
H$_1$: $\beta >$ oder < 0; H$_1$: $\alpha >$ oder < 0 für einen einseitigen Test.

Der Signifikanztest für den Koeffizienten wird mit den kritischen Werten aus der t-Verteilung durchgeführt. Abb. 4.10 des vorangegangenen Kapitels zeigt die Dichtefunktion der Normalverteilung, die bei hinreichend hoher Anzahl an Freiheitsgraden die t-Verteilung approximiert. Angenommen es handelt sich um eine t-Verteilung, so ist das 0,95-Quantil, das heißt der Wert, unter dem 95 % der t-Verteilung liegen, dargestellt. Die darüberliegenden 5 % der Verteilung am rechten Rand stellen den Ablehnungsbereich eines einseitigen Tests mit 5 % Signifikanzniveau dar.

Der Test für H$_0$: $\beta = 0$ (bzw. $\alpha = 0$) läuft in vier Schritten ab:

1. Ein Signifikanzniveau λ (üblicherweise 0,01 oder 0,05) wird festgelegt.
2. Für die zweiseitige Gegenhypothese wird das $(1 - \lambda/2)$-Quantil t$_{\#FG, 1-\lambda/2}$ = t$_c$ benötigt, wobei # FG = Anzahl der Freiheitsgrade = Anzahl der Beobachtungen abzüglich Anzahl der Koeffizienten (Anzahl Koeffizienten = Anzahl exogene Variablen + 1). Diesen Wert entnimmt man der t-Verteilungstabelle. Für die einseitigen Alternativhypothesen benötigt man das entsprechende $(1 - \lambda)$-Quantil.
3. Mit Hilfe des geschätzten Standardfehlers und des KQ-Schätzwertes für den Koeffizienten wird die als t-Statistik bezeichnete Testgröße berechnet:

$$t = \frac{\hat{\beta}}{\hat{\sigma}_{\hat{\beta}}}.$$

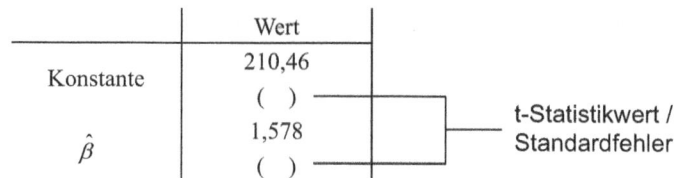

Abb. 5.8 Übliche Darstellungsweise von OLS-Schätzergebnissen

4. Die Testgröße wird mit dem in Schritt 2 ermittelten Quantil verglichen: H_0 wird genau dann abgelehnt, wenn $|t| > t_{\#FG, 1-\lambda/2}$. Bei 10 Freiheitsgraden gilt: $t_c = 2{,}228$.

Bei einseitigem Testen wird H_0 genau dann abgelehnt, wenn

$$t < t_{\#FG, \lambda} = -t_{\#FG, 1-\lambda} \quad \text{bzw.} \quad t > t_{\#FG, 1-\lambda} : |t_c| = 1{,}812.$$

Als Daumenregel für einen zweiseitigen Test bei großer Zahl an Freiheitsgraden kann man sich merken, dass ein geschätzter Koeffizient als signifikant von Null verschieden erachtet werden kann, wenn die t-Statistik dem Betrage nach größer als 2 ausfällt.

Als kleiner Vorgriff auf das folgende Kapitel kann man anmerken, dass für mehrere unabhängige Variablen (multiples OLS-Modell) in der Regel eine Tabelle der geschätzten Koeffizienten erstellt wird, die diese zusammen mit Standardfehlern, t- oder p-Werten abbildet (Abb. 5.8).

Häufig werden auch Asteriske oder ähnliche Symbole verwendet, um den Signifikanzlevel der geschätzten Koeffizienten aufzuzeigen: * = signifikant auf dem 10 %-Niveau, ** = ... auf dem 5 %-Niveau, *** = ... auf dem 1 %-Niveau.

5.2.8 Allgemeine Anmerkungen zu Signifikanztests

Grundsätzlich beziehen sich Signifikanztests auf Stichproben und in der Regel nicht auf die Grundgesamtheit. Eine Koeffizientenschätzung kann zufällig signifikant werden, sofern der Stichprobenumfang genügend groß ist – etwa bei Experimenten, die beliebig oft wiederholt werden können.

Statistik- oder Ökonometrie-Software liefert uns zusätzlich in der Regel auch p-Werte für die geschätzten Parameter. Damit wird angegeben, wie groß die Fläche unter der t-Verteilung jenseits des ermittelten t-Statistikwertes ist. Wir können die Nullhypothese dann wieder ablehnen, wenn der p-Wert kleiner ist als 0,1, 0,05 oder 0,01. Der p-Wert gibt an, bei welchem Signifikanzniveau $H_0 : \beta = 0$ gerade noch nicht abgelehnt werden würde.

Der Signifikanztest (bei Stichprobendaten) ist eine notwendige, aber keine hinreichende Bedingung zur Bestimmung der Bedeutung des Zusammenhangs zwischen zwei ökonomischen Variablen. Außerdem ist zu beachten, ob der geschätzte Koeffizient überhaupt groß genug ist, so dass die Exogene einen merklichen, relevanten Einfluss auf die abhängige

Variable ausübt. Mit anderen Worten bedeutet „statistisch signifikant" nicht immer auch „relevant".

Meistens lautet unsere Null-Hypothese $H_0 : \beta = 0$. Manchmal jedoch möchte man bezüglich eines anderen Zahlenwertes (c) testen, das heißt $H_0 : \beta = c$. In diesem Fall lautet der t-Wert:

$$t = \frac{\hat{\beta} - c}{\hat{\sigma}_{\hat{\beta}}}.$$

Bei einem zweiseitigen Test wird H_0 verworfen, wenn $|t| > t_c$, etwa $t_c = 2{,}024$.

5.3 Verletzung der Annahmen des OLS-Modells

5.3.1 Autokorrelation der Fehlerterme: serielle Korrelation

Die Folgen von Autokorrelation der Residuen bestehen darin, dass die Standardfehler geschätzter OLS-Regressionskoeffizienten und damit die t-Tests verzerrt werden. Bei serieller Korrelation sind Signifikanztests ungültig. Die Parameterschätzung ist zwar immer noch erwartungstreu, das heißt

$$E(\hat{\beta}) = \beta$$

gilt nach wie vor, allerdings möchten wir in den meisten Fällen auch gültige Hypothesentests durchführen.

Man kann zeigen, dass:

(i) bei positiver Autokorrelation (AK) der Residuen – mit $\rho > 0$ (Abb. 5.9) – eine negative Verzerrung der Varianz, das heißt kleinere Standardfehler und größere t-Werte als im Fall ohne serielle Korrelation, resultiert:

$$\hat{\sigma}^2 > \hat{\sigma}^2|_{AK}.$$

Die Wahrscheinlichkeit für Fehler erster Art steigt. Ein engeres als das tatsächliche Konfidenzintervall für β wird geschätzt.

(ii) bei negativer Autokorrelation (AK) der Residuen – mit $\rho < 0$ (Abb. 5.9) – eine positive Verzerrung der Varianz, das heißt größere Standardfehler und kleinere t-Werte als im Fall ohne serielle Korrelation, resultiert:

$$\hat{\sigma}^2 < \hat{\sigma}^2|_{AK}.$$

Die Wahrscheinlichkeit für Fehler zweiter Art nimmt zu. Ein weiteres als das tatsächliche Konfidenzintervall für β wird geschätzt.

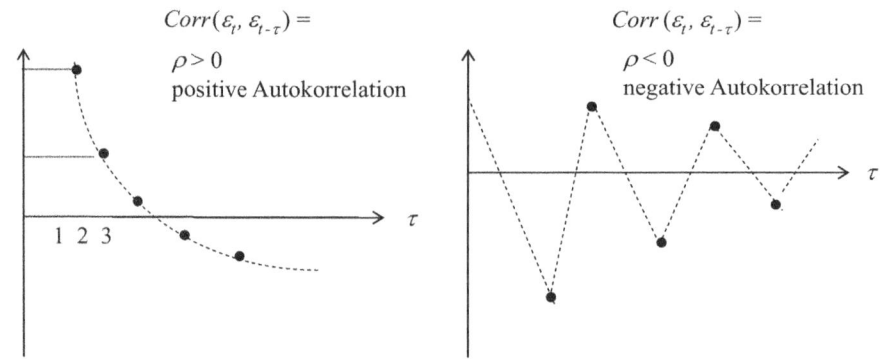

Abb. 5.9 Stilisierte Darstellung polarer Autokorrelationsfälle; Abszisse: Verzögerung (*Lag*) τ

Ein möglicher Grund für Autokorrelation kann durch eine Fehlspezifikation des Regressionsmodells gegeben sein. Fehlspezifikationen können wiederum in der Nichtberücksichtigung nichtlinearer Zusammenhänge oder in der Beschaffenheit der Daten (beispielsweise starke Saisonabhängigkeit) begründet sein.

Wie geht man mit dem Autokorrelationsproblem in der praktischen Anwendung um? Das klassische Regressionsmodell schließt Autokorrelation in seinen Annahmen aus, was nicht bedeutet, dass die Residuen von OLS-Schätzern nicht autokorreliert sein können. Um Autokorrelation ex post feststellen zu können, stellen wir eine Hypothese über die Systematik der Fehlerterme auf. Wir untersuchen, ob die Residuen einem autoregressiven Prozess der ersten Ordnung, einem sogenannten AR(1)-Prozess, folgen:

$$\varepsilon_t = \rho \varepsilon_{t-1} + u_t.$$

Dabei sollen die u-Residuen alle bisher für ε angenommenen Eigenschaften erfüllen (Erwartungswert von 0, konstante Varianz, Kovarianz von 0 für verschiedene u-Werte). Für den Fall $\rho = 0$ liegt keine Autokorrelation erster Ordnung vor, das bedeutet eine OLS-Schätzung wäre problemlos möglich.

Den Autokorrelationskoeffizienten ρ ermittelt man gemäß:

$$\rho = \text{Corr}(\varepsilon_t, \varepsilon_{t-\tau}) = \frac{\text{Cov}(\varepsilon_t, \varepsilon_{t-\tau})}{\sqrt{\text{Var}(\varepsilon_t) \cdot \text{Var}(\varepsilon_{t-\tau})}}.$$

Im Fall serieller Korrelation sind benachbarte Residuenwerte miteinander korreliert. Ihre Erwartungswerte sind nicht voneinander unabhängig. Beispielsweise erwartet man in Abb. 5.10, dass etwa alle vier Perioden ein Wechsel der Richtung der Residuen auftritt (ab der zweiten Beobachtung liegen die Residuen etwa vier Perioden oberhalb des linearen OLS-Zusammenhangs, worauf wiederum eine in etwa ähnliche Anzahl an Perioden folgt, für die die Residuen unterhalb des OLS-Zusammenhangs liegen). Die Residuen

5.3 Verletzung der Annahmen des OLS-Modells

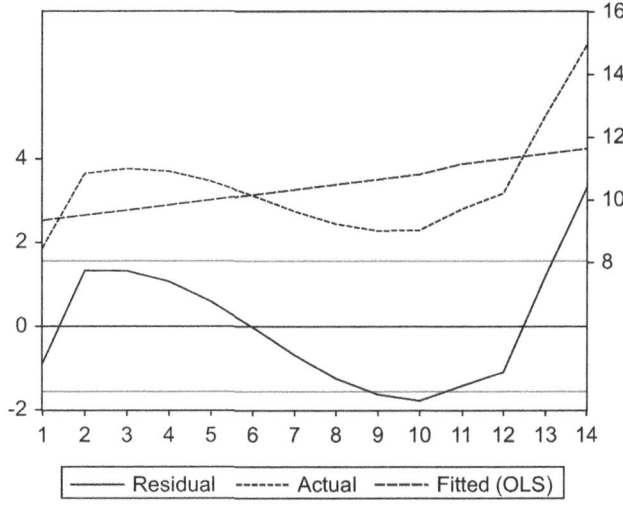

Abb. 5.10 Mit EViews erstellte exemplarische Darstellung autokorrelierter Residuen

weisen eine Systematik auf. Sie sind daher nicht unabhängig voneinander, sondern seriell korreliert.

5.3.2 Der Durbin-Watson-Test auf Autokorrelation in den Fehlertermen

Zunächst wird das Modell mit OLS geschätzt, um die Residuen $\hat{\varepsilon}$ zu erhalten.

Das Testprinzip und die Nullhypothese lauten dann:

$$\varepsilon_t = \rho\varepsilon_{t-1} + u_t, \ H_0 : \rho = 0.$$

Die Nullhypothese suggeriert damit, dass keine Autokorrelation vorliegt. Die Testgröße d ist gegeben durch:

$$d = \frac{\sum_{t=2}^{T}(\hat{\varepsilon}_t - \hat{\varepsilon}_{t-1})^2}{\sum_{t=1}^{T}\hat{\varepsilon}_t^2},$$

wobei der Zähler die Summe der quadrierten Differenz aus Residuum minus vorangegangenes Residuum (ab t = 2) und der Nenner die Summe des quadrierten jeweils aktuellen Schätzresiduums (ab t = 1) beinhaltet.

Wir können d nach der Formel von Binomi aufschlüsseln und erhalten so:

$$d = \underbrace{\frac{\sum_{t=2}^{T}\hat{\varepsilon}_t^2}{\sum_{t=1}^{T}\hat{\varepsilon}_t^2}}_{A} + \underbrace{\frac{\sum_{t=2}^{T}\hat{\varepsilon}_{t-1}^2}{\sum_{t=1}^{T}\hat{\varepsilon}_t^2}}_{B} - 2\underbrace{\frac{\sum_{t=2}^{T}\hat{\varepsilon}_t\hat{\varepsilon}_{t-1}}{\sum_{t=1}^{T}\hat{\varepsilon}_t^2}}_{C} \approx 1 + 1 - 2 \cdot \hat{\rho} = 2(1-\hat{\rho}).$$

Durch das „≈"-Zeichen wird deutlich, dass es sich um eine Approximation handelt, die asymptotisch, das heißt für große Stichprobenumfänge T gilt. In diesem asymptotischen Sinne gilt für die mit Hilfe der Binomischen Formel aufgeteilte Gleichung, dass

$$A = \frac{\sum_{t=2}^{T} \hat{\varepsilon}_t^2}{\sum_{t=1}^{T} \hat{\varepsilon}_t^2} \approx 1.$$

Die Summe des Zählers dieses Ausdrucks enthält den ersten Residuenwert zum Zeitpunkt t = 1 zwar nicht, dies ist allerdings, sofern der erste Residuenwert nicht überproportional groß ist (kein Ausreißer vorliegt) und T ausreichend groß ist, unerheblich. Für den zweiten Teil von d gilt asymptotisch

$$B = \frac{\sum_{t=2}^{T} \hat{\varepsilon}_{t-1}^2}{\sum_{t=1}^{T} \hat{\varepsilon}_t^2} \approx 1.$$

Die Summe des Zählers dieses Ausdrucks enthält diesmal zwar den ersten Residuenwert zu $t = 1$, dafür allerdings nicht den letzten zu $t = T$ (denn die Summe lässt sich nur bis $T - 1$ bilden). Liegt kein Ausreißer zu $t = T$ vor und ist T ausreichend groß, können wir auch B durch 1 approximieren. Schließlich gilt für den dritten Teil des in Einzelteile zerlegten Ausdrucks von d:

$$C = \frac{\sum_{t=2}^{T} \hat{\varepsilon}_t \hat{\varepsilon}_{t-1}}{\sum_{t=1}^{T} \hat{\varepsilon}_t^2} \approx \frac{\sum_{t=2}^{T} \hat{\varepsilon}_t \hat{\varepsilon}_{t-1}}{\sum_{t=2}^{T} \hat{\varepsilon}_{t-1}^2} \approx \hat{\rho}.$$

Wie zu erkennen ist, setzt diese Approximation analog zu A und B auch einen großen Stichprobenumfang und keine Ausreißer voraus. Dass der zweite Quotient dieser näherungsweisen Gleichung tatsächlich den geschätzten Autokorrelationskoeffizienten angibt, können wir leicht zeigen:

Erinnern wir uns, dass der Korrelationskoeffizient ρ die Steigung in einem OLS-System ohne Absolutglied darstellt:

$$\varepsilon_t = \rho \varepsilon_{t-1} + u_t.$$

In unserer üblichen Notation einer OLS-Gleichung ohne Absolutglied ($\alpha = 0$) käme dies $y_t = \beta x_t + u_t$ gleich, mit $x_t = \varepsilon_{t-1}$, $y_t = \varepsilon_t$ und $\beta = \rho$.

Normalerweise würden wir $\hat{\rho}$ (Korrelation zwischen ε_t und ε_{t-1}) bestimmen als

$$\hat{\rho} = \frac{\sum_{t=2}^{T} (\hat{\varepsilon}_t - \bar{\varepsilon}_t)(\hat{\varepsilon}_{t-1} - \bar{\varepsilon}_{t-1})}{\sqrt{\sum_{t=2}^{T} (\hat{\varepsilon}_{t-1} - \bar{\varepsilon}_{t-1})^2 (\hat{\varepsilon}_t - \bar{\varepsilon}_t)^2}},$$

jedoch gilt:

5.3 Verletzung der Annahmen des OLS-Modells

$\mathrm{E}(\hat{\varepsilon}_t) = \bar{\hat{\varepsilon}}_t = 0$ und $\mathrm{E}(\hat{\varepsilon}_{t-1}) = \bar{\hat{\varepsilon}}_{t-1} = 0$ und somit ist $\hat{\rho} = \frac{\sum_{t=1}^{T} \hat{\varepsilon}_t \hat{\varepsilon}_{t-1}}{\sum_{t=1}^{T} \hat{\varepsilon}_{t-1}^2}$,

was wir durch Ausdruck C approximiert haben.

Wir können nun polare Bereiche, in die $d \approx 2(1 - \hat{\rho})$ fallen kann, bestimmen. Unsere Nullhypothese H_0 lautet jeweils, dass $\hat{\varepsilon}_t$ und $\hat{\varepsilon}_{t-1}$ unkorreliert sind.

1. Perfekte positive serielle Korrelation zwischen $\hat{\varepsilon}_t$ und $\hat{\varepsilon}_{t-1}$

$$\Leftrightarrow \hat{\rho} = 1 \Leftrightarrow d = 2(1 - \hat{\rho}) = 2(1 - 1) = 0$$

$\Rightarrow d$ ist nach unten auf 0 beschränkt.

$\Rightarrow$ Die Nullhypothese wird abgelehnt.
Es liegt positive Autokorrelation vor. OLS ist nicht zulässig. Student-t-Werte würden verzerrt, da sie zu groß ausfallen.

2. Kein serielle Korrelation zwischen $\hat{\varepsilon}_t$ und $\hat{\varepsilon}_{t-1}$

$$\Leftrightarrow \hat{\rho} = 0 \Leftrightarrow d = 2(1 - 0) = 2$$

$\Rightarrow$ Optimalwert von d ist 2.

$\Rightarrow$ Die Nullhypothese wird nicht abgelehnt.
Es liegt keine Autokorrelation vor. OLS ist zulässig.

3. Perfekte negative serielle Korrelation zwischen $\hat{\varepsilon}_t$ und $\hat{\varepsilon}_{t-1}$

$$\Leftrightarrow \hat{\rho} = -1 \Leftrightarrow d = 2(1 - (-1)) = 2(2) = 4$$

$\Rightarrow d$ ist nach oben auf 4 beschränkt.

$\Rightarrow$ Die Nullhypothese wird abgelehnt.
Es liegt negative Autokorrelation vor. OLS ist nicht zulässig. Student-t-Werte würden verzerrt, da sie zu klein ausfallen.

Für Werte, die zwischen diesen polaren Ergebnissen liegen, gibt es eine eigene Teststatistik: die Durbin-Watson-Teststatistik (Abb. 5.11).

Für den Ablauf des Durbin-Watson-Tests betrachten wir zunächst die Gegenhypothese:

$$H_1 : \rho > 0 \quad \text{oder} \quad H_1 : \rho < 0.$$

Das bedeutet, dass der Test ist nicht auf das bloße Vorliegen von Autokorrelation ausgerichtet ist, sondern testet, ob positive oder negative Autokorrelation der Residuen vorliegt.

Abb. 5.11 Bereiche der Durbin-Watson-Statistik d; „?" ≡ inkonklusiver Bereich

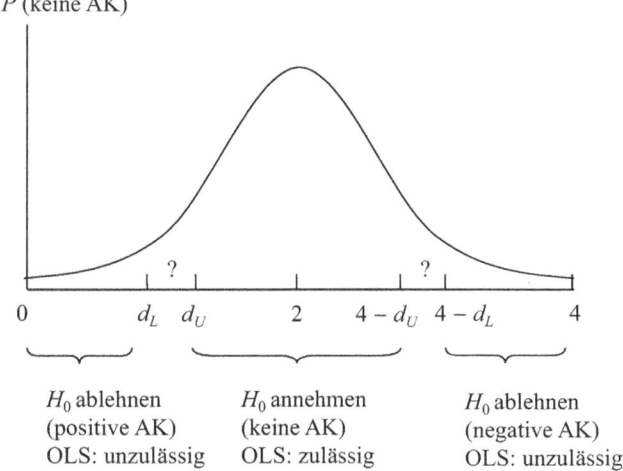

Die Testvorschriften lassen sich stichpunktartig wie folgt zusammenfassen:

- H_0 wird abgelehnt, falls $d < d_L$ oder falls $d > 4 - d_L$
- H_0 wird *nicht* abgelehnt, falls $d_U < d < 4 - d_U$.
- Der Test erlaubt keine Schlüsse, das heißt fällt „inkonklusiv" aus für

$$d_L \leq d \leq d_U \quad \text{oder} \quad 4 - d_U \leq d \leq 4 - d_L.$$

In diesen Fällen ist es ratsam, H_0 eher abzulehnen, als nicht abzulehnen.

Die kritischen Werte d_L („*lower limit*", Untergrenze) und d_U („*upper limit*", Obergrenze) werden der Durbin-Watson-Teststatistik-Tabelle in Abhängigkeit von der Anzahl der Beobachtungen und der Anzahl der exogenen Variablen der Regressionsgleichung entnommen. Die Tabelle findet sich im Anhang in Tab. A.6.

Für ein Regressionsmodell auf Basis von $N = 20$ Beobachtungen und mit einer erklärenden x-Variable finden sich in der Durbin-Watson-Tabelle beispielsweise die folgenden kritischen Schranken:

$$d_L = 1{,}20 \quad \text{und} \quad d_U = 1{,}41.$$

Wir verwerfen $H_0 : \rho = 0$, sofern $d < 1{,}20$ oder $d > (4-1{,}20) = 2{,}8$. Wir akzeptieren die Nullhypothese, wenn $1{,}41 < d < (4 - 1{,}41) = 2{,}59$.

Der Durbin-Watson-Teststatistiktabelle (für $n = 12$, $k = 1$) entnehmen wir die Schrankenwerte $d_L = 0{,}971$ und $d_U = 1{,}331$. Der kritische Wert für negative Autokorrelation liegt bei $4 - 1{,}331 = 2{,}669$. Wir schließen für unser Beispiel (Tab. 5.2) auf Nicht-Vorliegen von Autokorrelation, da $1{,}331 < 2{,}510 < 2{,}669$ (Abb. 5.12).

5.3 Verletzung der Annahmen des OLS-Modells

Tab. 5.2 Durbin-Watson d für die OLS-Regression zum Produkteinführungsszenario (aus Tab. 5.1)

t	$\hat{\varepsilon}_t$	$\hat{\varepsilon}_{t-1}$	$\hat{\varepsilon}_t^2$	$(\hat{\varepsilon}_t - \hat{\varepsilon}_{t-1})^2$
1	2,33	5,44		
2	1,56	2,33	2,42	0,60
3	5,78	1,56	33,38	17,83
4	0,00	5,78	0,00	33,38
5	−10,00	0,00	100,00	100,00
6	5,00	−10,00	25,00	225,00
7	−20,00	5,00	400,00	625,00
8	2,11	−20,00	4,46	488,90
9	9,22	2,11	85,05	50,57
10	−0,78	9,22	0,60	100,00
11	6,33	−0,78	40,11	50,57
12	−1,56	6,33	2,42	62,23
$\sum$			698,89	1754,09

$$\Rightarrow d = \frac{\sum_{t=2}^{12}(\hat{\varepsilon}_t - \hat{\varepsilon}_{t-1})^2}{\sum_{t=1}^{12}\hat{\varepsilon}_t^2} = \frac{1754,09}{698,89} = 2,510$$

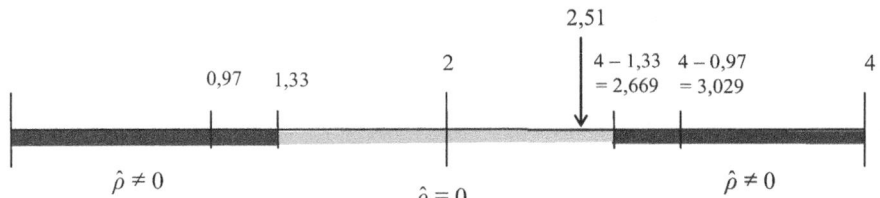

Abb. 5.12 Durbin-Watson-Test für OLS-Regression zum Produkteinführungsszenario (Tab. 5.1 und 5.2)

5.3.3 Heteroskedastizität

Als Heteroskedastie oder Heteroskedastizität bezeichnen wir die Eigenschaft einer nichtkonstanten Varianz der Residuen. Das Problem tritt insbesondere im Fall von Querschnittsdaten auf.

Abb. 5.13 zeigt exemplarisch eine auf Querschnittsdaten basierende Konsumfunktion mit Haushaltseinkommen als exogener und Konsumausgaben als endogener Variable. Für einen derartigen Zusammenhang werden wir in der Regel feststellen, dass Bezieher niedriger Einkommen ihre Einkommen für unausweichliche Grundkonsumgüter wie Nahrungsmittel oder für Miete verausgaben. Ihr Konsumverhalten wird nur von – in diesen niedrigen Einkommensbereichen – gering streuenden Störtermen beeinflusst. Bezieher von hohen Einkommen haben dagegen einen wesentlich weiteren Spielraum. Sie können ihren Grundkonsum einfach abdecken. Wie sie den Rest ihres Einkommens verwenden, ob sie sparen, ihr Einkommen komplett konsumieren oder sich anders verhalten, ist allerdings unklar. Die Störeinflüsse ihres Konsumverhaltens werden daher relativ stark streuen.

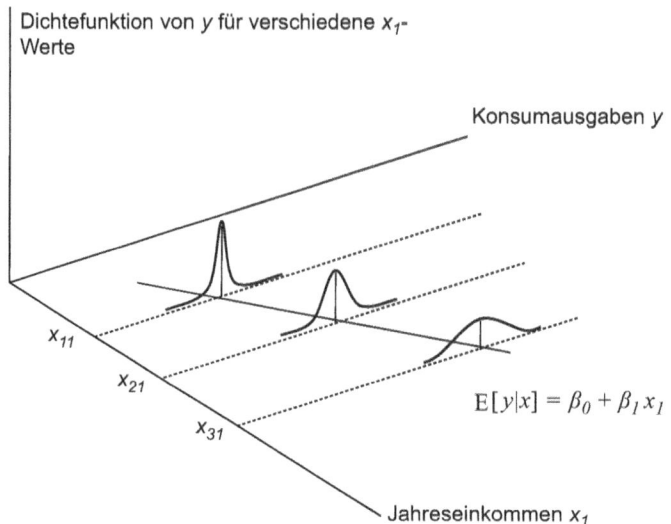

Abb. 5.13 Stilisierter auf Querschnittsdaten beruhender Konsumfunktionszusammenhang

Tab. 5.3 Ausgaben für Bekleidung und Einkommen einer Zufallsstichprobe von 20 Familien

Einkommen	Familien	Ausgaben für Kleidung	Varianz
2000	8	160, 160, 180, 200, 210, 220, 230, 250	1070
4000	7	200, 220, 230, 300, 310, 340, 350	3714
6000	5	300, 300, 400, 450, 540	10520

In diesem Beispiel würde also mit zunehmendem Einkommen die Varianz der Störterme ansteigen. Heteroskedastie läge vor (Tab. 5.3).

Wie geht man in der Praxis mit dem Heteroskedastie-Problem um?

Grundsätzlich gilt, dass sich das Vorliegen heteroskedastischer Störterme gut durch eine visuelle Analyse der Streudiagramme (Scatterplots) oder durch Residuenplots feststellen lässt (Abb. 5.14).

Wie in Abb. 5.15 angedeutet wird, können wir zwischen zwei zentralen Formen der Heteroskedastizität unterscheiden, wobei b den Proportionalitätsfaktor der Störvarianz zu den Werten der exogenen Variable x ausdrückt:

Für $b > 0$ steigt die Störvarianz mit zunehmenden x-Werten und zwar unabhängig davon, ob der Zusammenhang zwischen x und y positiver oder negativer Natur ist (in Abb. 5.15 ist in beiden Teilabbildungen beispielhaft ein positiver Zusammenhang zwischen x und y unterstellt).

Für $b < 0$ nimmt die Störvarianz dagegen mit zunehmenden x-Werten ab.

Zu welcher Verzerrung signifikanzbasierter Aussagen führt Heteroskedastizität?

Hierzu stellen wir zunächst fest, dass, auch wenn Heteroskedastie vorliegt, im OLS Modell weiterhin Erwartungstreue gewährleistet ist, das heißt:

5.3 Verletzung der Annahmen des OLS-Modells

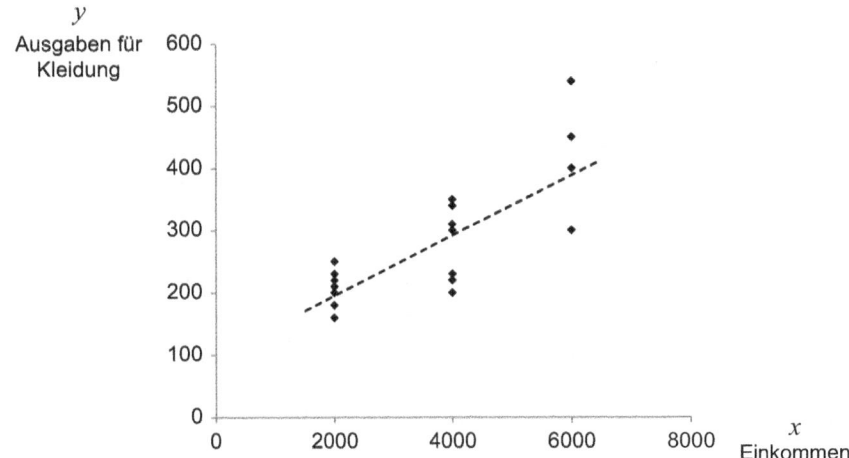

Abb. 5.14 Mit SPSS erstelltes Streudiagramm zum Beispiel aus Tab. 5.3

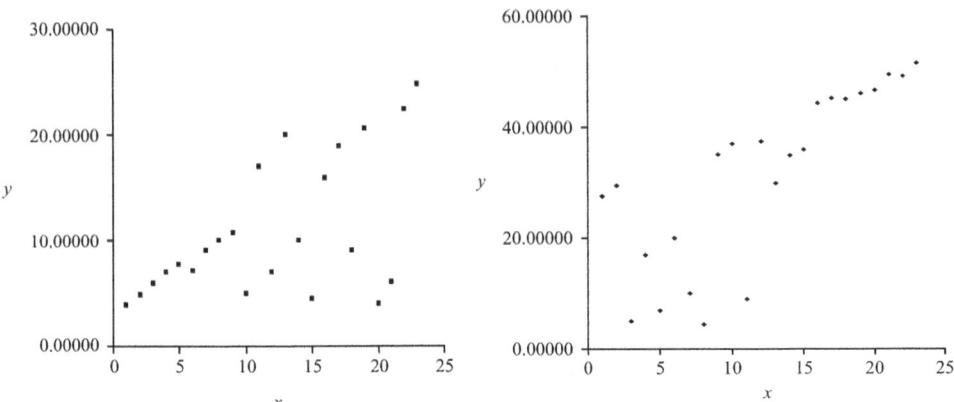

Abb. 5.15 Zwei Formen von Heteroskedastie; linke Teilabbildung: $b > 0$; rechte Teilabbildung: $b < 0$

$$E(\hat{\beta}) = \beta.$$

Jedoch werden die Standardfehler der Parameter mit OLS nicht richtig bestimmt. Es kommt zur Verzerrung der Student-t-Werte – ähnlich wie beim Autokorrelationsproblem. Betrachten wir hier auch wiederum stichpunktartig die Konsequenzen von Heteroskedastizität auf geschätzte Konfidenzintervalle eines OLS-Koeffizienten β. Man kann zeigen, dass für große Stichproben asymptotisch gilt:

1. $b > 0$: steigende Residuenvarianz mit zunehmenden x-Werten. Es gilt:

$$\hat{\sigma}^2 > \hat{\sigma}^2|_{het.},$$

das heißt es kommt zu einer Verzerrung der Varianz nach unten. Es werden kleinere Standardfehler (*s. e.*) und größere Student-t-Werte als im homoskedastischen Fall ermittelt. Die Wahrscheinlichkeit, dass der t-Wert unter der Nullhypothese größer als der kritischer Wert t_c ausfällt, steigt.

Wir würden ein *engeres* als das wahre Konfidenzintervall für β erhalten und mit einer höheren Wahrscheinlichkeit für Fehler 1. Art konfrontiert sein. Man glaubt in diesem Fall eher, dass der geschätzte Koeffizient statistisch signifikant ist. Das heißt die Nullhypothese wird eher abgelehnt.

2. $b < 0$: fallende Residuenvarianz mit zunehmenden x-Werten. Es gilt:

$$\hat{\sigma}^2 < \hat{\sigma}^2|_{het.},$$

das heißt es kommt zu einer Verzerrung der Varianz nach oben. Es werden größere Standardfehler und kleinere Student-t-Werte als im homoskedastischen Fall ermittelt. Die Wahrscheinlichkeit, dass der t-Wert unter der Nullhypothese kleiner als sein kritischer Wert t_c ausfällt, steigt.

Wir würden ein weiteres als das wahre Konfidenzintervall für β erhalten und mit einer höheren Wahrscheinlichkeit für Fehler 2. Art konfrontiert sein. Man glaubt in diesem Fall eher, dass der geschätzte Koeffizient statistisch insignifikant ist. Das heißt die Nullhypothese wird eher angenommen.

Als Folge dieser Verzerrungen sind Student-t-Tests im OLS-Modell mit heteroskedastischen Fehlern unzuverlässig. Die OLS-Methode ist in solchen Situationen nicht angebracht.

5.4 Auswege bei Autokorrelation und Heteroskedastie

5.4.1 Behebung von Autokorrelation, wenn das lineare Modell angebracht ist

Die im Folgenden dargestellte Methode sollte im Fall eines Spezifikationsfehlers bezüglich der funktionalen Form nicht angewendet werden. In solchen Fällen sollte die funktionale Form angepasst werden – etwa über Variablentransformation.

Haben wir aufgrund des Durbin-Watson-Tests festgestellt, dass die Residuen unserer OLS-Schätzung seriell korreliert sind, können wir dies mit Hilfe eines mehrere Schritte umfassenden Regressionsverfahrens korrigieren: der Cochrane-Orcutt-Transformation.

5.4 Auswege bei Autokorrelation und Heteroskedastie

In einem ersten Schritt schätzen wir zunächst ganz konventionell mit der OLS-Methode die Standardgleichung:

$$y_t = \beta_1 + \beta_2 x_t + \varepsilon_t \qquad (5.15)$$

und ein um eine Periode verzögertes Modell („Modell im 1. *Lag*"):

$$y_{t-1} = \beta_1 + \beta_2 x_{t-1} + \varepsilon_{t-1}. \qquad (5.16)$$

In einem zweiten Schritt berechnen wir aus den Ergebnissen des ersten Schritts die Residuen $\hat{\varepsilon}_t$ sowie die um eine Periode verzögerten Residuen $\hat{\varepsilon}_{t-1}$. Nun können wir den Autokorrelationskoeffizient ρ aus der AR-Gleichung der Residuen mit der OLS-Methode schätzen:

$$\varepsilon_t = \rho \varepsilon_{t-1} + u_t.$$

Im dritten Schritt des Verfahrens multiplizieren wir nun Gl. (5.16) mit dem geschätzten Autokorrelationskoeffizienten:

$$\hat{\rho} y_{t-1} = \hat{\rho}\beta_1 + \hat{\rho}\beta_2 x_{t-1} + \hat{\rho}\varepsilon_{t-1}. \qquad (5.17)$$

Im letzten (vierten) Schritt subtrahieren wir nun Gl. (5.17) von (5.15) und erhalten eine neue Schätzgleichung:

$$\underbrace{y_t - \hat{\rho} y_{t-1}}_{y_t^*} = \beta_1(1-\hat{\rho}) + \beta_2 \underbrace{(x_t - \hat{\rho} x_{t-1})}_{x_t^*} \underbrace{-\varepsilon_t - \hat{\rho}\varepsilon_{t-1}}_{u_t}. \qquad (5.18)$$

Wir können (5.18) auch kurz schreiben als:

$$y_t^* = \beta_1^* + \beta_2 x_t^* + u_t. \qquad (5.19)$$

In der transformierten Spezifikation (5.19) sind die neuen Residuen u_t nun nicht mehr miteinander korreliert. Das Problem der Autokorrelation ist eliminiert. Die geschätzten Parameter sind BLUE, die Standardfehler unverzerrt. Man beachte, dass β_2 in (5.19) und in (5.15) identisch sind. Die grundlegende Idee ist es, die Gleichung zu transformieren, um das problematische ε_t in das unproblematische u_t zu überführen. Gleichung (5.19) lässt sich – nachdem man die transformierten Variablen y_t^* und x_t^* berechnet hat – mittels OLS schätzen. An dieser Stelle sollte man es nicht versäumen, den Durbin-Watson-Wert für die u_t-Reihe zu berechnen und u_t auf serielle Korrelation zu testen. Liegt keine serielle Korrelation vor, dann hat unser Transformationsverfahren einen unverzerrten Schätzer für den Standardfehler des Steigungsparameters hervorgebracht.

Wenn u_t dagegen autokorreliert ist, muss der obige Vorgang wiederholt werden, solange bis man Residuen erhält, die tatsächlich nicht mehr autokorreliert sind.

5.4.2 Behebung von Heteroskedastizität

Liegt Heteroskedastizität vor, so kommt es zu einer zunehmenden Schwankungsbreite der Residuen. Diese verläuft entlang der Abszissenwerte entweder vom Ursprung weg oder zum Ursprung hin.

Wir sind also mit einer Situation konfrontiert, in der die Varianz der Störterme nicht invariant oder konstant ist, sondern über die Beobachtungszeitpunkte oder Beobachtungseinheiten variiert. Formal können wir schreiben:

$$\text{Var}(\varepsilon_t) = \sigma_t^2 \text{ für Zeitreihenspezifikationen oder}$$

$$\text{Var}(\varepsilon_i) = \sigma_i^2 \text{ für Querschnittsspezifikationen.}$$

Man kann dem Heteroskedastizitätsproblem mit einer so genannten *Weighted-Least-Squares*-(WLS-) Regression begegnen.

Die Behebung von Heteroskedastizität durch eine WLS-Schätzung ist an folgende Voraussetzung geknüpft:

- Wir kennen das Verhältnis der Varianzen zu den verschiedenen Zeitpunkten oder Beobachtungseinheiten.

  Das bedeutet, an einem Beispiel veranschaulicht, dass wir für eine Regression des Konsumverhaltens von Wirtschaftssubjekten verschiedener Einkommensgruppen das Gewichtungsverhältnis der jeweiligen Einkommensgruppen kennen. Wir wüssten etwa, dass der Konsum von Haushalten mit einem Einkommen bis 2500 Euro pro Monat 0,5-mal weniger streut als der Verbrauch privater Haushalte mit einem Einkommen bis 5000 Euro pro Monat usw.
- Wir müssen also eine Analyse der Störvarianzen vorlagern, um in dem folgenden Zusammenhang den Parameter n_i bestimmen zu können:

$$\sigma_i^2 = \sigma^2 \cdot n_i \text{ mit } i = 1, \ldots, N.$$

Nun transformieren wir unsere Schätzgleichung

$$y_i = \beta_1 + \beta_2 x_i + \varepsilon_i \tag{5.20}$$

unter der Annahme, dass $\hat{\varepsilon}$ heteroskedastisch ist, indem wir sie durch $\sqrt{n_i}$ teilen:

$$\underbrace{(\sqrt{n_i})^{-1} \cdot y_t}_{y_i^*} = \underbrace{\beta_1 \cdot (\sqrt{n_i})^{-1}}_{\beta_1^*} + \beta_2 \underbrace{(\sqrt{n_i})^{-1} \cdot x_i}_{x_i^*} + \underbrace{(\sqrt{n_i})^{-1} \cdot \varepsilon_i}_{\varepsilon_i^*} \quad (5.21)$$

und erhalten so die WLS-Schätzform:

$$y_i^* = \beta_1^* + \beta_2 x_i^* + \varepsilon_i^*. \quad (5.22)$$

Der Standardfehler des Steigungsparameters wird unverzerrt geschätzt, weil ε^* nun homoskedastisch ist. Es gilt:

$$y_i^* = \frac{y_i}{\sqrt{n_i}}, \; x_i^* = \frac{x_i}{\sqrt{n_i}} \text{ und } \varepsilon_i^* = \frac{\varepsilon_i}{\sqrt{n_i}}.$$

Man beachte wiederum, dass β_2 in (5.22) identisch ist zu β_2 in (5.20). Zudem ist

$$\beta_1^* = \frac{\beta_1}{\sqrt{n}}.$$

Wir können nun einfach zeigen, dass diese WLS-Schätzgleichung (5.22) tatsächlich homoskedastisch ist, indem wir nachweisen, dass ihre Residuen eine invariate, das heißt konstante, Varianz aufweisen:

$$\text{Var}(\varepsilon_i^*) = \text{E}\left(\frac{\varepsilon_i}{\sqrt{n_i}}\right)^2 = \frac{\text{E}(\varepsilon_i)^2}{\text{E}(\sqrt{n_i})^2} = \frac{\sigma_i^2}{(\sqrt{n_i})^2} = \frac{\sigma^2 \cdot n_i}{n_i} = \sigma^2.$$

Die Störvarianz ist jetzt unabhängig von i. In der Praxis ist es wichtig, sich die Residuenplots der anfänglichen OLS-Schätzungen genau anzuschauen, um ein mögliches Heteroskedastie-Problem zu identifizieren und eine geeignete Maßnahme ergreifen zu können. Darüber hinaus gibt es auch Tests bezüglich Heteroskedastie, die wir im Abschn. 6.7 näher beschreiben werden.

5.5 Übungsaufgaben

Nehmen Sie die Werte zu den Handytestverkäufen in Tab. 5.1 zur Hand.

5.1 Berechnen Sie die Residuen der OLS-Schätzung.

5.2 Die betriebswirtschaftliche Abteilung schlägt vor, das Produkt zum Durchschnittspreis der Testphase auf den Markt zu bringen. Wie wirkt sich eine Erhöhung des Preises um ein Prozent – ausgehend von diesem Einführungspreis – prozentual auf die nachgefragte Menge des Produkts aus?

5.3 Geben Sie das 95 %-Konfidenzintervall für das Testverkaufsszenario an. Angaben, die benötigt werden, um das Konfidenzband zu berechnen, sind:

(i) Regressionsgerade: $\hat{Y}_i = 210{,}460 - 1{,}578 X_i$, $\hat{\sigma}^2 = \frac{698}{12-2} = \frac{698}{10} = 69{,}8$

(ii) empirische Varianz des Schätzers: $\hat{\sigma}^2_{\hat{Y}_i} = 69{,}8 \left[\frac{1}{12} + \frac{(X_i - 70)^2}{2250} \right]$

(iii) t-Statistik-Wert: 2,228

5.4 Berechnen Sie einen Prognosewert für die Nachfrage nach dem Mobilfunkgerät bei einem Preis von 110 € sowie das 95 %-Konfidenzintervall.

5.5 Berechnen Sie den Standardfehler der Prognose $\hat{\sigma}_F$.

5.6 Berechnen Sie ein 95 %-Konfidenzintervall für $\hat{\alpha}$ und $\hat{\beta}$.

5.7 Berechnen Sie das korrigierte und nicht-korrigierte R^2.

5.8 Geben Sie die OLS-Schätzgleichung auf zwei Arten an. Einmal mit den Standardfehlern in Klammern unter den Schätzkoeffizienten und einmal mit t-Werten in Klammern unter den geschätzten Koeffizienten.

Multiples OLS-Regressionsmodell 6

6.1 Matrixalgebra

Als Matrix wird ein rechteckiges Feld bezeichnet, in das Zahlenwerte von Variablenausprägungen in Spalten und Zeilen angeordnet werden. Eine Matrix hat die Ordnung $(m \times n)$, wenn sie m Zeilen und n Spalten besitzt.

$$\mathbf{A} = \begin{bmatrix} a_{11} & a_{12} & a_{1n} \\ a_{21} & a_{22} & a_{2n} \\ \vdots & & \\ a_{m1} & a_{m2} & a_{mn} \end{bmatrix} ; \quad a_{ij} \equiv \text{charakteristisches Element.}$$

Was die Notation angeht, ist es üblich, Matrizen als Großbuchstaben zu schreiben. Es ist – im Unterschied zur zweidimensionalen Algebra – bei der Matrix-Algebra entscheidend, die korrekte Reihenfolge anzugeben, also etwa für die Ordnung immer: Anzahl der Zeilen × Anzahl der Spalten $(m \times n)$.

Addiert werden können lediglich Matrizen derselben Ordnung.

Multipliziert werden können lediglich Matrizen, für die die Anzahl der Spalten der einen Matrix $\mathbf{A}$ ($m_A \times n_A$) gleich ist mit der Anzahl der Zeilen der anderen Matrix $\mathbf{B}$ ($m_B \times n_B$). Das heißt, wenn gilt $n_A = m_B$.

6.1.1 Einheitsmatrix

Eine wichtige spezielle Matrix ist die Einheitsmatrix $\mathbf{I}$. Sie besitzt Einsen entlang der Hauptdiagonalen, die übrigen Elemente sind „unbesetzt":

$$\mathbf{I} = \begin{pmatrix} 1 & 0 & \cdots & 0 \\ 0 & 1 & \cdots & 0 \\ \vdots & \vdots & \ddots & \vdots \\ 0 & 0 & 0 & 1 \end{pmatrix}.$$

6.1.2 Datenmatrix

Eine im Folgenden wichtige Matrix ist die Datenmatrix $\mathbf{X}$. In ihr werden die beobachteten Werte für verschiedene (erklärende) Variablen aus unterschiedlichen Perioden eingetragen. In einer Zeile sind die beobachteten Werte aller Variablen für eine bestimmte Periode (oder eine bestimmte Beobachtungseinheit: Person, Haushalt, ...) eingetragen, in einer Spalte die Werte aller Perioden (oder Beobachtungseinheiten) für eine bestimmte Variable. Wenn beispielsweise für den Konsum C, die Investitionen I und das Sozialprodukt Y beobachtete Werte von 1960 bis 1990 vorliegen, werden sie in der Matrix $\mathbf{X}$ folgendermaßen angeordnet:

$$\mathbf{X}_{N \times K} = \begin{pmatrix} C_{60} & I_{60} & Y_{60} \\ C_{61} & I_{61} & Y_{61} \\ \vdots & \vdots & \vdots \\ C_{90} & I_{90} & Y_{90} \end{pmatrix},$$

wobei N die Anzahl der Beobachtungszeitpunkte oder die Anzahl der Beobachtungseinheiten und K die Anzahl der Variablen angibt.

6.1.3 Addition und Multiplikation von Matrizen

Haben zwei Matrizen $\mathbf{A}$ und $\mathbf{B}$ dieselbe Ordnung ($m \times n$), dann hat die Matrix

$$\mathbf{C}_{m \times n} = \mathbf{A}_{m \times n} + \mathbf{B}_{m \times n}$$

das charakteristische Element:

$$c_{ij} = a_{ij} + b_{ij} \quad \text{mit} \quad i = 1, \ldots, m \quad \text{und} \quad j = 1, \ldots, n.$$

Es werden also die Elemente, die an derselben Stelle stehen, addiert.

$$\text{Beispiel}: \mathbf{A} = \begin{pmatrix} 2 & 4 \\ 6 & 1 \end{pmatrix}; \mathbf{B} = \begin{pmatrix} 0 & 2 \\ 1 & 4 \end{pmatrix}; \mathbf{C} = \mathbf{A} + \mathbf{B} = \begin{pmatrix} 2 & 6 \\ 7 & 5 \end{pmatrix}.$$

6.1 Matrixalgebra

Ist **A** eine $(m \times n)$-Matrix, dann hat die $(n \times p)$-Matrix **C** = **AB** das charakteristische Element

$$c_{ik} = \sum_{k=1}^{n} a_{ik} b_{kj} \quad \text{mit} \quad i = 1, \ldots, m \quad \text{und} \quad j = 1, \ldots, n.$$

Betrachten wir uns hierzu ein Beispiel:

$$\mathbf{A} = \begin{pmatrix} 1 & 3 \\ 4 & 0 \\ 2 & 2 \end{pmatrix}; \mathbf{B} = \begin{pmatrix} 3 & 4 & 6 \\ 0 & 1 & 2 \end{pmatrix} \Rightarrow$$

$$\mathbf{C}_{3\times 3} = \mathbf{A}_{3\times 2} \cdot \mathbf{B}_{2\times 3}$$
$$= \begin{pmatrix} 3\cdot 1 + 0\cdot 3 & 4\cdot 1 + 1\cdot 3 & 6\cdot 1 + 2\cdot 3 \\ 3\cdot 4 + 0\cdot 0 & 4\cdot 4 + 1\cdot 0 & 6\cdot 4 + 2\cdot 0 \\ 3\cdot 2 + 0\cdot 2 & 4\cdot 2 + 1\cdot 2 & 6\cdot 2 + 2\cdot 2 \end{pmatrix} = \begin{pmatrix} 3 & 7 & 12 \\ 12 & 16 & 24 \\ 6 & 10 & 16 \end{pmatrix} \quad \text{mit}$$

$$c_{11} = \sum a_{1k} b_{k1} = a_{11} b_{11} + a_{12} b_{21}$$
$$c_{12} = \sum a_{1k} b_{k2} = a_{11} b_{12} + a_{12} b_{22} \quad \text{etc.}$$

6.1.4 Transponieren von Matrizen

Unter der Transponierten **X**′ einer Matrix **X** versteht man die Umformung einer $(m \times n)$-Matrix in eine $(n \times m)$-dimensionierte Matrix. Dies bedeutet nichts anderes als die Umwandlung der Zeilen einer Matrix in Spalten und umgekehrt. Wir veranschaulichen uns dies an einem weiteren Beispiel:

$$\mathbf{X} = \begin{pmatrix} 3 & 1 \\ 2 & 0 \\ 4 & 5 \end{pmatrix} \Rightarrow \mathbf{X}' = \begin{pmatrix} 3 & 2 & 4 \\ 1 & 0 & 5 \end{pmatrix}.$$

Es gilt:

$$(\mathbf{X}')' = \mathbf{X};$$
$$(\mathbf{X} + \mathbf{Y})' = \mathbf{X}' + \mathbf{Y}';$$
$$(\mathbf{XY})' = \mathbf{Y}'\mathbf{X}',$$

wobei offensichtlich im letzten multiplikativen Zusammenhang die Reihenfolge entscheidend und zu beachten ist. Wie man an dieser Vorschrift für die Multiplikation von Matrizen sieht, gilt das Permutationsgesetz für einfache Multiplikation bei Matrizen nicht. Im Allgemeinen ist $\mathbf{XY} \neq \mathbf{YX}$, was ohnehin nur dann definiert wäre, wenn beide Matrizen gleiche Zeilen- und Spalten-Dimensionen aufweisen würden ($m = n$). Derartige Matrizen werden „quadratische Matrizen" genannt.

6.1.5 Quadrierung von Matrizen

Eng verbunden mit dem Konzept des Transponierens von Matrizen ist die Quadrierung von Matrizen. Aus jeder beliebig ($m \times n$)-dimensionierten Matrix $\mathbf{X}$ (mit $m >$ oder $< n$) lässt sich eine quadratische Matrix (mit „$m = n$") gewinnen, indem man sie mit ihrer Transponierten $\mathbf{X}'$ multipliziert – also quadriert:

$$\underset{m\times n}{\mathbf{X}} \cdot \underset{n\times m}{\mathbf{X}'} = \underset{m\times m}{\mathbf{XX}'} \quad \text{oder} \quad \underset{n\times m}{\mathbf{X}'} \cdot \underset{m\times n}{\mathbf{X}} = \underset{n\times n}{\mathbf{X}'\mathbf{X}}.$$

6.1.6 Invertierung von Matrizen

Existiert zu einer quadratischen Matrix $\mathbf{A}$ der Ordnung ($m \times m$) eine Matrix $\mathbf{B}$ der Ordnung ($m \times m$), so dass gilt $\mathbf{AB} = \mathbf{I}$ ($\equiv$ Einheitsmatrix), so heißt $\mathbf{B}$ die Inverse von $\mathbf{A}$. Man schreibt:

$$\mathbf{B} = \mathbf{A}^{-1}.$$

Es gilt auch $\mathbf{BA} = \mathbf{I}$.

Dabei ist es elementar zu wissen, dass eine Matrix nur dann eine Inverse hat, wenn sie den so genannten vollen Rang hat, das heißt ihre einzelnen Zeilen m und Spalten n voneinander linear unabhängig sind. Das bedeutet keine Spalte – also kein ($m \times 1$)-Spaltenvektor – lässt sich als Linearkombination der übrigen Spaltenvektoren darstellen, und keine Zeile – also kein ($1 \times n$)-Zeilenvektor – als Linearkombination der übrigen Zeilen.

Betrachten wir in diesem Zusammenhang ein Beispiel für linear abhängige Spaltenvektoren

$$\mathbf{X}_{T\times K} = \begin{pmatrix} C_{60} & I_{60} & Y_{60} \\ C_{61} & I_{61} & Y_{61} \\ \vdots & \vdots & \vdots \\ C_{90} & I_{90} & Y_{90} \end{pmatrix} \quad \text{mit}$$

$$C_t = -0,5 \cdot I_t + 0,5 \cdot Y_t; t = 60, 61, \ldots, 90.$$

6.1 Matrixalgebra

Diese Matrix X ist nicht invertierbar und wäre es auch nicht, wenn etwa $C_t = 2 + 0,75 \cdot Y_t$.

Eine mögliche Vorgehensweise um Matrizen zu invertieren ist es, auf ein iteratives Verfahren wie das Simplex- oder das Gauß'sche Eliminierungsverfahren zurückzugreifen. Die Ausgangsproblemstellung ist eine gegebene Matrix **A**, wobei eine Matrix $\mathbf{A}^{-1}$ gesucht ist, so dass

$$\mathbf{A}\mathbf{A}^{-1} = \mathbf{I} = \begin{pmatrix} 1 & 0 & \cdots & 0 \\ 0 & 1 & \cdots & 0 \\ \vdots & \vdots & \ddots & \vdots \\ 0 & 0 & 0 & 1 \end{pmatrix}.$$

Eine Möglichkeit, die Inverse einer Matrix zu berechnen, stellt der Gauß'sche-Eliminations-Algorithmus (GEA) dar, den wir im Folgenden kurz skizzieren werden.

Man schreibt zunächst eine erweiterte Matrix, die die zu invertierende Matrix auf der linken Seite und die Einheitsmatrix auf der rechten Seite eines Trennstriches beinhaltet:

$$[\mathbf{A}|\mathbf{I}].$$

Mittels des GEA versucht man dann, durch lineare Umformungen so lange Einsen und Nullen zu schaffen bis man zu der Endform

$$[\mathbf{I}|\mathbf{A}^{-1}]$$

gelangt. Das heißt die Ermittlung von $\mathbf{A}^{-1}$ können wir schematisch zusammenfassen als

$$[\mathbf{A}|\mathbf{I}] \rightarrow \text{GEA} \rightarrow [\mathbf{I}|\mathbf{A}^{-1}] \Rightarrow \mathbf{A}^{-1}.$$

Veranschaulichen wir uns die Inversenberechnung mit dem GEA an einem einfachen Zahlenbeispiel.

Gegeben sei $\mathbf{A} = \begin{pmatrix} 2 & 4 \\ 3 & 8 \end{pmatrix}$ und gesucht sei $\mathbf{A}^{-1}$.

Wir haben es folglich mit der folgenden Ausgangsform zu tun:

$$[\mathbf{A}|\mathbf{I}] = \begin{bmatrix} 2 & 4 & | & 1 & 0 \\ 3 & 8 & | & 0 & 1 \end{bmatrix}.$$

Im Folgenden beschreiben wir den iterativen GEA in einzelnen Teilaktionen:

1. *GEA-Aktion*: „Einsen schaffen".
   Wir multiplizieren die erste Zeile mit 1/2 – auf beiden Seiten des Trennstriches – und erhalten somit
   $$\begin{bmatrix} 1 & 2 & | & \frac{1}{2} & 0 \\ 3 & 8 & | & 0 & 1 \end{bmatrix}.$$

2. *GEA-Aktion*: „Nullen schaffen".
   Zeile 2 - 3 · Zeile 1 liefert
   $$\begin{bmatrix} 1 & 2 & | & \frac{1}{2} & 0 \\ 0 & 2 & | & -\frac{3}{2} & 1 \end{bmatrix}.$$

3. *GEA-Aktion*: „Einsen schaffen".
   Zeile 2 · $\frac{1}{2}$ liefert
   $$\begin{bmatrix} 1 & 2 & | & \frac{1}{2} & 0 \\ 0 & 1 & | & -\frac{3}{4} & \frac{1}{2} \end{bmatrix}.$$

4. *GEA-Aktion*: „Nullen schaffen".
   Zeile 1 - 2 · Zeile 2 liefert
   $$\begin{bmatrix} 1 & 0 & | & 2 & -1 \\ 0 & 1 & | & -\frac{3}{4} & \frac{1}{2} \end{bmatrix} \Rightarrow \mathbf{A}^{-1} = \begin{pmatrix} 2 & -1 \\ -\frac{3}{4} & \frac{1}{2} \end{pmatrix}.$$

Wir können einfach überprüfen, ob unser Ergebnis tatsächlich die Inverse von Matrix **A** darstellt:

$$\mathbf{A}\mathbf{A}^{-1} = \begin{pmatrix} 2 & 4 \\ 3 & 8 \end{pmatrix} \cdot \begin{pmatrix} 2 & -1 \\ -\frac{3}{4} & \frac{1}{2} \end{pmatrix} = \begin{pmatrix} 2 \cdot 2 - 3 & -2 + 2 \\ -6 + 6 & -3 + 4 \end{pmatrix}$$

$$= \begin{pmatrix} 1 & 0 \\ 0 & 1 \end{pmatrix} = \mathbf{I}_{2 \times 2}.$$

Man sollte an dieser Stelle nicht versäumen, anzumerken, dass für 2×2-Matrizen, wie auch in obigem Beispiel, eine einfache Formel zur Berechnung der Inversen existiert. Allerdings ist diese Berechnung – im Unterschied zum GEA-Verfahren – nur für 2×2-Matrizen zulässig. Sie lautet

6.1 Matrixalgebra

für $\mathbf{A} = \begin{pmatrix} a_{11} & a_{12} \\ a_{21} & a_{22} \end{pmatrix}$ mit $\det(A) \neq 0$:

$$\mathbf{A}^{-1} = \frac{1}{\det(\mathbf{A})} \begin{pmatrix} a_{22} & -a_{12} \\ -a_{21} & a_{11} \end{pmatrix}.$$

Angewandt auf unser Zahlenbeispiel und unter Berücksichtigung der Tatsache, dass die Determinante von 2×2-Matrizen nichts anderes ist als die Differenz der Diagonalen-Produkte, ist

$$\mathbf{A} = \begin{pmatrix} 2 & 4 \\ 3 & 8 \end{pmatrix} \Rightarrow \mathbf{A}^{-1} = \frac{1}{16-12} \begin{pmatrix} 8 & -4 \\ -3 & 2 \end{pmatrix} = \begin{pmatrix} 2 & -1 \\ -\frac{3}{4} & \frac{1}{2} \end{pmatrix}.$$

Betrachten wir ein weiteres Beispiel für die Inversenberechnung mit Hilfe des GEA. Gegeben sei

$$\mathbf{A} = \begin{pmatrix} 1 & 0 & 0 & 0 & 0 \\ 1 & 1 & 0 & 0 & 0 \\ -1 & 0 & 1 & 0 & 0 \\ 0 & 0 & 0 & -2 & 0 \\ 0 & 3 & 0 & 0 & 1 \end{pmatrix},$$

wofür es gilt, eine Inverse $\mathbf{A}^{-1}$ zu bestimmen. Ausgangspunkt ist $[\mathbf{A}|\mathbf{I}]$.
GEA-Aktion: „Einsen schaffen".
Nach den Schritten

Zeile 2 − *Zeile* 1 und *Zeile* 3 + *Zeile* 1 und *Zeile* 5 − 3 · (*Zeile* 2)

erhalten wir die folgende Form:

$$\begin{pmatrix} 1 & 0 & 0 & 0 & 0 & | & 1 & 0 & 0 & 0 & 0 \\ 0 & 1 & 0 & 0 & 0 & | & -1 & 1 & 0 & 0 & 0 \\ 0 & 0 & 1 & 0 & 0 & | & 1 & 0 & 1 & 0 & 0 \\ 0 & 0 & 0 & -2 & 0 & | & 0 & 0 & 0 & 1 & 0 \\ 0 & 0 & 0 & 0 & 1 & | & 3 & -3 & 0 & 0 & 1 \end{pmatrix}.$$

Wir schaffen die Diagonale bestehend aus Einsen, indem wir jetzt noch *Zeile 4* mit $-0{,}5$ multiplizieren und erhalten so schließlich die gesuchte Inverse:

$$\mathbf{A}^{-1} = \begin{pmatrix} 1 & 0 & 0 & 0 & 0 \\ -1 & 1 & 0 & 0 & 0 \\ 1 & 0 & 1 & 0 & 0 \\ 0 & 0 & 0 & -\frac{1}{2} & 0 \\ 3 & -3 & 0 & 0 & 1 \end{pmatrix}.$$

6.2 Herleitung des OLS-Schätzers im Mehr-Exogenen-Fall

Nachdem wir den KQ-Schätzer im Fall mit einer exogenen Variable bereits formal aus der Minimierungsvorschrift für die quadrierten Residuen abgeleitet haben, wollen wir ihn nun für den allgemeineren Fall mit beliebig vielen erklärenden Variablen bestimmen. Jedes einzelne geschätzte Residuum ist dabei lediglich eine Zahl oder ein Skalar.

Mit ε wollen wir den $K \times 1$-Vektor bezeichnen, der die Abfolge aller einzelnen Residuen enthält. Es gelten die gleichen Annahmen wie im einfachen Regressionsmodell, zusätzlich muss $N > K$ (bzw. $T > K$ bei Zeitreihen) eingehalten werden, wobei K auch die Konstante beinhaltet.

Der Parametervektor des multiplen Regressionsmodells soll nun wieder die Summe der Residuenquadrate Q (da es sich um eine Summe handelt, handelt es sich somit auch um einen Skalar, das heißt eine einfache Zahl) minimieren, was am kompaktesten mit Hilfe der Matrixschreibweise dargestellt werden kann:

$$y = X\hat{\beta} + \hat{\varepsilon} \quad \text{bzw.} \quad \hat{\varepsilon} = y - X\hat{\beta}.$$

$$\min_{\hat{\beta}} Q(\hat{\beta}) = \hat{\varepsilon}'\hat{\varepsilon} = \left(y - X\hat{\beta}\right)' \left(y - X\hat{\beta}\right)$$
$$= y'y - \hat{\beta}'X'y - y'X\hat{\beta} + \hat{\beta}'X'X\hat{\beta}$$
$$= y'y - 2\hat{\beta}'X'y + \hat{\beta}'X'X\hat{\beta}.$$

Nach $\hat{\beta}$ differenziert erhalten wir folgende Bedingung erster Ordnung (FOC):

$$-2X'y + 2X'X\hat{\beta} = 0.$$

Wir lösen die FOC nach $\hat{\beta}$ auf und erhalten den KQ-Schätzer:

$$\hat{\beta} = (X'X)^{-1}X'y.$$

β_k ist die Veränderung von $E(y)$ infolge einer Erhöhung von x_k um eine Einheit, wobei alle anderen Variablen konstant gehalten werden (*ceteris paribus*):

$$\beta_k = \frac{\delta y}{\delta x_k}, \quad k = 2, \ldots, K.$$

6.2.1 Ein Zahlenbeispiel

Betrachten wir ein fiktives Zahlenbeispiel. Stellen wir uns dazu vor, wir untersuchten den Einfluss von Radarkontrollen und Ausgaben für Verkehrssicherheit auf die Anzahl von schweren Verkehrsunfällen in verschiedenen aufeinander folgenden Jahren ($t = 1, \ldots, T$). Wir definieren:

$y \equiv$ Anzahl schwerer Verkehrsunfälle (in 1000),
$x_1 \equiv$ Zahl durchgeführter Radarkontrollen (in 10.000),
$x_2 \equiv$ Ausgaben für Verkehrssicherheit (in Mio. Euro).

Nehmen wir zudem an, wir verfügten für sechs Jahre über die folgenden beobachteten Daten ($T = 6$):

Die für unser Modell benötigten Datenmatrix X und der Vektor y lauten dann:

$$\mathbf{X}_{T \times K} = \begin{pmatrix} 1 & 8 & 30 \\ 1 & 10 & 30 \\ 1 & 11 & 31 \\ 1 & 12 & 32 \\ 1 & 12 & 34 \\ 1 & 13 & 35 \end{pmatrix} \quad \text{und} \quad y_{T \times 1} = \begin{pmatrix} 18 \\ 17 \\ 16 \\ 16 \\ 15 \\ 14 \end{pmatrix}.$$

Die erste Spalte von X ist konstruiert für das Schätzen des Absolutglieds $\hat{\beta}_0$.
Sie enthält nur Einsen.
Das unterstellte Modell lautet in Matrixschreibweise $y = X\beta + \varepsilon$.
Wir verzichten im Folgenden auf die fett gedruckte Schreibweise. Das Modell kann nicht-vektoriell so geschrieben werden:

$$y_t = \beta_0 + \beta_1 x_{t1} + \beta_2 x_{t2} + \varepsilon_t.$$

Das Modell hat zwei erklärende Variablen, das heißt die Zahl der zu schätzenden Parameter ist $K = 3$, einschließlich der Konstanten. Die Zahl der Beobachtungen ist $T = 6$ ($T > K$ ist hier erfüllt). Die Dimension von X ist $(T \times K)$, y hat die Dimension $(T \times 1)$, ε ebenso $(T \times 1)$ und β ist ein Vektor der Dimension $(K \times 1)$.

Wir können nun aus den Beobachtungsmatrizen die beiden Matrizenprodukte $X'X$ und $X'y$ berechnen:

$$X'X_{T \times K} = \begin{pmatrix} 1 & 1 & 1 & 1 & 1 & 1 \\ 8 & 10 & 11 & 12 & 12 & 13 \\ 30 & 30 & 31 & 32 & 34 & 35 \end{pmatrix} \cdot \begin{pmatrix} 1 & 8 & 30 \\ 1 & 10 & 30 \\ 1 & 11 & 31 \\ 1 & 12 & 32 \\ 1 & 12 & 34 \\ 1 & 13 & 35 \end{pmatrix}$$

$$= \begin{pmatrix} 6 & 66 & 192 \\ 66 & 742 & 2128 \\ 192 & 2128 & 6166 \end{pmatrix};$$

$$X'y = \begin{pmatrix} 1 & 1 & 1 & 1 & 1 & 1 \\ 8 & 10 & 11 & 12 & 12 & 13 \\ 30 & 30 & 31 & 32 & 34 & 35 \end{pmatrix} \cdot \begin{pmatrix} 18 \\ 17 \\ 16 \\ 16 \\ 15 \\ 14 \end{pmatrix} = \begin{pmatrix} 96 \\ 1044 \\ 3058 \end{pmatrix}.$$

Das Invertieren von Matrizen mit höherer als 2 × 2-Dimension, wie in unserem Beispiel bei der Quadratmatrix X'X, ist relativ komplex und aufwendig zu berechnen, wird aber heute von jeder ökonometrischen Software übernommen. Für unser Beispiel greifen wir daher auf folgende zusätzliche Angabe zurück:

$$(X'X)^{-1} = \frac{1}{576} \cdot \begin{pmatrix} 46788 & 1620 & -2016 \\ 1620 & 132 & -96 \\ -2016 & -96 & 96 \end{pmatrix}.$$

Nun wollen wir die OLS-Regressionskoeffizienten zu diesem Beispiel berechnen und die geschätzte Regressionsgleichung aufstellen. Zudem interessieren wir uns auch für die sich aus der Schätzung ergebenden Werte der Endogenen und die Reihe der geschätzten Residuen (Abb. 6.1).

Die OLS-Koeffizienten lassen sich mit diesen Angaben einfach bestimmen:

$$\hat{\beta} = (X'X)^{-1}X'y = \frac{1}{576} \cdot \begin{pmatrix} 46788 & 1620 & -2016 \\ 1620 & 132 & -96 \\ -2016 & -96 & 96 \end{pmatrix} \cdot \begin{pmatrix} 96 \\ 1044 \\ 3058 \end{pmatrix}$$

$$= \frac{1}{576} \cdot \begin{pmatrix} 4491648 + 1691280 - 6164928 \\ 155520 + 137808 - 293568 \\ -193536 - 100224 + 293568 \end{pmatrix}$$

$$= \frac{1}{576} \cdot \begin{pmatrix} 18000 \\ -240 \\ -192 \end{pmatrix} = \begin{pmatrix} 31{,}25 \\ -0{,}417 \\ -0{,}33 \end{pmatrix} = \begin{pmatrix} \hat{\beta}_0 \\ \hat{\beta}_1 \\ \hat{\beta}_2 \end{pmatrix}.$$

6.2 Herleitung des OLS-Schätzers im Mehr-Exogenen-Fall

Model Summary

R	R Square	Adjusted R Square	Std. Error of the Estimate
.983[a]	.967	.944	.33

a. Predictors: (Constant), AUSGABEN, RADARK

ANOVA[b]

	Sum of Squares	df	Mean Square	F	Sig.
Regression	9.667	2	4.833	43.500	.006[a]
Residual	.333	3	.111		
Total	10.000	5			

a. Predictors: (Constant), AUSGABEN, RADARK
b. Dependent Variable: UNFAELLE

Coefficients[a]

	Unstandardized Coefficients		Standardized Coefficients		
	B	Std. Error	Beta	t	Sig.
(Constant)	31.250	3.004		10.402	.002
RADARK	-.417	.160	-.527	-2.611	.080
AUSGABEN	-.333	.136	-.494	-2.449	.092

a. Dependent Variable: UNFAELLE

Abb. 6.1 Output des Programms SPSS zu diesem Beispiel

Mit diesen Koeffizientenschätzungen lässt sich nun der geschätzte Zusammenhang angeben als

$$\hat{y}_t = 31{,}25 - 0{,}417 x_{t1} - 0{,}\bar{3} x_{t2}.$$

Der vorhergesagte Wert für die erste Beobachtung lautet

$$\hat{y}_1 = 31{,}25 - 0{,}417 \cdot 8 - 0{,}33 \cdot 30 = 31{,}25 - 3{,}33 - 10 = 17{,}92,$$

das Residuum für die erste Beobachtung

$$\hat{\varepsilon}_1 = 18 - 17{,}92 = 0{,}08.$$

Tab. 6.1 Fiktives Zahlenbeispiel: Radarkontrollen und Verkehrsunfälle

Jahr t	x_{1t}	x_{1t}	y_t
1	8	30	18
2	10	30	17
3	11	31	16
4	12	32	16
5	12	34	15
6	13	35	14

Abb. 6.1 zeigt den OLS-Regressionsoutput des Statistikprogramms SPSS zum fiktiven Beispiel des Zusammenhangs von Radarkontrollen und Verkehrsunfällen (Tab. 6.1). Wir ersehen daran, dass das Bestimmheitsmaß bei einem etwa 97-prozentigen Anteil der erklärten Varianz an der Gesamtvarianz der Beobachtungen liegt:

$$R^2 = \frac{9{,}667}{10} = 0{,}967.$$

6.2.2 Standardisierte Koeffizienten

Der standardisierte β-Koeffizient (β^*) passt den geschätzten Steigungsparameter gemäß des Verhältnisses der Standardabweichung einer unabhängigen Variable zur Standardabweichung der abhängigen Variable an. Ein standardisierter β-Koeffizient von 0,7 bedeutet, dass eine Veränderung in Höhe von 1 σ_x der unabhängigen Variable zu einer Veränderung der abhängigen Variable in Höhe von 0,7 σ_y führt. Es gilt:

$$\hat{\beta}^* = \hat{\beta}\frac{\sigma_x}{\sigma_y},$$

wobei $\hat{\beta}$ der geschätzte OLS-Koeffizient ist, denn es gilt:

$$y = \alpha + \beta x + \varepsilon \quad \text{mit} \quad \bar{y} = \alpha + \beta\bar{x}.$$

Daraus folgt:

$$y - \bar{y} = \beta(x - \bar{x}) + \varepsilon \Rightarrow y - \bar{y} = \beta^*\frac{\sigma_y}{\sigma_x}(x - \bar{x}) + \varepsilon,$$

was uns den Zusammenhang von OLS und standardisierten Koeffizienten aufzeigt, denn nach Normalisierung, das heißt durch Ausdrücken des Zusammenhangs in Standardabweichungseinheiten, erhält man

$$\frac{y-\bar{y}}{\sigma_y} = \beta^* \frac{x-\bar{x}}{\sigma_x} + \xi \quad \text{mit} \quad \beta^* = \beta \frac{\sigma_x}{\sigma_y} \quad \text{und} \quad \xi = \frac{\varepsilon}{\sigma_y}.$$

Dies bezeichnen wir als durch die standardisierten Koeffizienten ausgedrückte oder normalisierte Regressionsgleichung.

Softwarepakete wie SPSS geben β^* bei einer Regression automatisch mit an. Der Vorteil derartiger Koeffizienten liegt darin, dass sie dimensionslos sind. Das bedeutet, egal ob die Variable x_2 in Euro, US $ oder Rubel gemessen wurde, der standardisierte Beta-Koeffizient ist immer dimensionsgleich und somit vergleich- und interpretierbar.

6.3 F-Test

6.3.1 Definition der F-Verteilung

Eine F-verteilte Zufallsvariable entsteht aus dem Quotienten zweier unabhängiger χ^2-Zufallsvariablen, die jeweils durch die Zahl ihrer Freiheitsgrade geteilt worden sind. Wenn

$$A_1 \sim \chi^2_{\nu_1}; \quad A_2 \sim \chi^2_{\nu_2}$$

und A_1 und A_2 unabhängig sind, dann gilt

$$F = \frac{\frac{A_1}{\nu_1}}{\frac{A_2}{\nu_2}} \sim F(\nu_1, \nu_2).$$

Eine Tabelle der kritischen Werte der F-Verteilung (Abb. 6.2) findet sich im Anhang in Tab. A.4.

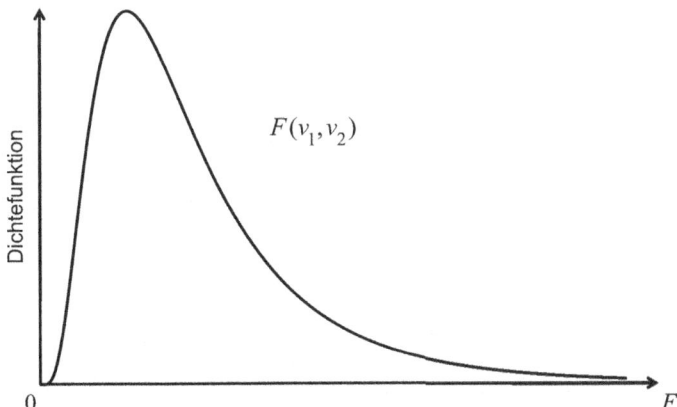

Abb. 6.2 Dichtefunktion einer F-verteilten Zufallsvariable.

6.3.2 F-Test im Rahmen des multiplen OLS-Modells

Die F-Statistik testet im Rahmen des OLS-Modells die Signifikanz der R^2-Statistik mit $K - 1$ und $N - K$ Freiheitsgraden. Getestet wird ein Set von Restriktionen – man spricht auch von einer Gemeinschaftshypothese *(joint hypothesis)* H_0, der gemäß $H_0 : \beta_1 = \beta_2 = \ldots = \beta_k = 0$. Dabei ist nur die Konstante β_0 nicht Teil des Tests, das heißt nicht auf 0 restringiert. Wir untersuchen im Rahmen des F-Tests, ob $E(y)$ mit den erklärenden Variablen variiert oder nicht. Die Teststatistik ist:

$$F_{K-1, N-K} = \frac{R^2}{1 - R^2} \frac{N - K}{K - 1} = \frac{RSS}{ESS} \frac{N - K}{K - 1}.$$

Hierbei ist N die Zahl der Beobachtungen, K die Zahl der Koeffizienten, inklusive Konstante. Da wir nicht die Signifikanz der Konstante testen, steht im Nenner $K - 1$.

Um F in Bezug zu R^2 zu setzen und entsprechend auszudrücken, erinnern wir uns, dass RSS/ESS auch geschrieben werden kann als RSS/(TSS − RSS), wobei RSS ≡ erklärte Variation, ESS ≡ unerklärte Variation. Damit ergibt sich:

$$\frac{\frac{RSS}{TSS}}{\frac{TSS}{TSS} - \frac{RSS}{TSS}} = \frac{R^2}{1 - R^2},$$

wobei R^2 = RSS/TSS; TSS = RSS + ESS. Die Nullhypothese lautet „keine der herangezogenen erklärenden Variablen hat einen Einfluss auf die Abhängige y". Wäre H_0 wahr, würde gelten RSS = 0, das heißt die Regression würde keine Variation in y erklären: TSS = RSS + ESS = ESS. Falls F statistische Signifikanz gewährleistet, kann H_0 verworfen werden, womit implizit akzeptiert wird, dass die exogenen Variablen – zusammen genommen – einen Effekt auf y ausüben. Man beachte, dass in der Notation des F-Tests die Anzahl der Koeffizienten das Absolutglied mit einbezieht (die Anzahl der erklärenden Variablen exklusive der Konstanten ist $K - 1$). Der F-Test kann auch dann signifkant ausfallen, wenn keiner der Koeffizienten der erklärenden Variablen – einzeln für sich genommen – signifikant geschätzt wird. Dies tritt insbesondere dann auf, wenn die exogenen X miteinander hoch korreliert sind. Dies verletzt die OLS-Annahmen und stellt ein weiteres zentrales Problem – neben Autokorrelation und Heteroskedastie dar – das als Multikollinearität bezeichnet wird. Abgesehen davon gilt – vereinfacht gesprochen – je größer der F-Testwert, desto besser das Regressionsmodell.

Während beim einfachen Regressionsmodell der individuelle Signifikanztest für den Steigungsparameter genügte und ein insignifikantes $\hat{\beta}$ dort bedeutete, dass das Ein-Exogenen-Regressionsmodell die Daten nicht gut beschreibt, können für die multiple Regression einige der Steigungsparameter durchaus insignifikant sein. Das Modell ist dann aber nicht geeignet zur Erklärung der empirischen Beobachtungen, wenn der F-Test (aller Steigungsparameter) insignifikant ausfällt.

6.3 F-Test

Angenommen, wir schätzten ein Modell mit $N = 20$ Beobachtungen und der Form:

$$y = \beta_0 + \beta_1 X_{1i} + \beta_2 X_{2i} + \varepsilon_i,$$

mit zugehöriger F-Test-Nullhypothese $H_0 : \beta_1 = \beta_2 = 0$.

Dann gilt $K = 3$, $F_{K-1, N-K} = F_{2,17}$ und $N - K = 20 - 3 = 17$.
Zu einem Signifikanzniveau von 5 % liegt der kritische Wert der F-Verteilung bei $F_c = F_{2,17}(0{,}05) = 3{,}59$. Grundsätzlich gilt darüber hinaus, dass wenn $F \leq F_c$, dann ist dieses Regressionsmodell nicht geeignet zur Erklärung der Daten, weil H_0 nicht verworfen werden kann. Nehmen wir nun zunächst an, das R^2 betrage 0,6, dann wäre

$$F = \frac{0{,}6}{0{,}4} \cdot \frac{17}{2} = 1{,}5 \cdot 8{,}5 = 12{,}75.$$

Da 12,75 > 3,59, lehnen wir in diesem Fall H_0 ab.
Nehmen wir nun an, das R^2 betrage 0,2, dann wäre

$$F = \frac{0{,}2}{0{,}8} \cdot \frac{17}{2} = 0{,}25 \cdot 8{,}5 = 2{,}125.$$

Da $2{,}125 \leq 3{,}59$, würde H_0 nun nicht abgelehnt werden.

Dies zeigt, dass es naheliegend ist, sich die Frage zu stellen, welchen Wert das Bestimmtheitsmaß mindestens annehmen muss, damit die Regression signifikant ist? Die Antwort ist:

$$\frac{R^2}{1-R^2} \cdot \frac{17}{2} > 3{,}59 \Leftrightarrow R^2 > 3{,}59 \cdot \frac{2}{17} \cdot (1 - R^2) \Leftrightarrow \frac{17 + 7{,}18}{17} R^2 > \frac{7{,}18}{17}$$

$$\Leftrightarrow R^2 > 0{,}297.$$

6.3.3 Testen auf Strukturbruch: Der Chow-Test

Mit dem Chow-Test lässt sich untersuchen, ob die Koeffizienten eines OLS-Modells in zwei Teilstichproben gleich sind – oder aber, ob ein „Strukturbruch" vorliegt. Man geht dabei von folgender Regressionsgleichung aus:

$$y = \alpha + \beta x_1 + \delta x_2 + \varepsilon. \tag{6.1}$$

Wenn wir den Datensatz in zwei Teilstichproben unterteilen, schätzen wir:

$$y = \alpha_1 + \beta_1 x_1 + \delta_1 x_2 + \varepsilon. \tag{6.2}$$

$$y = \alpha_2 + \beta_2 x_1 + \delta_2 x_2 + \varepsilon. \tag{6.3}$$

Unter der Nullhypothese des Chow-Tests sind die entsprechenden Koeffizienten jeweils identisch ($\alpha_1 = \alpha_2$, $\beta_1 = \beta_2$, $\delta_1 = \delta_2$), das heißt das so genannte „restringierte" Modell (6.1) wäre bereits korrekt spezifiziert gewesen und es hätte keiner Unterteilung in zwei getrennte Stichproben bedurft.

Die Teststatistik errechnet sich über die Residuenquadratsummen der gepoolten ersten Schätzung (S_C) sowie der separaten Schätzungen für die Teilstichproben (S_1 bzw. S_2):

$$\tau = \frac{(S_C - (S_1 + S_2))/K}{(S_1 + S_2)/(n_1 + n_2 - 2K)} \sim F_{K, n_1 + n_2 - 2K}.$$

Dabei ist K die Zahl der Koeffizienten (hier: 3) in einem der Modelle und n_1 bzw. n_2 stellen die Zahl der Beobachtungen in den Teilstichproben dar.

Ist die Teststatistik τ größer als der kritische F-Wert mit K Freiheitsgraden im Zähler und $n_1 + n_2 - 2K$ Freiheitsgraden im Nenner (bei gegebenem Signifikanzniveau), so wird die Nullhypothese verworfen, das heißt es wird ein Strukturbruch festgestellt.

6.4 Multikollinearität

6.4.1 Problem und Auswirkungen von Multikollinearität

Bei Multikollinearität handelt es sich um das Phänomen, das auftritt, wenn die erklärenden Variablen eines multiplen Regressionsmodells untereinander stark korreliert sind.

Man kann dazu zunächst als „gute Nachricht" festhalten, dass im Fall von Multikollinearität der OLS-Schätzer unverzerrt bleibt. Allerdings gibt es auch eine Kehrseite oder „schlechte Nachricht": Multikollinearität sorgt für nach oben hin verzerrte Standardfehler und damit tendenziell für statistisch „insignifikante" Koeffizienten. Im Falle perfekter Multikollinearität, das heißt in einer Situation, in der eine exogene Variable sich vollständig durch eine Linearkombination der übrigen exogenen Variablen erklären lässt, hat die X'X-Matrix keinen vollen Spaltenrang und kann nicht invertiert werden. Mit dem Rechner – wie auch per nicht-computergestützter Berechnung – können die Koeffizienten nicht nach dem oben dargestellten oder einem anderen Verfahren ermittelt werden.

Gehen wir zur Veranschaulichung der Problematik von folgendem Modell mit drei erklärenden Variablen aus:

$$Y = \beta_1 + \beta_2 X_2 + \beta_3 X_3 + \varepsilon.$$

In diesem Modell misst β_2 die Veränderung in Y bedingt durch eine Veränderung um eine Einheit in X_2, gegeben X_3 wird konstant gehalten („ceteris paribus"):

$$\left.\frac{dY}{dX_2}\right|_{X_3} = \frac{\delta Y}{\delta X_2}.$$

6.4 Multikollinearität

Etwas allgemeiner können wir das schreiben als

$$\beta_k = \frac{\delta y}{\delta x_k}.$$

Im Falle von Multikollinearität ist es nun nicht möglich, X_3 konstant zu halten, da X_2 und X_3 miteinander (hoch) korreliert sind. Würde man X_2 auf X_3 regressieren oder umgekehrt, so ergäbe sich für diese Regression ein hohes R^2. Grundsätzlich führt Multikollinearität zu einer Erhöhung der ermittelten Standardfehler geschätzter β-Koeffizienten.

Wir erinnern uns, dass im Falle einer einfachen Regression mit einer Konstanten und einer erklärenden Variablen die Varianz des geschätzten Koeffizienten gegeben war durch (zur Vereinfachung wird auf die Indizes der Summationszeichen verzichtet):

$$\hat{\sigma}_{\hat{\beta}}^2 = \frac{\hat{\sigma}^2}{\sum(x_i - \bar{x})^2} \quad \text{mit} \quad \hat{\sigma}^2 = \frac{\sum \hat{\varepsilon}_i^2}{N - 2}.$$

Im Falle von drei Variablen (Konstante plus zwei erklärende Variablen) lautet die Varianzformel für den Koeffizienten der X_2-Variablen:

$$\hat{\sigma}_{\hat{\beta}}^2 = \frac{\hat{\sigma}^2}{\sum(x_{2i} - \bar{x}_2)^2 \cdot (1 - r_{2,3}^2)},$$

wobei $r_{2,3}^2$ den Korrelationskoeffizienten zwischen X_2 und X_3 darstellt.

Offensichtlich gilt: Je größer dieser Korrelationskoeffizient ausfällt, desto größer fällt auch die Varianz für den Schätzwert von β_2 aus, das heißt der Standardfehler fällt höher aus. Ein höherer Standardfehler führt zu einem betragsmäßig niedrigeren t-Wert, da

$$t = \frac{\hat{\beta}}{\hat{\sigma}_{\hat{\beta}}}.$$

Da der Zähler dieses Ausdrucks unverzerrt bleibt, der Nenner aber zunimmt, steigt die Wahrscheinlichkeit, einen – nach dem Student-t-Test – insignifikanten Koeffizienten zu erhalten. Man ist demnach nun geneigter, die Nullhypothese $H_0 : \beta_2 = 0$ zu akzeptieren. Auf die gleiche Art und Weise kann es dazu kommen, dass man β_3 auch für statistisch insignifikant hält, obwohl X_2 und X_3 zusammen sehr wohl einen Einfluss auf Y haben können. In solch einem Fall würde zumindest ein entsprechender F-Test signifikant ausfallen.

Ein potentieller Ausweg bei Vorliegen eines Multikollinearitätsproblems ist es, auf eine der erklärenden Variablen, etwa X_3, zu verzichten. Die Varianz für den Koeffizienten der X_2-Variable sollte dadurch abnehmen.

Dies zeigt, dass man im Rahmen der multiplen Regressionsanalyse immer auch ein Auge auf die Korrelation der exogenen Variablen untereinander richten sollte. Ist einer

Tab. 6.2 Schätzoutput einer multiplen Regression bei Vorliegen von (Multi-)Kollinearität

	Quadratsumme	d. f.		
RSS	5996	4		
ESS	8699	95		
TSS	14695	99		
	Koeffizient	Standardfehler	t-Wert	p-Wert
X1	1,118	1,024	1,092	0,278
X2	1,287	1,042	1,234	0,220
X3	1,192	1,052	1,133	0,206
X4	−0,837	1,039	−0,806	0,422
Konstante	31,619	0,971	32,566	0,000

Tab. 6.3 Korrelationskoeffizientenmatrix von Exogenen (Beispiel)

	X1	X2	X3	X4
X1	1			
X2	0,36	1		
X3	0,31	0,2	1	
X4	0,73	0,65	0,78	1

der paarweisen Korrelationskoeffizienten größer als 0,7, kann dies als Hinweis für ein mögliches Multikollinearitätsproblem verstanden werden.

Betrachten wir das folgende Beispiel einer multiplen Regression mit vier erklärenden Variablen, für die (für sich genommen) keiner der Steigungsparameter signifikant geschätzt ist (Tab. 6.2).

Wie wir an der angegebenen F-Test-Statistik ablesen können, wird das Modell in seiner Gesamtheit jedoch statistisch signifikant geschätzt. Der Anteil der erklärten Varianz an der Gesamtvarianz der Daten liegt bei 40 %:

$$F = 16,4 \text{ und } R^2 = \frac{5966}{14695} = 0,4.$$

Wie kommt es zu dieser Diskrepanz? Hier besteht eine hohe Korrelation zwischen $X4$ und den übrigen erklärenden Variablen, wie die in Tab. 6.3 ausgewiesenen Korrelationskoeffizienten zeigen.

Wenn man $X4$ nicht in das multiple OLS-Modell einbezieht und eine erneute Schätzung durchführt, stellen sich die anderen Koeffizienten als statistisch signifikant heraus, wie man an Tab. 6.4 sieht.

6.4.2 Varianzinflationsfaktoren

Ein formales Kriterium zum Aufspüren von Multikollinearität stellen Varianzinflationsfaktoren (*VIF*) dar, die für jede erklärende Variable x_j eines multiplen OLS-Modells

Tab. 6.4 Schätzoutput einer multiplen Regression ohne stark kollinearen Regressor

	Quadratsumme	d. f.		
RSS	5936	3		
ESS	8759	96		
TSS	14695	99		
	Koeffizient	Standardfehler	t-Wert	p-Wert
X1	0,298	0,119	2,513	0,014
X2	0,453	0,123	3,679	0,000
X3	0,347	0,084	4,134	0,000
Konstante	31,505	0,959	32,859	0,000

berechnet werden können gemäß:

$$\text{VIF}_j = \frac{1}{1 - R_j^2}.$$

Dabei stammt das Bestimmtheitsmaß R_j^2 aus einer OLS-Hilfsregression, in der x_j als abhängige Variable definiert wird und alle übrigen x-Variablen als erklärende Variablen herangezogen werden. Besteht keinerlei linearer Zusammenhang zwischen x_j und den restlichen erklärenden Variablen, dann ist $\text{VIF}_j = 1$. Je stärker der kollineare Zusammenhang ausgeprägt ist, desto höher fällt der VIF-Wert aus. Als Daumenregel wird üblicherweise ein VIF-Wert von größer 4 als ein Hinweis auf Multikollinearität angesehen.

6.5 Weitere Besonderheiten des multiplen Regressionsmodells

6.5.1 Veränderung der Maßeinheit der Variablen

Im Rahmen multipler Regressionsmodelle stellt sich gelegentlich die Frage, welchen Effekt eine Veränderung der Maßeinheit von Variablen – etwa von Zentimeter in Meter – nach sich zieht.

Betrachten wir dazu zunächst eine einfache lineare Transformation der exogenen Variablen x. Soll beispielsweise an Stelle von x der Regressor $x^+ = ax$ herangezogen werden, so ergibt sich ein neuer geschätzter Steigungskoeffizient der Art:

$$\hat{\beta}^+ = \frac{1}{a}\hat{\beta}, \text{ weil } \hat{\beta}^+ x^+ = \left(\frac{1}{a}\hat{\beta}\right) ax = \hat{\beta}x.$$

Zum Beispiel mag x in Metern ausgedrückt und x^+ in cm gemessen sein. Dann ist offensichtlich

$$a = 100, \quad x^+ = 100x, \quad \hat{\beta}^+ = \frac{1}{100}\hat{\beta}$$

$$\Rightarrow \hat{\beta}^+ x^+ = \left(\frac{1}{100}\hat{\beta}\right) 100x = \hat{\beta}x.$$

Sollte sich die Maßeinheit der endogenen Variablen y ebenso geändert haben, müssen wir

$$y^+ = a_y y \quad \text{und} \quad x_K^+ = a_K x_K$$

berücksichtigen, womit dann gilt:

$$\hat{\beta}_K^+ = \frac{a_y}{a_K}\hat{\beta}_K \quad \text{und} \quad \hat{\sigma}_{\hat{\beta}_K}^+ = \frac{a_y}{a_K}\hat{\sigma}_{\hat{\beta}_K},$$

sodass die t-Statistik ebenso wie das Bestimmtheitsmaß R^2 unverändert bleiben. Es ist:

$$t_{neu} = \frac{\hat{\beta}_K^+}{\hat{\sigma}_{\hat{\beta}_K}^+} = \frac{\frac{a_y}{a_K}\hat{\beta}_K}{\frac{a_y}{a_K}\hat{\sigma}_{\hat{\beta}_K}} = \frac{\hat{\beta}_K}{\hat{\sigma}_{\hat{\beta}_K}} = t_{alt}.$$

In logarithmischer Spezifikationsform ist die Veränderung der Maßeinheit additiv, nicht multiplikativ. Es ist:

$$y = \beta_1 x_2^{\beta_2} x_3^{\beta_3} \varepsilon \Leftrightarrow \ln\beta_1 + \underbrace{\beta_2 \ln x_2}_{\Omega} + \beta_3 \ln x_3 + \ln\varepsilon.$$

Unterstellt man $x_2^+ = a_2 x_2$ und setzt dies in obigen Ausdruck ein, gibt dies

$$\ln y = \ln\beta_1^+ + \beta_2^+ \ln(a_2 x_2) + \ldots = \ln\beta_1^+ + \beta_2^+ \ln a_2 + \underbrace{\beta_2^+ \ln x_2}_{\Omega} + \ldots$$

Offensichtlich besteht Gleichheit der Steigungsparameter von $\ln x_2$ mit

$$\beta_2 = \beta_2^+,$$

das heißt die Koeffizientenschätzungen bleiben von der Transformation der Maßeinheit untangiert – die Terme Ω sind identisch. Allerdings hat sich die Konstante (das Absolutglied) verändert:

$$\ln\beta_1 = \ln\beta_1^+ + \beta_2^+ \ln a_2 \Rightarrow \ln\beta_1^+ = \ln\beta_1 - \beta_2^+ \ln a_2.$$

Es bleiben $\hat{\sigma}_{\hat{\beta}_K}^+$ ebenso wie t- und F-Werte sowie das R^2 unverändert.

6.6 Auxiliäre Regressionen

Tab. 6.5 Übersicht über den Omitted Variable Bias im Modell $Y = \beta_1 + \beta_2 X_2 + \beta_3 X_3 + \varepsilon$

Effekt des Ausschlusses von X_3 aus der Regression auf die Schätzung des Einflusses von X_2	
X_3 korreliert mit X_2	X_3 nicht korreliert mit X_2
Schätzung für β_2 ist verzerrt	Schätzung für β_2 ist nicht verzerrt, aber der zugehörige Standardfehler ist größer bzw. der t-Wert fällt dem Betrage nach kleiner aus

6.5.2 Spezifikationsfehler – falsche funktionale Form

Man unterstelle, der wahre Zusammenhang sei

$$Y = \beta_1 + \beta_2 X_2 + \beta_3 X_3 + \varepsilon,$$

während der folgende Zusammenhang geschätzt wurde:

$$Y = \beta_1 + \beta_2 X_2 + \xi.$$

Bei X_3 handelt es sich um die so genannte *omitted variable*. Sofern X_2 und X_3 völlig unkorreliert sind (Korrelationskoeffizient von Null), wird β_2 unverzerrt geschätzt, Var(β_2) und ihre Quadratwurzel, der Standardfehler, überschätzt. Der Betrag des zugehörigen t-Werts sinkt. Wenn X_2 und X_3 korreliert sind, wird β_2 verzerrt geschätzt. Daher können wir keine korrekten Aussagen bezüglich der Signifikanz der Schätzung machen: Man wird geneigter sein, $H_0 : \beta_2 = 0$ zu akzeptieren. Letzteres ist auch der Fall, wenn X_2 und X_3 unkorreliert sind. Verzerrungen aufgrund dieser Art von Spezifikationsfehler werden als *omitted variable bias* bezeichnet (Tab. 6.5).

6.6 Auxiliäre Regressionen

Stellen wir uns vor, wir verfügten über Daten zu den folgenden Größen:

M	– Nachfrage nach industriell hergestellten Produkten,
P_M	– Preis der industriell hergestellten Produkte,
P_F	– Preis für Lebensmittel,
Y	– Einkommen.

Auf dieser Datengrundlage sei die folgende Modellschätzung resultierend:

$$\ln M = \underset{(0,11)}{2{,}89} + \underset{(0,06)}{0{,}95} \cdot \ln\left(\frac{Y}{P_M}\right) - \underset{(0,06)}{0{,}38} \cdot \left(\frac{P_F}{P_M}\right), \tag{6.4}$$

wobei TSS = 0,416. RSS = 0,387. ESS = 0,029.

$$\Rightarrow R^2 = \frac{RSS}{TSS} = \frac{0{,}387}{0{,}416} = 0{,}93.$$

Nun sei unterstellt, es würde eine einfache Regression (mit nur einer unabhängigen Variable) durchgeführt mit dem folgenden Ergebnis:

$$\ln M = 3{,}3 + 0{,}74 \cdot \ln\left(\frac{Y}{P_M}\right) + e_{12}, \tag{6.5}$$

wobei TSS = 0,416 und damit genauso hoch ausfällt wie in (6.4). RSS = 0,341 und fällt damit niedriger aus als in (6.4), ESS = 0,075 und fällt somit höher aus als in (6.4). Damit ergibt sich ein niedrigeres Bestimmtheitsmaß der folgenden Größenordnung:

$$R^2 = \frac{RSS}{TSS} = \frac{0{,}341}{0{,}416} = 0{,}82.$$

Im Rahmen einer auxiliären Regression, bei der die eine erklärende Variable – der in (6.5) ausgelassene Regressor – auf die andere regressiert wird, erhält man

$$\ln\left(\frac{P_F}{P_M}\right) = -1{,}06 + 0{,}57 \cdot \ln\left(\frac{Y}{P_M}\right) + e_{32}, \tag{6.6}$$

wobei TSS = 0,523; RSS = 0,323; ESS = 0,200 $\Rightarrow R^2 = 0{,}38$.

Mit den Schätzungen (6.5) und (6.6) wird der lineare Einfluss von Y/P_M auf die beiden Variablen M und P_Y/P_M gewissermaßen herausgefiltert. Als Ergebnis dieser Filterung verbleiben die beiden Residuenreihen e_{12} und e_{32}. Es stellt sich die Frage, was resultiert, wenn e_{12} auf e_{32} regressiert wird.

Eine partielle Regression von e_{12} aus (6.5) auf e_{32} aus (6.6) liefert folgendes Resultat:

$$e_{12} = -0{,}38 \cdot e_{32}. \tag{6.7}$$

Dies ist gleichbedeutend mit dem direkten Effekt von P_F/P_M auf $\ln M$ in (6.4). Die Maße der Anpassungsgüte nehmen die folgenden Werte an: TSS = 0,075; RSS = 0,0462; ESS = 0,0288 $\Rightarrow R^2 = 0{,}61$.

Es gilt anzumerken, dass in Gl. (6.7) keine Konstante vorkommt, da unterstellt wird, dass e_{12} und e_{32} – im Einklang mit den OLS-Annahmen – einen Mittelwert von Null aufweisen.

6.7 Tests auf Heteroskedastie

Abb. 6.3 Zusammenhang von multipler, einfacher, auxiliärer und partieller Regression

Multiples Modell: $\quad Y = b_1 + b_2 X_2 + b_3 X_3 + \varepsilon_m \quad (1)$

Einfache Regression: $\quad Y = b_{11} + b_{22} X_{22} + \varepsilon_{12} \quad (2)$

Auxiliäre Regression: $\quad X_3 = b_{12} + b_{23} X_2 + \varepsilon_{32} \quad (3)$

Partielle Regression: $\quad \varepsilon_{12} = b_3 \varepsilon_{32} + \varepsilon_p \quad (4)$

Zusammenfassend halten wir zwei wichtige Erkenntnisse fest: Zum einen ist der Koeffizient von e_{32} in (6.7) mit einem Wert von $-0{,}38$ exakt der gleiche wie derjenige von P_Y/P_M in Modell (6.4). Zum anderen ist RSS (6.4) = RSS (6.5) + RSS (6.7) = 0,387 = 0,341 + 0,046.

Damit können wir darüber hinaus auch sagen, dass der größte Teil der Variation von M hier durch Y/P_M und nur ein kleiner Teil durch P_Y/P_M erklärt werden kann.

In Abb. 6.3 quantifiziert Gleichung (4) die Beziehung zwischen Y und X_3, nachdem bereits für den linearen Einfluss von X_2 auf Y und X_3 „kontrolliert" (korrigiert) wurde. In Gleichung (4) der Übersicht aus Abb. 6.3 wird also nur die Variation in X_3 und Y untersucht, die nach der Elimination des Einflusses von X_2 auf diese beiden Variablen verbleibt.

6.7 Tests auf Heteroskedastie

Ein gebräuchlicher Test auf Heteroskedastie ist der Goldfeld-Quandt- (GQ-Test). Das Prinzip des GQ-Tests kann man folgendermaßen skizzieren: Man geht davon aus, dass unter der Homoskedastie-Annahme der Störterm eines Regressionsmodells in verschiedenen Wertebereichen von x die gleiche Varianz aufweist. Ein monotoner Zusammenhang zwischen x und der Störtermvarianz würde die Homoskedastie-Annahme verletzen. Beim GQ-Test prüft man einen solchen Zusammenhang anhand der Residuen.

Die Durchführung des GQ-Tests erfolgt in mehreren Schritten. Zunächst sortiert man den Datensatz nach den Werten der x-Variable. Anschließend werden d Beobachtungen in der Mitte des sortierten Datensatzes so ausgeschlossen, dass zwei Teilstichproben vom Umfang n_1 und n_2 mit verschiedenen Wertebereichen von x übrig bleiben. Üblicherweise wird $d \approx n/3$ gewählt. Die Nullhypothese („homoskedastische Störterm-Varianz") des GQ-Tests lautet dann:

$$H_0 : \sigma_1^2 = \sigma_2^2.$$

Die Gegenhypothese ist („heteroskedastische Störterm-Varianz") entsprechend:

$$H_1 : \sigma_1^2 \neq \sigma_2^2.$$

Im Anschluss wird das Modell separat für beide Teilstichproben geschätzt und die jeweilige Varianz der Residuen ermittelt. Die Teilstichproben werden dabei so festgelegt, dass

$$\sum \hat{\varepsilon}_1^2/(n_1 - K) \geq \sum \hat{\varepsilon}_2^2/(n_2 - K),$$

wobei K die Zahl der Koeffizienten einschließlich der Konstante ausdrückt. Unter H_0 gilt dann:

$$\frac{\sum \hat{\varepsilon}_1^2/(n_1 - K)}{\sum \hat{\varepsilon}_2^2/(n_2 - K)} \sim F(n_1 - K, n_2 - K).$$

Insbesondere dann, wenn das Regressionsmodell mehrere erklärende Variablen hat und unbekannt ist, welche Variable(n) möglicherweise Heteroskedastizität verursacht (verursachen), bieten sich parametrische Testverfahren an. Sie erfordern in der Regel eine Hilfs- oder auxiliäre Regression auf Basis der geschätzten Residuen. Für diese Verfahren ist das Ausgangsregressionsmodell ein Mehrexogenen- oder multiples OLS-Modell:

$$y = \beta_0 + \beta_1 x_1 + \beta_2 x_2 + \beta_3 x_3 + \varepsilon.$$

Unter der Annahme von Homoskedastie in der Nullhypothese ist

$$H_0 : \text{Var}(\varepsilon | x_1, x_2, x_3) = \text{E}(\varepsilon^2) = \sigma^2.$$

Die zugehörigen Hilfsregressionen zu drei verschiedenen, häufig eingesetzten Testverfahren lauten:

a) für den Breusch-Pagan-Test:

$$\hat{\varepsilon}^2 = \delta_0 + \delta_1 x_1 + \delta_2 x_2 + \delta_3 x_3 + u;$$

b) für den Harvey-Godfrey-Test:

$$\ln(\hat{\varepsilon}^2) = \delta_0 + \delta_1 x_1 + \delta_2 x_2 + \delta_3 x_3 + u;$$

c) für den White-Test (Quadrate und Kreuzprodukte berücksichtigend):

$$\hat{\varepsilon}^2 = \delta_0 + \delta_1 x_1 + \delta_2 x_2 + \delta_3 x_3 + \delta_4 x_1^2 + \delta_5 x_2^2 + \delta_6 x_3^2 + \delta_7 x_1 x_2$$
$$+ \delta_8 x_1 x_3 + \delta_9 x_2 x_3 + u.$$

Unter der Nullhypothese (Homoskedastie) darf jeweils nur der Koeffizient δ_0 statistisch signifikant von 0 abweichen, das heißt die Hilfsregression insgesamt darf statistisch nicht signifikant sein, damit H_0 nicht abgelehnt werden kann. Asymptotisch folgt die entsprechende Teststatistik unter der Nullhypothese einer Chi-Quadrat-Verteilung mit J Freiheitsgraden, wobei $J \equiv$ Anzahl der geschätzten Steigungskoeffizienten der Hilfsregression:

$$n \cdot R^2_{\text{Hilfsreg.}} \sim \chi^2_J.$$

Die Tabelle der kritischen Werte der Chi-Quadrat-Verteilung für Freiheitsgrade von 1 bis 100 findet sich im Anhang in Tab. A.5.

Mögliche Auswege bei Heteroskedastie Grundsätzlich gilt nach Feststellen von Heteroskedastizität in der Praxis, dass in vielen Fällen das Problem bereits durch Logarithmierung der abhängigen Variable y beseitigt werden kann. Dies setzt allerdings voraus, dass y nur strikt positive Werte annimmt. Häufig lassen sich auch „Größeneffekte" eliminieren, indem man die für die Regression vorgesehenen Variablen als Anteile definiert.

Natürlich liegt es auch nahe, dann Weighted-Least-Squares (WLS-) Schätzungen durchzuführen. Dies erfordert allerdings, eine Gewichtungsvariable, die sich beispielsweise auch auf Grundlage der vorhergesagten Werte aus der Hilfsregression des Harvey-Godfrey-Tests konstruieren lässt.

Eine in der Praxis auch häufig anzutreffende Alternative besteht in OLS-Schätzungen, für die Heteroskedastie-konsistente (oder kurz „robuste") Standardfehler errechnet werden. Populär ist etwa der Huber-White-Standardfehler, der sich für das einfache OLS-Modell gemäß

$$\hat{\sigma}^{HW}_{\hat{\beta}_1} = \sqrt{\frac{1}{n} \cdot \frac{\frac{1}{n-2} \sum_i (x_i - \bar{x})^2 \hat{\varepsilon}_i^2}{\left[\frac{1}{n} \sum_i (x_i - \bar{x})^2\right]^2}}$$

berechnet.

6.8 Zweistufige Schätzung und Instrumentenvariablen

Wenn erklärende Variablen mit dem Störterm korreliert sind, liefert OLS verzerrte und inkonsistente Schätzungen. Man spricht in diesem Zusammenhang auch von stochastischen Regressoren. Dieses Problem kann durch endogene erklärende Variablen, ausgelassene erklärende Variablen oder Messfehler in den erklärenden Variablen verursacht worden sein. Mit geeigneten so genannten „Instrumenten" lassen sich allerdings in der Regel dennoch konsistente Schätzungen durchführen. Ein geeignetes Instrument ist eine Variable, die an sich nicht in die Regressionsgleichung gehört, die aber mit dem suspekten Regressor korreliert und zeitgleich mit dem Störterm unkorreliert ist. Wir können drei elementare Voraussetzungen für eine Instrumentenvariable (IV) zusammenfassen:

(i) Die IV muss mit der erklärenden Variable (dem stochastischen Regressor) korreliert sein.
(ii) Die IV darf nicht mit dem Fehlerterm korreliert sein, also nicht den gleichen Defekt wie der Regressor haben, das heißt sie darf kein so genannter stochastischer Regressor sein.
(iii) Die IV darf auf die abhängige Variable des Modells nur über den Regressor wirken, nicht direkt.

Im Folgenden wollen wir das Grundprinzip der IV-Schätzer an einem einfachen Fall illustrieren.

Im Modell $y = \beta x + \varepsilon$ ist der OLS-Schätzer gegeben durch:

$$\hat{\beta}_{OLS} = \frac{\sum_i x_i y_i}{\sum_i x_i^2} = \frac{\sum_i x_i (\beta x_i + \varepsilon_i)}{\sum_i x_i^2} = \beta + \frac{\sum_i x_i \varepsilon_i}{\sum_i x_i^2}.$$

Sind x und ε unkorreliert, dann tendiert bei großem Stichprobenumfang n der zweite Term gegen Null; der Schätzer ist unverzerrt, seine Varianz sinkt mit steigendem n. In diesem Fall ist der OLS-Schätzer konsistent. Wenn hingegen x und ε korreliert sind, ist der Schätzer verzerrt und inkonsistent.

Eine geeignete Instrumentenvariable z ist korreliert mit der erklärenden Variable x, allerdings nicht mit dem Fehlerterm ε. Der IV-Schätzer ist für diesen Fall definiert als:

$$\hat{\beta}_{IV} = \frac{\sum_i z_i y_i}{\sum_i z_i x_i} = \frac{\sum_i z_i (\beta x_i + \varepsilon_i)}{\sum_i z_i x_i} = \beta + \frac{\sum_i z_i \varepsilon_i}{\sum_i z_i x_i}.$$

Da z und ε unkorreliert sind, geht hier der zweite Term bei großem n gegen Null. Das bedeutet dieser Schätzer ist konsistent.

6.8.1 Beispiel für einen einfachen IV-Schätzer

Stellen wir uns folgendes Regressionsmodell vor, für das x einen Vektor nicht weitergehend definierter erklärender Variablen darstellt:

$$\text{Lohn} = \beta_0' x + \beta_1 (\text{Gewicht}) + \varepsilon_1.$$

Mit dieser OLS-Regression möchte man untersuchen, ob Arbeitgeber übergewichtige Arbeitnehmer diskriminieren, indem sie ihnen einen niedrigeren Lohn zahlen. Allerdings könnte man argumentieren, dass das Gewicht des Angestellten nicht exogen ist, insofern

6.8 Zweistufige Schätzung und Instrumentenvariablen

als der Lohn – über die Kaufkraft – das Gewicht beeinflussen kann. Somit wären Lohn und Gewicht simultan determiniert. Als Konsequenz würde eine Korrelation zwischen dem Gewicht und dem Störterm des Modells bestehen, was die OLS-Annahme der Unabhängigkeit verletzen würde.

Eine endogene Variable ist eine Variable, deren Variation durch andere Variablen des Modells erklärt wird. Diese können wiederum selbst endogener oder exogener Natur sein. Die Variation exogener Variablen hingegen wird durch Variablen außerhalb des Modells bestimmt. Wenn eine (oder mehrere) erklärende Variablen eines Modells endogen sind, haben wir das Problem, dass diese mit dem Störterm korreliert sind. Eine Möglichkeit, diesem Problem zu begegnen, bestünde dann darin, eine IV-Schätzung durchzuführen.

Hierzu würde man im Beispiel der Untersuchung des diskriminierenden Arbeitgeberverhaltens eine Variable benötigen, die mit dem Gewicht des Angestellten korreliert ist, jedoch selbst keinen weiteren Effekt auf den Lohnsatz ausübt. Ein solches Instrument könnte etwa das Gewicht des Kindes des Arbeitnehmers darstellen. Auch die ursprünglichen, nicht stochastischen Regressoren (x) werden zur Schätzung des stochastischen Regressors verwendet:

$$\text{Gewicht} = \pi_0' x + \pi_1 (\text{Gewicht des Nachwuchses}) + \varepsilon_2.$$

Auf der Grundlage dieser OLS-Regression lässt sich das vorhergesagte Gewicht des Arbeitnehmers berechnen. Diesen Wert können wir dann im zweiten Schritt in das Originalmodell einsetzen und wiederum eine OLS-Schätzung der folgenden Gestalt durchführen:

$$\text{Lohn} = \beta_0' x + \beta_1 (\text{vorherges. Gewicht}) + \varepsilon_3.$$

Diese Vorgehensweise folgt einem so genannten *two-stage least squares* (*TSLS*) oder zweistufigen Prinzip, da es für die letztendliche Schätzung eines Zwischenschrittes oder einer Zwischenstufe bedarf.

Man kann dieses zweistufige Verfahren auch verwenden, wenn man mehrere geeignete Instrumente zur Verfügung hat. In diesem Fall würde man im ersten Schritt beispielsweise folgendes Modell schätzen:

$$\text{Gewicht} = \pi_0' x + \pi_1 (Kind - Gewicht)$$
$$+ \pi_2 (Eltern - Gewicht) + \pi_3 (Partner - Gewicht) + \varepsilon_4,$$

wobei Kind-Gewicht das Gewicht des Nachwuchs, Eltern-Gewicht das Gewicht der Eltern und Partner-Gewicht das Gewicht des Lebenspartners darstellen.

Wiederum würden die vorhergesagten Werte für die abhängige Variable im zweiten Schritt eingesetzt:

$$\text{Lohn} = \beta_0' x + \beta_1 (\text{vorherges. Gewicht}) + \varepsilon_5.$$

In dieser letzten Version des Beispiels werden die Körpergewichte aller Familienmitglieder als exogen angenommen und als Instrumente verwendet, um das Gewicht des Arbeitnehmers selbst zu erklären, das als endogene Variable angesehen wird. Im zweiten Schritt haben wir „vorherges." ergänzt, um zu verdeutlichen, dass es sich um die instrumentierte Form der Variable Gewicht (des Arbeitnehmers) handelt.

6.8.2 Hausman-Test

Wenn x mit dem Fehlerterm korreliert ist, dann ist der OLS-Schätzer inkonsistent. IV-Schätzer können in solchen Fällen konsistente Ergebnisse liefern. Mit einem Hausman-Test kann überprüft werden, ob die Korrelation zwischen x und ε signifikant ist, das heißt, ob es tatsächlich nötig ist, auf IV-Schätzer zurückzugreifen.

Die Null- und Gegenhypothese lauten:

$$H_0 : \text{Cov}(x, \varepsilon) = 0, \quad H_1 : \text{Cov}(x, \varepsilon) \neq 0.$$

Wenn H_0 wahr ist, sind sowohl OLS- als auch IV-Schätzer konsistent und der Unterschied zwischen den jeweils geschätzten Koeffizientenwerten geht mit steigendem Stichprobenumfang gegen Null. In diesem Fall würde man aus Effizienzgründen die OLS-Schätzung bevorzugen.

Wenn H_1 wahr ist, so ist der IV-Schätzer weiterhin konsistent, der OLS-Schätzer jedoch nicht. Der Unterschied zwischen den jeweils geschätzten Koeffizientenwerten geht mit steigendem Stichprobenumfang nicht gegen Null.

Die Idee eines Hausman-Tests ist es zu testen, ob die Differenz zwischen den Schätzwerten signifikant von Null verschieden ist. Falls dies zutrifft, dann muss H_0 abgelehnt werden und es sollte eine IV-Schätzung vorgezogen werden. Das im Folgenden skizzierte Vorgehen sollte für jeden „verdächtigen" Regressor herangezogen werden, wird hier allerdings nur für x dargestellt. Zunächst wird das Modell

$$x = \alpha_0 + \alpha_1 z_1 + \alpha_2 z_2 + v$$

mittels OLS geschätzt, wobei die z-Variablen geeignete Instrumente darstellen. Diese Regression ist mit der ersten Stufe des $TSLS$-Verfahrens identisch. Exemplarisch wurden hier zwei Instrumente angesetzt. Natürlich könnten auch nur ein Instrument oder mehr als zwei Instrumente in Frage kommen.

Die Residuen dieser Schätzung werden dann als zusätzliche erklärende Variable in das ursprüngliche Modell aufgenommen:

$$y = \beta_0 + \beta_1 x + \delta \hat{v} + \varepsilon.$$

Ein t-Test des Koeffizienten δ erlaubt nun die folgende Interpretation: Wenn δ statistisch als signifikant von Null verschieden geschätzt wird, dann muss $H_0 : \delta = 0$ (was gleichbedeutend damit ist, dass keine Korrelation zwischen x und ε vorliegt) verworfen werden zugunsten der Alternative $H_1 : \delta \neq 0$. Dies würde bedeuten, dass x und ε signifikant miteinander korrelieren und eine IV-Schätzung angebracht ist.

Maximum-Likelihood-Schätzung 7

Grundsätzlich ist die Maximum-Likelihood-Schätzung ein weiteres Schätzverfahren, das eine Alternative zur OLS-Methode darstellt. Ein Vorteil der Maximum-Likelihood-Methode besteht darin, dass auch nicht-lineare Modelle geschätzt werden können, so dass die Flexibilität im Vergleich zur OLS-Schätzung höher ist.

7.1 Der ML-Schätzer im Rahmen von Stichprobenschätzungen

Eine Stichprobe $x_1, x_2, \ldots, x_n$ wird aus dem Ergebnisraum X potentieller Realisationen mit Mittelwert μ und Standardabweichung σ gezogen. Als Maximum-Likelihood-Schätzer von μ und σ sind dann diejenigen Werte für μ und σ definiert, die die vorliegende Stichprobe am häufigsten generieren würden.

ML-Schätzer für die Momente von Stichproben sind diejenigen Stichprobenmomente, für die die Auftrittswahrscheinlichkeit des zu Grunde liegenden Samples maximiert wird.

Veranschaulichen wir uns dieses grundsätzliche Prinzip (Abb. 7.1) an einem Beispiel. Unterstellt sei dazu eine binäre Zufallsvariable der Art

$$X = \begin{cases} 0 \\ 1 \end{cases} \quad \text{mit} \quad p(X=1) = \pi, \ p(X=0) = 1 - \pi \quad \text{und} \quad 0 < \pi < 1.$$

Wenn wir darüber hinaus annehmen, dass wir die folgende Stichprobe zufällig gezogen haben: $\{1, 1, 0\}$. Was ist dann der Maximum-Likelihood-Schätzer für π? Oder anders gefragt: Gegeben dieses Sample, aus welcher Grundgesamtheit stammt es?

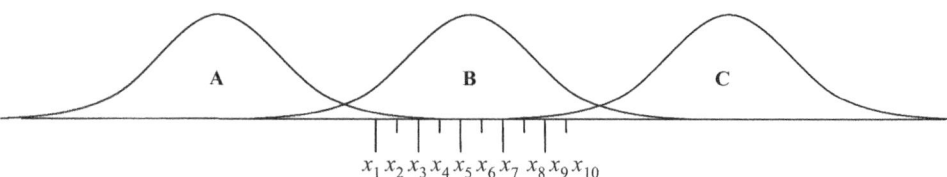

Abb. 7.1 Aus welcher Grundgesamtheit (Population) A, B oder C stammt die Stichprobe $x_1, \ldots, x_{10}$ am wahrscheinlichsten? Antwort: aus B.

Tab. 7.1 Werte der Likelihood-Funktion für verschiedene Werte von π

π	0,0	0,1	0,2	0,3	0,4	0,5	0,6	0,7	0,8	0,9	1,0
$f(1,1,0)$	0,000	0,009	0,032	0,063	0,096	0,125	0,144	0,147	0,128	0,081	0,000

Zur Klärung dieser Frage können wir zunächst quasi-experimentell vorgehen und π stückweise in Zehntel-Schritten erhöhen. Zwei polare Werte von π können wir dabei a priori als potentielle Schätzer von π auf Grund unserer vorliegenden Stichprobe ausschließen denn:

wenn $\pi = 0$ wäre, so wäre es unmöglich zwei Einsen $\{1\}$ zu ziehen und
wenn $\pi = 1$ wäre, so wäre es unmöglich eine Null $\{0\}$ zu beobachten.

Da wir beide Realisationen $\{0\}$ und $\{1\}$ in unserer gezogenen Stichprobe beobachten $\{1, 1, 0\}$, können wir beide Extremfälle als Schätzer für π ausschließen.

Versuchen wir nun etwa $\pi = 1/10$, dann wäre die Wahrscheinlichkeit eine Null zu ziehen $\{0\}$ gleich $9/10 = 1 - 1/10 = 10/10 - 1/10$.

Die gemeinsame Wahrscheinlichkeitsverteilung unabhängiger Variablen ist das Produkt ihrer Wahrscheinlichkeiten. Es wird in der Statistik als Likelihood-Funktion bezeichnet. Der Wert der Likelihood-Funktion an der Stelle $\pi = 1/10$ ist

$$L\left(\pi = \frac{1}{10}\right) = p(1) \cdot p(1) \cdot p(0) = \frac{1}{10} \cdot \frac{1}{10} \cdot \frac{9}{10} = \frac{9}{1000} = 0{,}009$$

und für $\pi = \frac{2}{10} : L\left(\pi = \frac{2}{10}\right) = \frac{2}{10} \cdot \frac{2}{10} \cdot \frac{8}{10} = \frac{32}{1000} = 0{,}032.$

In Tab. 7.1 trägt die Ordinate Wahrscheinlichkeiten ab. Das Maximum der Likelihood-Funktion liegt bei $\pi = 2/3$ (Abb. 7.2).

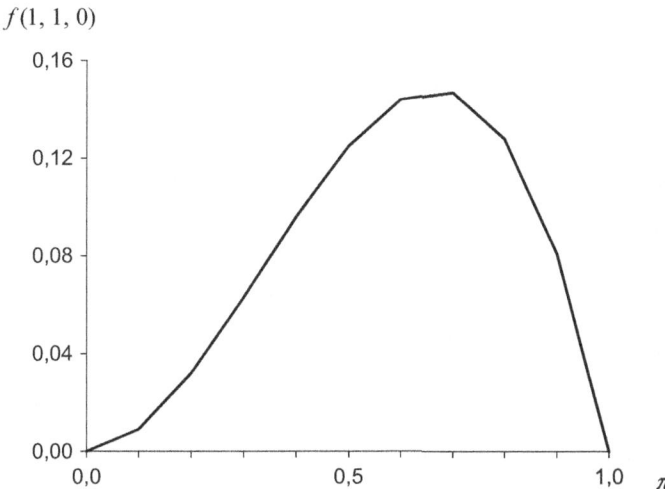

Abb. 7.2 Likelihood-Funktion für die Zufallsstichprobe 1, 1, 0

7.2 Der ML-Schätzer im Rahmen linearer Regressionsmodelle

Die grundsätzliche Idee des im Rahmen linearer Regressionsmodelle eingesetzten ML-Schätzers ist es, diejenigen Koeffizienten zu finden und auszuwählen, für die die Stichprobe die höchste Wahrscheinlichkeit des Auftretens aufweist.

Da dieses Prozedere im Rahmen multipler Regressionsmodelle etwas komplex ausfällt, werden wir das Aufstellen und Maximieren der Likelihood-Funktion zur Veranschaulichung an einem abstrakten Beispiel – einem Laplace-Münzwurf – zeigen. Für komplexere Modelle wie Regressionsgleichungen mit mehreren Exogenen übernimmt dies eine effiziente Software unseres Rechners.

Für den Wurf einer Münze mit Laplace-Eigenschaft gibt es zwei mögliche Ereignisse: {Kopf; Zahl}, wobei für die Auftrittswahrscheinlichkeiten gilt P(Kopf) = θ $\Rightarrow$ P(Zahl) = $1 - \theta$. Wir benutzen die folgende Notation:

$N \equiv$ Anzahl der Würfe,

$n \equiv$ Anzahl der aufgetretenen Ereignisse {Kopf}: wie oft ... Kopf? = 1,

$m \equiv$ Anzahl der aufgetretenen Ereignisse {Zahl}: wie oft ... Zahl? = 2,

$N = $ m+n =3.

Die zugehörige Likelihood-Funktion wird wie folgt konstruiert:

$$L(\theta) = P(\text{Stichprobe}|\theta) = \prod_{}^{n} P(\text{Ereignis}) \cdot \prod_{}^{m} P(\text{Gegenereignis}) \cdot \binom{N}{n},$$

wobei im Beispiel das Ereignis = Kopf, das Gegenereignis = Zahl darstellt.

$\binom{N}{n}$ ist kein Vektor, sondern drückt den Binomial-Koeffizienten aus.

Man spricht den Binomialkoeffizienten „n aus N" oder „N über n". Er hat einen konstanten Wert (seine Ableitung ist daher 0) gemäß seiner Bestimmungsformel:

$$\binom{N}{n} = \frac{N!}{(N-n)! \cdot n!}, \text{ in unserem Beispielfall: } \frac{3!}{(3-1)! \cdot 1!} = \frac{3 \cdot 2}{2} = 3. \quad (7.1)$$

Für unser Beispiel (Abb. 7.3) können wir damit die Likelihood-Funktion schreiben als

$$L(\theta) = \prod_{}^{n} P(\text{Kopf}) \cdot \prod_{}^{m} P(\text{Zahl}) \cdot \binom{N}{n} = \binom{N}{n} \prod_{}^{n} \theta \cdot \prod_{}^{m} (1-\theta)$$

$$= \theta^n (1-\theta)^m \binom{N}{n}. \quad (7.2)$$

Wie gehen wir nun bei der Maximierung der Likelihood-Funktion vor? Zunächst wird dazu die L-Funktion logarithmiert. Dies kann durch die naheliegende Überlegung gerechtfertigt werden, dass das θ, welches $L(\theta)$ maximiert, auch jenes θ darstellt, das $\ln L(\theta)$ maximiert, aber die Logarithmierung die folgenden Berechnungen vereinfacht:

$$\ln L(\theta) = \ln \binom{N}{n} + n \cdot \ln \theta + m \cdot \ln(1-\theta).$$

Zur Ermittlung des Wertes θ, der diese Funktion maximiert, differenzieren wir (unter Berücksichtigung der Ableitungsregel: $\partial(\ln x)/\partial x = 1/x$) $\ln L$:

Abb. 7.3 Münzwurf: 3 Möglichkeiten bei 3 Würfen einmal Kopf und zweimal Zahl zu werfen

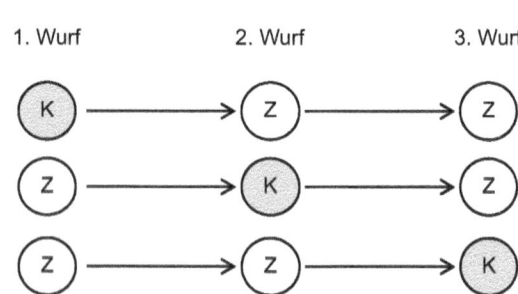

7.2 Der ML-Schätzer im Rahmen linearer Regressionsmodelle

$$\frac{\partial \ln L(\theta)}{\partial \theta} = \frac{n}{\theta} + \left(-\frac{m}{1-\theta}\right) \stackrel{!}{=} 0$$

$$\Rightarrow \frac{n}{\theta} = \frac{m}{1-\theta} \Leftrightarrow n - \theta n = \theta m \Leftrightarrow \theta(n+m) = n \Rightarrow \theta = \frac{n}{n+m} = \frac{n}{N}.$$

Dieser θ-Wert ist ein notwendiges (aber nicht hinreichendes) Kriterium für ein globales Maximum.

Wir berechnen daher auch die zweite Ableitung und stellen die Bedingung zweiter Ordnung für ein Maximum auf:

$$\frac{\partial^2 \ln L(\theta)}{\partial \theta^2} = -\frac{n}{\theta^2} - \frac{m}{(1-\theta)^2} \stackrel{!}{<} 0.$$

Das hinreichendes Kriterium für ein globales Maximum ist erfüllt.

In unserem Münzwurfbeispiel (mit $n = 1$, $m = 2$) würden wir nach Maßgabe der Bedingung erster Ordnung das folgende Ergebnis erhalten:

$$\theta = \frac{n}{n+m} = \frac{1}{1+2} = \frac{1}{3} \approx 33\,\%.$$

Damit ergibt sich:

$$L(\theta) = \theta^n (1-\theta)^m \cdot 3 = \left(\frac{1}{3}\right)^1 \left(\frac{2}{3}\right)^2 = 0{,}444$$

und

$$\ln L(\theta) = \ln(0{,}444) = -0{,}81.$$

In unserem Beispiel ist dies der höchstmögliche Wert, den die Likelihood-Funktion annehmen kann.

Man interpretiert diese Ergebnis folgendermaßen: Würden wir ein Computerprogramm schreiben, das einen Münzwurf simulieren soll, so dass die Wahrscheinlichkeit des Auftretens einer Stichprobe mit $n = 1$, $m = 2$ nach drei Würfen maximal ist, so sollten wir das Programm des Münzwurfsimulators derart schreiben, dass

$$P(\text{Kopf}) = \theta = \frac{n}{N} = \frac{1}{3}.$$

Im Falle einer linearen Regression liefert die ML-Methode die gleichen Koeffizienten wie die OLS-Methode.

Qualitativvariablen-Modelle 8

8.1 Qualitative unabhängige Variablen: Dummyvariablen

Angenommen wir wollen das Einstiegsgehalt von Absolventen eines wirtschaftswissenschaftlichen Studiengangs Y_i untersuchen. Ein einfaches OLS-Modell könnte dann beispielsweise lauten:

$$Y_i = \beta_1 + \beta_2 X_{i2} + \varepsilon_i \quad \text{mit}$$

$$X_2 = \begin{cases} 1 & \text{wenn } i \text{ weiblich} \\ 0 & \text{wenn } i \text{ männlich.} \end{cases}$$

Da X_2 eher qualitativen (dichotomen oder binären), denn quantitativen Charakter hat, spricht man bei derartigen Variablen von „Dummyvariablen".

Für Absolventen männlichen Geschlechts gilt:

$$\mathrm{E}(Y_i | X = 0) = \beta_1 + \beta_2(0) = \beta_1.$$

Für Absolventinnen weiblichen Geschlechts gilt:

$$\mathrm{E}(Y_i | X = 1) = \beta_1 + \beta_2(1) = \beta_1 + \beta_2.$$

Demnach ist β_1 das mittlere Gehalt männlicher und $\beta_1 + \beta_2$ das mittlere Gehalt weiblicher Absolventen. Dies können wir auch auf andere Art formulieren: Der Koeffizient der Dummyvariablen (β_2) ist die (positive oder negative) Veränderung relativ zu der aus der Betrachtung ausgeschlossenen Variable. Wenn es darum geht den Einfluss der Eigenschaft „weibliches Geschlecht" auf das Gehalt zu quantifizieren, ist die ausgeschlossene Variablenausprägung „männlich". Daher können wir β_2 als den Gehaltsunterschied zwischen weiblichen und männlichen Absolventen quantifizierend interpretieren.

Der t-Test auf die Eigenschaft statistisch von Null verschieden zu sein ist für β_2 deshalb auch äquivalent dazu zu testen, ob der Gehaltsunterschied zwischen weiblichen und männlichen Absolventen signifikant ist.

Zur Veranschaulichung dieser grundsätzlichen Zusammenhänge betrachten wir ein einfaches Zahlenbeispiel (Tab. 8.1).

Die in Tab. 8.1 gegeben Daten sind in Abb. 8.1 auch grafisch dargestellt.

Tab. 8.1 Einfaches hypothetisches Zahlenbeispiel zu Dummyvariablen I

i	Geschlecht	X_2	Y
1	M	0	20000
2	M	0	23000
3	M	0	27000
4	M	0	29000
5	M	0	34000
6	W	1	28000
7	W	1	32000
8	W	1	35000
9	W	1	38000
10	W	1	41000

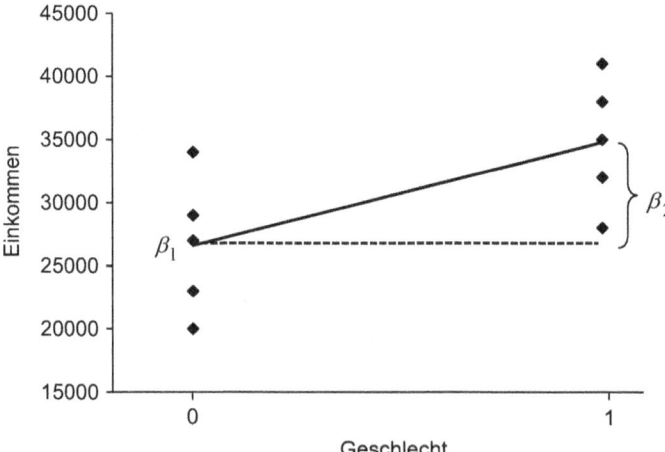

Abb. 8.1 Hypothetisches Zahlenbeispiel (Einstiegsgehälter) zu Dummyvariablen

8.1.1 Kategoriale unabhängige Variablen

Je nach Problemstellung können auch unabhängige Variablen von kategorialer Natur in Erwägung gezogen werden. Diese können auch mehr als zwei mögliche Ausprägungen, beispielsweise drei Kategorien, aufweisen. Denken wir etwa an einen Datensatz, der deutsche, US-amerikanische und französische Individuen umfasst. Die Variable Nationalität weist dann drei mögliche qualitative Kategorien auf: Nationalität = {deutsch; US-amerikanisch; französisch}.

Da es in diesem Fall mehr als nur zwei Ausprägungen gibt, reicht eine einzelne Binärvariable nicht mehr aus, um alle Fälle unterscheiden zu können. Zwei Variablen wären allerdings schon hinreichend dafür, die qualitativen Charakteristika einzufangen:

$$X_2 = \begin{cases} 1 & \text{wenn } i = \text{deutsch} \\ 0 & \text{wenn } i \neq \text{deutsch} \end{cases}, \quad X_3 = \begin{cases} 1 & \text{wenn } i = \text{US} \\ 0 & \text{wenn } i \neq \text{US} \end{cases}.$$

Im Fall einer drei-kategorialen Eigenschaft wird also so vorgegangen, dass zunächst durch Codierung zwei binäre Variablen erzeugt werden und (typischerweise) die Ausprägung mit den meisten Beobachtungen ausgeschlossen wird (Tab. 8.2).

Die Anzahl der im Datensatz enthaltenen Nationalitäten könnte natürlich auch größer als drei sein. Wir können daher verallgemeinert feststellen, dass zur Berücksichtigung von N Kategorien $N - 1$ Dummyvariablen benötigt werden.

Drückt Y etwa den Konsum von Weichkäse aus, könnten wir folgendes Modell aufstellen:

$$Y = \beta_1 + \beta_2 X_2 + \beta_3 X_3 + \varepsilon \quad \text{mit}$$

$$\text{E}(Y| \text{ falls deutsch}), \text{ d. h. } \text{E}(Y|X_2 = 1 \text{ und } X_3 = 0)$$

$$\Leftrightarrow \text{E}(Y| \text{ falls deutsch }) = \beta_1 + \beta_2(1) + \beta_3(0) = \beta_1 + \beta_2,$$

$$\text{E}(Y| \text{ falls US }) = \beta_1 + \beta_2(0) + \beta_3(1) = \beta_1 + \beta_3,$$

$$\text{E}(Y| \text{ falls französisch }) = \beta_1 + \beta_2(0) + \beta_3(0) = \beta_1.$$

Tab. 8.2 Einfaches hypothetisches Zahlenbeispiel zu Dummyvariablen II

Nationalität	X_2	X_3
Deutsch	1	0
USA	0	1
Französisch	0	0

In dieser Spezifikation misst β_2 den Unterschied zwischen deutschen und französischen Individuen hinsichtlich ihres Weichkäsekonsums. Der Koeffizient β_3 quantifiziert den Unterschied zwischen Amerikanern und Franzosen. Französische Individuen sind in diesem Fall die Referenzkategorie. Ein signifikant geschätztes β_2 bedeutet, dass sich der Konsum von Weichkäse in Deutschland signifikant von demjenigen französischer Individuen unterscheidet.

Ein statistisch signifikant geschätzter Koeffizient β_3 impliziert, dass sich der Konsum in den USA signifikant vom französischen Weichkäsekonsum unterscheidet. Jedoch folgt daraus nicht, dass der Konsum in Deutschland statistisch signifikant verschieden vom Konsum in den USA ist.

Betrachten wir nun den kombinierten Fall zweier qualitativer Kategorialvariablen, von denen eine von binärer, die andere von drei-kategorialer Natur ist (Tab. 8.3). Die Gesamtmodellspezifikation lautet dann:

$$Y = \beta_1 + \beta_2 X_2 + \beta_3 X_3 + \gamma_1 Z_1 + \varepsilon.$$

Wie wir etwa an Tab. 8.4 sehen, wird für diese Spezifikation unterstellt, dass der Einfluss weiblichen Geschlechtes zu sein in allen drei Untersuchungsregionen identisch ist. Der Koeffizient γ_1 misst den Unterschied zwischen männlichen Geschlechts zu weiblichen Geschlechts gleichsam für alle drei Nationalitäten.

Nehmen wir nun an, es wurde die folgende Funktion geschätzt:

$$\hat{Y} = 50 + 10X_2 + 8X_3 - 3Z_1.$$

Damit ergäben sich die Vorhersagewerte, wie sie Tab. 8.5 ausweist.

Tab. 8.3 Hypothetisches Beispiel mit zwei kombinierten kategorialen Dummyvariablen

Geschlecht		Nationalität	
MÄNNLICH	$Z_1 = 0$	DEUTSCH	$X_2 = 1, X_3 = 0$
WEIBLICH	$Z_1 = 1$	US-AMERIK.	$X_2 = 0, X_3 = 1$
		FRANZÖSISCH	$X_2 = 0, X_3 = 0$

Tab. 8.4 Interpretation der Koeffizienten im Beispiel mit zwei kombinierten kategorialen Dummyvariablen

	Männlich: $Z_1 = 0$	Weiblich: $Z1 = 1$
Französisch	β_1	$\beta_1 + \gamma_1$
Deutsch	$\beta_1 + \beta_2$	$\beta_1 + \beta_2 + \gamma_1$
US-amerikanisch	$\beta_1 + \beta_3$	$\beta_1 + \beta_3 + \gamma_1$

Tab. 8.5 Vorhersagewerte im Beispiel mit zwei kombinierten kategorialen Dummyvariablen

	Männer	Frauen
Französisch	50	47
Deutsch	60	57
US-amerikanisch	58	55

Tab. 8.6 Interaktionsterme im Beispiel mit zwei kombinierten kategorialen Dummyvariablen

	X_2	X_3	Männlich $Y = \beta_1 + \beta_2 X_2 + \beta_3 X_3 + \varepsilon$	Weiblich $Y = (\beta_1 + \gamma_1) + (\beta_2 + \gamma_2)X_2 + (\beta_3 + \gamma_3)X_3 + \varepsilon$
a	0	0	β_1	$\beta_1 + \gamma_1$
b	1	0	$\beta_1 + \beta_2$	$\beta_1 + \beta_2 + \gamma_1 + \gamma_2$
c	0	1	$\beta_1 + \beta_3$	$\beta_1 + \beta_3 + \gamma_1 + \gamma_3$

8.1.2 Interaktionsterme

Angenommen wir möchten testen, ob der Einfluss weiblichen Geschlechtes in den drei verschiedenen Ländern unterschiedlich ausfällt.

In diesem Fall bedarf es der folgenden Modifikation des Regressionsmodells:

$$Y = \beta_1 + \beta_2 X_2 + \beta_3 X_3 + \gamma_1 Z_1 + \gamma_2 X_2 Z_1 + \gamma_3 X_3 Z_1 + \varepsilon.$$

Dabei werden $X_2 Z_1$ und $X_3 Z_1$ als Interaktionsterme bezeichnet.

Wie Tab. 8.6 zeigt, lässt sich durch diese Modellspezifikation der Einfluss weiblichen Geschlechts für alle Nationalitäten separat quantifizieren. Daher rührt auch die Bezeichnung „Interaktionsterm", denn die Variablenausprägung „weiblich" interagiert mit der Kategorialvariable „Nationalität". Der Koeffizient β_2 misst den Effekt, der von der deutschen Nationalität der Individuen ausgeht, γ_1 misst den Effekt auf den Regresssanden, der von der Eigenschaft des weiblichen Geschlechts ausgeht, γ_2 misst den darüber hinaus gehenden Einfluss deutscher weiblicher Individuen, wohingegen γ_3 den kombinierten Effekt, der weiblichen US-amerikanischen Individuen zugerechnet werden kann, angibt.

8.1.3 Qualitative und stetige unabhängige Variablen in einem Modell

Wenn wir von folgendem Modell

$$C_t = \beta_1 + \beta_2 Y_t + \gamma Z_t + \varepsilon$$

ausgehen, in dem Y eine stetige, quantitative Variable darstellt und Z eine binäre Variable (mit $Z = 1$, wenn das betrachtete Individuum weiblichen Geschlechts ist) markiert, gilt:

$$C_t = \beta_1 + \beta_2 Y_t + \varepsilon_t \quad \text{für Männer,}$$

$$C_t = (\beta_1 + \gamma) + \beta_2 Y_t + \varepsilon_t \quad \text{für Frauen.}$$

Es wird also in diesem Regressionsmodell (Abb. 8.2) unterstellt, dass die Steigung für beide Geschlechter dieselbe ist (β_2). Ein Unterschied besteht lediglich durch den additiven Teil des Absolutglieds (γ).

Möchte man nun allerdings testen, ob sowohl Absolutglied als auch Steigung der Regressionsgeraden für Frauen differieren, ist das folgende Modell adäquat:

$$C_t = \beta_1 + \beta_2 Y_t + \gamma_1 Z + \gamma_2 Y_t Z + \varepsilon_t.$$

In dieser Spezifikation stellt YZ einen Interaktionsterm dar. Es werden je nach Geschlecht die folgenden Regressionsmodelle (Abb. 8.3) zu Grunde gelegt:

Für Männer ($Z = 0$): $C_t = \beta_1 + \beta_2 Y_t + \varepsilon_t$,
für Frauen ($Z = 1$): $C_t = (\beta_1 + \gamma_1) + (\beta_2 + \gamma_2) Y_t + \varepsilon_t$.

Diese Modellspezifikation ist identisch dazu zwei separate Regressionen durchzuführen.

8.1.4 Dummyvariablen für saisonale Effekte

Dummyvariablen werden häufig auch eingesetzt, um saisonale Effekte zu kontrollieren, etwa bei der Untersuchung monatlicher Beobachtungen der Arbeitslosenzahl. Um in

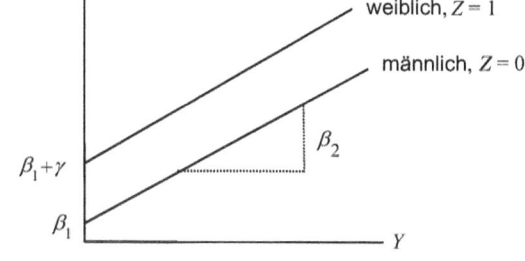

Abb. 8.2 Kombination binärer und stetiger Regressoren I

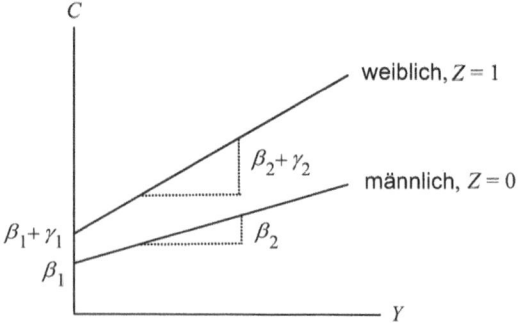

Abb. 8.3 Kombination binärer und stetiger Regressoren II

8.1 Qualitative unabhängige Variablen: Dummyvariablen

dieser Datenreihe für Saisoneinflüsse zu korrigieren, bestünde eine Möglichkeit darin, Dummyvariablen für jeden Monat – oder auch nur jedes Quartal – zu berücksichtigen. Dabei sollte insbesondere beachtet werden, dass die Anzahl der Regressoren dann 12 (Monate) - 1 = 11 beträgt und im Fall von Quartalsdaten bei 4 - 1 = 3 liegt. Die Spezifikation würde beispielsweise derart aussehen:

$$AL = \alpha + \beta_1 Jan + \beta_2 Feb + \ldots + \beta_{11} Nov + \varepsilon.$$

Dem gemäß ist $AL_{Dez} = \alpha$, $AL_{Jan} = \alpha + \beta_1$ etc.

Generell sollte bei der Definition von Dummyvariablen beachtet werden, dass, wenn N die Anzahl an Kategorien und J die Zahl an Dummyvariablen angibt und keine Interaktionsterme berücksichtigt werden, $J = N - 1$ gelten muss.

8.1.5 Asymmetrische Reaktion (asymmetric response)

In manchen Fällen hat die Veränderung einer exogenen Variable unterschiedliche Effekte. Einmal, wenn die unabhängige Variable zunimmt, und im Gegensatz dazu, wenn sie abnimmt (Abb. 8.4).

Konsum reagiert etwa stärker, wenn das Einkommen steigt im Gegensatz zur schwächeren Konsumreaktion bei fallendem Einkommen.

Dieser Effekt kann folgendermaßen modelliert werden:

$$Y_t = \alpha + \beta X_t + \gamma X_t Z_t + \varepsilon_t \quad \text{mit}$$

$$Z = \begin{cases} 1 & \text{wenn } X_t \leq X_{t-1} \text{ bei } \downarrow X : Y_t = \alpha + (\beta + \gamma) X_t + \varepsilon_t \\ 0 & \text{sonst} \quad\quad\quad\quad\quad \text{bei } \uparrow X : Y_t = \alpha + \beta X_t + \varepsilon_t \end{cases}$$

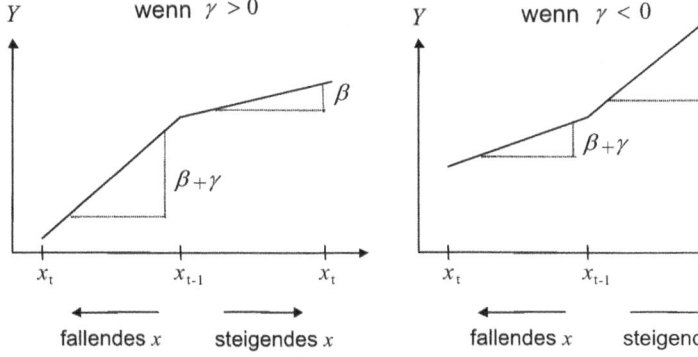

Abb. 8.4 Asymmetrische Reaktion

In diesem Modellrahmen ist das Testen der Hypothese asymmetrischer Reaktion gleichbedeutend damit $\gamma = 0$ zu testen.

8.2 Binäre abhängige Variablen: Probit- und Logit-Modell

In Abgrenzung zum vorangegangenen Abschnitt betrachten wir nun Probleme mit dichotomen abhängigen Variablen. Die Werte der abhängigen Variable fungieren als Kodierung für eine qualitative Ausprägung (*qualitative choice* oder auch *qualitative response*). Beispiele sind die Wahrnehmung eines Wahlrechts: Ja/Nein, ein Autokauf: Ja/Nein, eine Teilnahme am Arbeitsmarkt: Ja/Nein etc. Daten in 0/1- Ausprägung bezeichnen wir als binäre Daten, die entsprechenden Modelle als binomiale oder *Binary-Choice*-Modelle. Solche Daten sind das Ergebnis eines qualitativen Entscheidungsprozesses für eine Alternative (ausgewählt aus zwei verschiedenen Alternativen bei binären Modellen).

Im Rahmen dieser Modelle geht es darum, die Determinanten der Wahrscheinlichkeiten des Eintretens einer dieser Alternativen zu quantifizieren.

8.2.1 Beispiel für einen dichotomen Regressand

Vor der Bundestagswahl liegen uns Umfragedaten bezüglich der „Sonntagsfrage" vor. Im Rahmen einer empirischen Studie sollen wir die Determinanten der Wahlentscheidung der Bürger bezüglich der Partei S quantifizieren, um Aussagen wie die Folgende treffen zu können: Für Individuen mit einem jährlichen Nettogehalt von 30.000 Euro lag die Wahrscheinlichkeit Partei S zu wählen bei 60 %.

Warum ist ein lineares Modell hier in der Regel ungeeignet?

Zunächst unterstellen wir, dass es X exogene Determinanten der Entscheidung Y für eine Alternative (Y = Ja/Nein = 1/0) gibt. Diese beeinflussen mit unterschiedlichem Gewicht β die Wahrscheinlichkeit der Entscheidung für eine dieser Varianten. Formal lässt sich dies auch schreiben als

$$\text{P(Entscheidung = Votum 'Ja')} = \text{P}(Y_i = 1) = F(\alpha + \beta X), \quad (8.1)$$

$$\text{P(Entscheidung = Votum 'Nein')} = \text{P}(Y_i = 0) = 1 - F(\alpha + \beta X), \quad (8.2)$$

$$\text{mit } \text{P}(Y_i = 0) + \text{P}(Y_i = 1) = 1,$$

wobei F eine Wahrscheinlichkeitsverteilungsfunktion darstellt und $i = 1, \ldots, N$ für die betrachteten mikroökonomischen Einheiten – etwa Wähler – steht.

Setzen wir nun ein lineares Modell

$$Y_i = \alpha + \beta X + \varepsilon_i$$

8.2 Binäre abhängige Variablen: Probit- und Logit-Modell

an, in dem die Störterme unabhängig voneinander normalverteilt sind, dann gilt:

$$E(\varepsilon_i) = 0 \Rightarrow E(Y_i) = E(\alpha + \beta X + \varepsilon_i) = \alpha + \beta X. \tag{8.3}$$

Der Erwartungswert einer abhängigen Variable Y entspricht dem Produkt aus der Wahrscheinlichkeit des Auftretens einer bestimmten Variablenausprägung mit dem Wert dieser Ausprägung:

$$E(Y_i = 1) = P(Y_i = 1) \cdot 1 = P(Y_i = 1), \tag{8.4}$$

$$E(Y_i = 0) = P(Y_i = 0) \cdot 0 = 0. \tag{8.5}$$

Setzen wir nun Gl. (8.4) und (8.3) für ein lineares Modell in Gl. (8.1) unseres Basis-Wahrscheinlichkeitsmodells ein, erhalten wir als Wahrscheinlichkeitsgleichung für ein lineares Modell:

$$P(\text{Entscheidung} = \text{Votum ,Ja'}) = P(Y_t = 1) = F(\alpha + \beta X) = \alpha + \beta X. \tag{8.6}$$

Wir sehen nun an Gl. (8.6), warum ein lineares Modell hier problematisch ist:

(i) Die Wahrscheinlichkeitsfunktion $F(\alpha + \beta X) = \alpha + \beta X$ ist nicht auf das Intervall [0,1] beschränkt, da $\alpha + \beta X$ nicht auf dieses beschränkt sein muss.
(ii) Es sind unsinnige (>1 oder negative) Wahrscheinlichkeiten möglich.
(iii) Die Wahrscheinlichkeitsfunktion kann nicht linear ansteigend sein.
(iv) Dazu kommt, dass in diesem Modell Heteroskedastie in den Restgrößen ε_i besteht, denn:

$$\text{für } Y_i = 1 \Rightarrow \varepsilon_i = 1 - (\alpha + \beta X) \quad \text{und}$$

$$\text{für } Y_i = 0 \Rightarrow \varepsilon_i = \alpha + \beta X. \quad \text{Auch Autokorrelation ist möglich.}$$

Ganz offensichtlich sind die Residuen schon per Definition nicht voneinander unabhängig und stehen in linearer Abhängigkeit zu den exogenen Variablen X. Es liegt per Definition Heteroskedastizität vor.

Ein gestutztes lineares Modell ist:

$$Y_i = \begin{cases} 1 & \text{für } \alpha + \beta X \geq 1 \\ 0 & \text{für } \alpha + \beta X \leq 0 \\ \alpha + \beta X & \text{für } 0 < \alpha + \beta X < 1. \end{cases}$$

8.2.2 Illustration der Defekte des linearen Wahrscheinlichkeitsmodells

Wie man an Abb. 8.5 erkennt, ist ein lineares Modell ungeeignet, um die Problematik befriedigend zu modellieren, da keine Gewähr besteht, wahrscheinlichkeitsähnliche Ergebnisse aus der Schätzung zu erhalten und Heteroskedastie sowie Autokorrelation in der Residuenreihe auftritt.

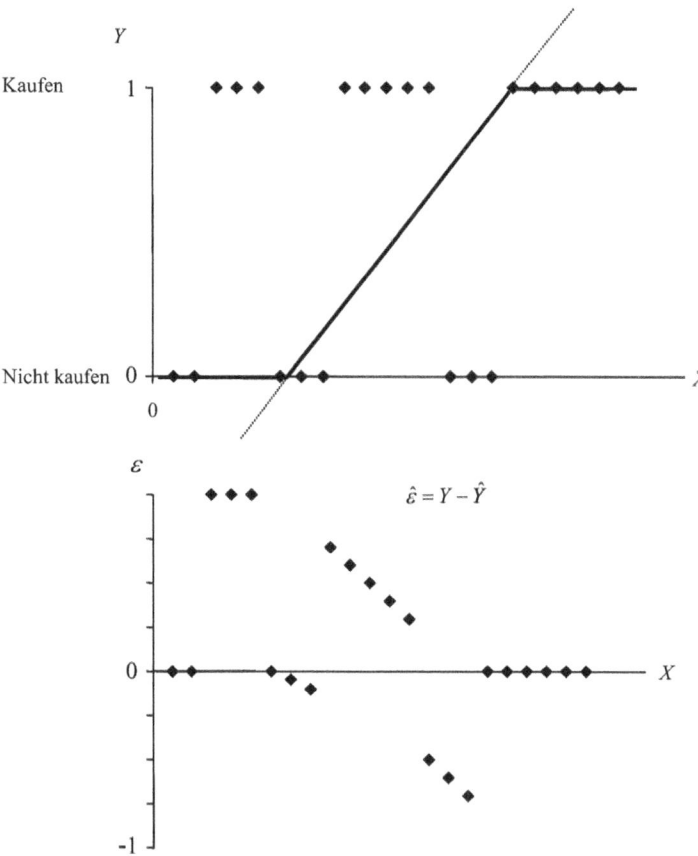

Abb. 8.5 Lineares Wahrscheinlichkeitsmodell für einen Autokauf und zugehöriger Residuenplot

8.3 Nichtlineare Modelle: Logit und Probit

8.3.1 Das Prinzip nichtlinearer Wahrscheinlichkeitsmodelle

Die Ausgangsidee dieser Modelle ist es, in ein geeignetes Schätzmodell die Transformation der Werte $\alpha + \beta X$ auf das Intervall [0,1] einzubauen. Geeignet sind dafür (kumulierte) Wahrscheinlichkeitsverteilungsfunktionen, die

a) $\mathbb{R}_\infty \to [0, 1]$ abbilden und
b) monoton ansteigen.

Geeignete Kandidaten sind also stetige Wahrscheinlichkeitsverteilungsfunktionen für die

1. die Wahrscheinlichkeit für $Y = 1$ gegen 1 geht, wenn $\alpha + \beta X$ gegen $+\infty$ geht und
2. die Wahrscheinlichkeit für $Y = 1$ gegen 0 geht, wenn $\alpha + \beta X$ gegen $-\infty$ geht.

Die Normalverteilungsfunktion lautet:

$$f(Z) = \frac{1}{\sqrt{2\pi\sigma^2}} e^{-\frac{(Z-\mu)^2}{2\sigma^2}}.$$

Mit $\mu = 0$ und $\sigma = 1$ ergibt sich:

$$f(Z) = \frac{1}{\sqrt{2\pi}} e^{-\frac{1}{2}Z^2}.$$

Das Probit-Modell verwendet diese Wahrscheinlichkeitsverteilungsfunktion in ihrer kumulativen Form (mit $\sigma = 1$):

$$P(Y_i = 1) = F(Z_i) = \frac{1}{\sqrt{2\pi}} \int_{-\infty}^{Z_i} e^{-Z^2/2} dZ, \tag{8.7}$$

um die Beziehung zwischen dem Ausdruck Z, dessen Wertigkeit zwischen $-\infty$ und $+\infty$ liegt, und der Variable $y = F(Z)$, deren Werte zwischen 0 und 1 liegen, zu schätzen.

Prinzipiell hat sich durch mit dem Logit-Modell eine weitere Verteilungsfunktion in der Mikroökonometrie etabliert:

$$P(Y_i = 1) = F(Z_i) = \frac{e^{Z_i}}{e^{Z_i} + 1} = \frac{1}{1 + e^{-Z_i}}. \tag{8.8}$$

In Gl. (8.7) handelt es sich um die kumulative (daher rührt das Integral in der formalen Darstellung) Normalverteilungsfunktion, in Gl. (8.8) um die logistische Verteilungsfunktion. Abb. 8.6 zeigt einen grafischen Vergleich der beiden Modelltypen. Die durchgezogene

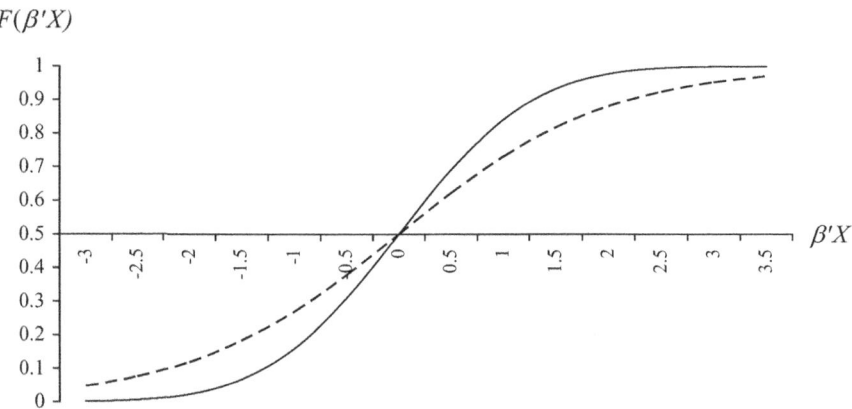

Abb. 8.6 Kumulierte Normalverteilung (durchgezogen – Probit-Modell) und kumulierte logistische Verteilung (gestrichelt – Logit-Modell)

Tab. 8.7 Werte kumulierter Wahrscheinlichkeitsverteilungsfunktionen (standardisiert)

Z	kumulativ-normal $P_1(z) = \frac{1}{\sqrt{2\pi}} \int_{-\infty}^{z} e^{z^2/2} dZ$	kumulativ-logistisch $P_2(z) = \frac{1}{1+e^{-z}}$
−3,0	0,0013	0,0474
−2,0	0,0228	0,1192
−1,5	0,0668	0,1824
−1,0	0,1587	0,2689
−0,5	0,3085	0,3775
0,0	0,5000	0,5000
0,5	0,6915	0,6225
1,0	0,8413	0,7311
1,5	0,9332	0,8176
2,0	0,9772	0,8808
3,0	0,9987	0,9526

Funktion stellt die kumulative Normalverteilungsfunktion, der gestrichelte Graph die kumulierte logistische Wahrscheinlichkeitsverteilungsfunktion dar.

Probit- und Logit-Ergebnisse differieren offensichtlich lediglich in den Rändern (*tails*) ihrer Verteilungsfunktionen (Tab. 8.7). Dies ist der Fall, wenn ein Ereignis sehr wahrscheinlich oder sehr unwahrscheinlich ist, also entweder fast nur 0- oder nur 1-Ausprägungen in der Stichprobe enthalten sind.

8.3.2 Interpretation der Beta-Koeffizienten: Marginale Effekte

Als marginaler Effekt wird im Allgemeinen die Ableitung

$$\frac{\partial E(Y)}{\partial X}$$

bezeichnet, wobei $E(Y)$ den Erwartungswert von Y ausdrückt.

Der marginale Effekt (M.E.) gibt an, um wie viel sich der Erwartungswert des Eintritts eines Ereignisses Y verändert, wenn der Wert der unabhängigen Variablen marginal verändert wird. Beispielsweise gibt ein M.E. an, wie sich der Erwartungswert für das Ereignis zu heiraten (0/1) ändert, wenn das Alter X einer Person um ein Jahr zunimmt.

Betrachten wir als Referenzfall den M.E. im linearem OLS-Modell:

$$\frac{\partial E(Y)}{\partial X} = \frac{\partial(\beta X + E(\varepsilon))}{\partial X} = \beta.$$

Offenbar handelt es sich hier um einen konstanten marginaler Effekt, insofern als β einen festen Wert annimmt.

Ein M.E. im Rahmen von Probit-/Logit-Modellen errechnet sich im Unterschied dazu gemäß:

$$E(Y) = 0 \cdot P(Y=0) + 1 \cdot P(Y=1) = P(Y=1) = F(\beta X), \quad \text{woraus folgt:}$$

$$\frac{\partial E(Y)}{\partial X} = \frac{F(\beta X)}{\delta X} \cdot \frac{\partial(\beta X)}{\partial X} = \frac{F(\beta X)}{\delta X} \cdot \beta.$$

Offenbar handelt es sich hier nicht um einen konstanten marginalen Effekt, da dieser nun von den individuellen Werten der Exogenen X abhängig ist. Mit anderen Worten fällt der M.E. also nicht mehr für alle Individuen oder Untersuchungseinheiten gleich groß aus, da sich die Steigung sowohl im Probit- als auch im Logit-Modell mit den Ausprägungen der Exogenen ändert.

Es empfiehlt sich daher ein anderer Interpretationsansatz der geschätzten Beta-Koeffizienten im Rahmen der Probit- und Logit-Modelle. Eine typischerweise herangezogene Betrachtungsweise besteht darin, ein repräsentatives oder durchschnittliches Individuum – oder eine entsprechende andere Untersuchungseinheit – herauszugreifen. Indem man dann Stichprobenmittelwerte für X ansetzt, kann man Aussagen wie etwa zu den Determinanten des Heiratsverhaltens der „durchschnittlichen amerikanischen Frau" treffen. Häufig werden auch Fallbeispiele (*case studies*) in Erwägung gezogen, in deren Rahmen „typische" Werte für repräsentative Untersuchungseinheiten wie Personen oder Teilgruppen angesetzt werden.

8.3.3 Odds-Ratio-Interpretation

Aus der logistischen Verteilungsfunktion für das Logit-Modell können wir einen interpretierbaren Ausdruck für Z gewinnen, indem wir nach Z auflösen. Zunächst steht auf der linken Seite die Wahrscheinlichkeit, dass ein Ereignis bei einem bestimmten Wert $Z = Z_i$ eintritt:

$$P(Y_i = 1) = \frac{1}{1 + e^{-Z_i}} \qquad (8.9)$$

$$\Leftrightarrow (1 + e^{-Z_i}) \cdot P(Y_i = 1) = 1 \Leftrightarrow 1 + e^{-Z_i} = \frac{1}{P(Y_i = 1)}$$

$$\Leftrightarrow e^{-Z_i} = \frac{1}{P(Y_i = 1)} - 1 \Leftrightarrow e^{-Z_i} = \frac{1 - P(Y_i = 1)}{P(Y_i = 1)}$$

$$\Leftrightarrow e^{Z_i} = \frac{P(Y_i = 1)}{1 - P(Y_i = 1)} \Leftrightarrow Z_i = \ln\left(\frac{P(Y_i = 1)}{1 - P(Y_i = 1)}\right) = \ln\left(\frac{P(Y_i = 1)}{P(Y_i = 0)}\right).$$

Z_i gibt die logarithmierte Odds-Ratio für den Eintritt eines Ereignisses an. Z_i ist eine lineare Funktion der erklärenden Variablen. Die Koeffizienten können mit der Maximum-Likelihood-Methode geschätzt werden, zum Beispiel:

$$\hat{Z}_i = \hat{\beta}_0 + \hat{\beta}_1 x_{i1} + \hat{\beta}_2 x_{i2}.$$

Dazu würde Z_i in Gl. (8.9) durch diese lineare Spezifikation substituiert.

In Zusammenhang mit der ML-Schätzung sollte an dieser Stelle nachgetragen werden, dass es für ML-Schätzungen kein klassisches Bestimmtheitsmaß R^2 gibt. Allerdings bietet ökonometrische Software oft die Möglichkeit der Ausgabe eines Pseudo-R^2, das auch auf [0,1] normiert sein kann (aber nicht muss). In der Regel basieren diese Pseudo-Maße auf Linearkombinationen aus logL-Funktion und einem „Strafterm" für übermäßige Einschränkung der Anzahl der Freiheitsgrade. Für einfache Modellvergleiche mit gleicher Anzahl an exogenen Variablen wird gelegentlich auch nur der logL-Wert herangezogen.

> **Beispiel**
> *Vollzug der Todesstrafe und Konjunktur in US Bundesstaaten* Im Rahmen einer zeitreihenanalytischen Untersuchung für den Zeitraum von 1950–1990 – für die 39 US-Staaten, die die Todesstrafe in diesem Zeitraum vollzogen – konnte gezeigt werden, dass der Konjunkturzyklus mit der Reihe der Exekutionen für die beiden Bundesstaaten Louisiana und Utah korreliert ist.

Um diese Zusammenhänge auf bundesstaatlicher Ebene näher zu untersuchen wurde ein Probit-Modell der folgenden Art geschätzt:

$$EXC_{i,t} = \begin{cases} 1 & \text{für } V^*_{i,t} > 0 \\ 0 & \text{für } V^*_{i,t} \leq 0 \end{cases} \quad \text{mit } V^*_{i,t} = \beta' X_{i,t} = \beta_{0,i} + \beta_1 SBC_{i,t} + \varepsilon_{i,t}.$$

V^* stellt in diesem Zusammenhang die so genannte latente (weil nicht unmittelbar beobachtete) Variable dar. Es wird dabei unterstellt, dass diese Latente in linearem Zusammenhang zu dem Konjunkturzyklus im Einkommen des jeweiligen Bundesstaates steht (*SBC – state business cycle; EXC – execution*).

Für den genannten Zeitraum und die beiden genannten Bundesstaaten lässt sich zeigen, dass je nach Definition der SBC-Reihe eine Verbesserung der am bundesstaatlichen Konjunkturzyklus gemessenen wirtschaftlichen Bedingungen mit einem Sinken der Wahrscheinlichkeit des Vollzugs der Todesstrafe um 3,5 bis 10 % (statistisch signifikant) einhergeht.
Quelle: Süssmuth (2004)

8.4 Übungsaufgaben

Qualitative Regressoren Nehmen Sie die Tab. A.7, A.8 und A.9 aus dem tabellarischen Anhang zur Hand.

8.1 Welchen Effekt hat es auf die durchschnittliche Körpergrößenentwicklung amerikanischer Frauen (relativ zu ihren europäischen Pendants) aus der Geburtenkohorte der 1960er-Jahre, wenn für Einkommen und Erziehung kontrolliert wird? Ist Ihr Ergebnis vom ethnischen Hintergrund der betrachteten Teilgruppe an Individuen abhängig?

8.2 Sind Körpergrößenunterschiede unter amerikanischen Individuen stärker vom Einkommen der privaten Haushalte oder von den erzielten Bildungsabschlüssen beeinflusst? Welche Rolle spielt die Einkommensgruppenzugehörigkeit für die Körpergrößenunterschiede afroamerikanischer Frauen?

8.3 Eine universitäre Ausbildung hat einen günstigen Effekt auf den *Body Mass Index* (BMI ≡ Verhältnis von Körpermasse zu Körpergröße) aller analysierten Gruppen mit Ausnahme einer Gruppe. Um welche Gruppe handelt es sich? Abgesehen von dieser Ausnahme: Für welche Gruppe ist der Zusammenhang besonders stark ausgeprägt?

8.4 Was können Sie anhand der in Tab. A.9 gegebenen Schätzergebnisse über die Unterschiede in der Körpergrößenentwicklung von Ost- und Westdeutschen für den Zeitraum von 1946–1980 feststellen?

Zeitreihenanalyse

Als Ausgangsbasis und bevor wir uns anderen Ansätzen der Zeitreihenanalyse zuwenden, unterstellen wir zunächst das Modellkonzept unbeobachtbarer Komponenten (*Unobserved Components Model*) einer Zeitreihe. Dieser Ansatz hat seine Ursprünge in der Astronomie und Meteorologie des 17. Jahrhunderts und findet seit Mitte des 19. Jahrhunderts auch Anwendung in der Ökonomie.

9.1 Unbeobachtete-Komponenten-Modell

Im Rahmen der sogenannten „visuellen Analyse", also der graphischen Veranschaulichung oder der eingängigen Betrachtung des Plots von Zeitreihendaten, wird man feststellen, dass sich Zeitreihen im Allgemeinen aus verschiedenen und nicht oder nur sehr schwer direkt beobachtbaren Komponenten zusammensetzen können. Vereinfacht kann man dies so ausdrücken:

Reihe = Saison + zyklische Komponente + Trend + irreguläre Komponente.

Zum *Saison-Effekt* einer ökonomischen Reihe lässt sich feststellen, dass viele Zeitreihen – wie etwa Temperaturaufzeichnungen (*temperature readings*), Geldnachfragedaten oder Verkaufszahlen (*sales figures*) – in der Regel ein bestimmtes Variationsmuster innerhalb eines beispielsweise jährlichen Periodenabschnitts aufweisen.

Einige Zeitreihen zeigen zudem Variationsmuster (Zyklen) in mehrjährigen Abständen, die die *zyklische Komponente* einer Reihe bilden. Man spricht hier häufig auch von der Konjunktur-Komponente. Die zyklische Komponente ökonomischer Daten ergibt sich in aller Regel durch Konjunkturzyklen, deren Periodenlängen zwischen vier und zwölf Jahren liegen. Die feststellbare Länge der enthaltenen Zyklen kann unter anderem maßgeblich von den Charakteristika und Gegebenheiten der betrachteten Volkswirtschaft und dem Horizont des Untersuchungszeitraums abhängig sein.

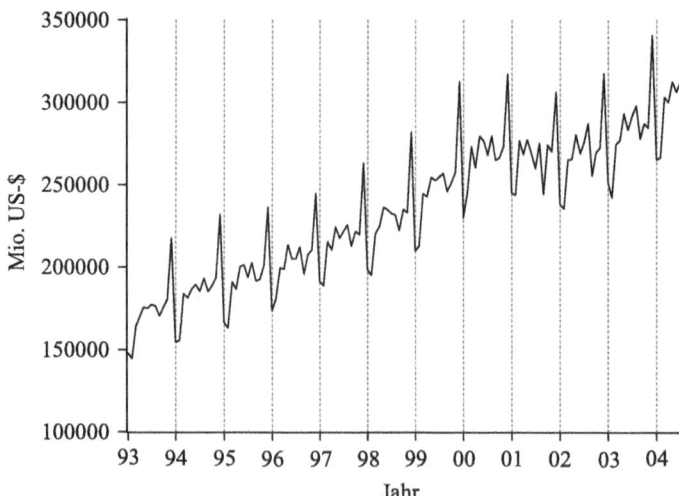

Abb. 9.1 Verkaufszahlen des US-Einzelhandels in aufeinander folgenden Monaten; Datenquelle: US Census Bureau (2009)

Bei der dritten unbeobachteten Komponente aus der obigen Gleichung handelt es sich um den *Trend*. Er stellt die langfristige, „glatte" Komponente einer Zeitreihe dar. Dies birgt allerdings das durchaus kritische Problem für die Praxis festzulegen, was „langfristig" bedeutet.

Nach der Bereinigung einer Reihe von Trend und zyklischen Komponenten (Saison und Konjunktur), verbleibt eine Reihe von Residuen – die *irreguläre Komponente*. Um zu überprüfen, ob die Residuen tatsächlich nur noch „Zufallscharakter" haben, gibt es Wahrscheinlichkeitsmodelle wie die Moving-Average-Modelle (MA-Modelle oder Modelle „gleitender Durchschnitte") und die autoregressiven Modelle (AR-Modelle).

Offensichtlich besitzt die in Abb. 9.1 dargestellte Zeitreihe sowohl eine saisonale (Muster innerhalb der Abschnitte eines Jahres) als auch eine zyklische Komponente (Muster über die Jahre hinweg) und weist zudem einen Trend auf (aufwärtsgerichtete mittlere Bewegung). Die Daten folgen keinem perfekten deterministischen Muster, wie etwa einer Sinusfunktion, daher beinhaltet die Reihe auch eine irreguläre Komponente.

9.2 Saisonbereinigung

9.2.1 Das Problem

Saisoneinflüsse treten lediglich in Reihen auf, bei denen die Diskretisierung der Zeitreihe in zeitliche Einheiten $t = 1, ..., T$ so erfolgt, dass $t < 1$ Jahr, also ein Zeitabschnitt weniger als ein Jahr beträgt. Man spricht in diesen Fällen von Daten mit täglicher Frequenz (ein typisches Beispiel sind tägliche Kurswerte eines Aktienindizes), monatlicher

9.2 Saisonbereinigung

Frequenz (ein typisches Beispiel sind Zinsentwicklungsreihen) oder Quartalsfrequenz (ein typisches Beispiel sind Verkaufszahlen).

Eine intuitive Begründung für das Bereinigen von Zeitreihen um saisonale Einflüsse stellt die Gefahr der linearen *Kollinearität* oder *Multikollinearität* dar. Dies kann man sich an dem Beispiel von Verkaufszahlen veranschaulichen. Man kann sich beispielsweise gut vorstellen, dass im Sommer-Quartal immer ein bestimmtes Vielfaches oder nur ein bestimmter Anteil der im Winter-Quartal angebotenen Güter verkauft wird. Ein regelmäßiges und sich innerhalb eines Jahres wiederholendes Muster einer Zeitreihe bezeichnet man als Saisonfigur. Konkrete Beispiele sind:

- Verkaufszahlen für Eiscreme: Saisonfigur mit Spitze (*Peak*) in den Sommermonaten und Tief (*Trough*) in den Wintermonaten,
- Spielwarenverkäufe: Saisonfigur mit *Peak* um Weihnachten,
- Verkaufszahlen für Skiausrüstung; hier kann von einer Saisonfigur mit *Peak* im Winter-Quartal und einem Tief im Sommer-Quartal ausgegangen werden.

Abb. 9.2 zeigt eine idealisierte Saisonfigur. Das Verhältnis der gestrichelt und durchgezogen dargestellten Strecken zueinander bleibt immer dasselbe. Es besteht lineare Abhängigkeit. Wenn im Sommer-Quartal im Vergleich zum Winterquartal immer in etwa die Hälfte der Menge an bestimmten Gütern verkauft wird (etwa wegen des Weihnachtsgeschäfts), dann kommt es zu linearer Abhängigkeit in der Datenmatrix. Das entscheidende technische Problem besteht dann darin, dass unter Umständen keine Inversion derartiger Matrizen und damit keine OLS-Regressionen möglich sind. Zur Erinnerung sei noch einmal betont, dass lineare Unabhängigkeit von Zeilen und Spalten einer Matrix die Voraussetzung für ihre Inversion darstellt.

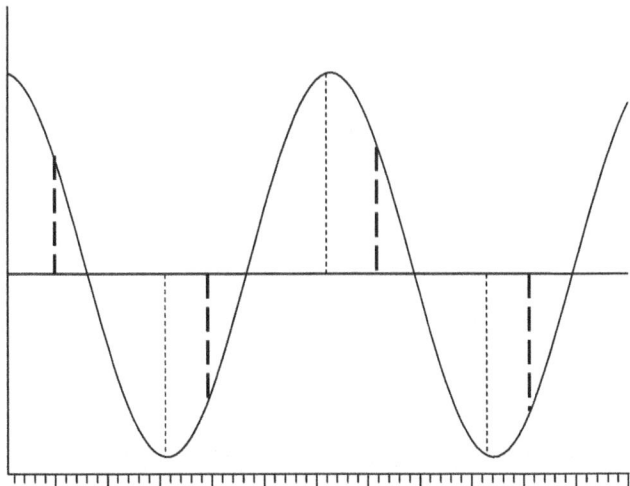

Abb. 9.2 Idealisierte Saisonfigur um eine jährliche oder pro Quartal glatte Bewegung

9.2.2 Ein mögliches Verfahren: Differenzfilter

Ein mögliches Verfahren zum Ausräumen saisonaler Einflüsse ist das Konzept der Differenzenbildung. Man spricht auch vom Differenzenfilter, insofern als die Daten manipuliert werden, um den Saisoneinfluss aus der Zeitreihe zu „filtern". Differenzenbildung ist die einfachste Möglichkeit der Saisonbereinigung einer Zeitreihe und geht zurück auf die von Georg E. P. Box und Gwilym M. Jenkins (Box und Jenkins, 1970) in den 1970er-Jahren entwickelten Ansätze. Für monatliche Daten einer Zeitreihe y kann beispielsweise ein Differenzenfilter gemäß der folgenden Vorschrift angewandt werden:

$$\Delta_{12} y_t = y_t - y_{t-12},$$

für Quartalsdaten gemäß der Vorschrift:

$$\Delta_4 y_t = y_t - y_{t-4}.$$

Es wird eine neue, saisonbereinigte Zeitreihe gebildet, indem von verzögerten Werten (bei Quartalsdaten um vier Perioden, für monatliche Daten um zwölf Perioden) der y-Daten der Wert der Variable y zum Zeitpunkt t abgezogen wird. Um den ersten um vier bzw. zwölf Perioden verzögerten Wert einer Quartals- oder Monats-Zeitreihe zu erhalten, muss man das Differenzenbilden bei Quartalsdaten mit dem fünften Wert, bei monatlichen Daten mit dem 13. Wert beginnen.

Die neue, gefilterte Reihe verkürzt sich folglich im ersten Fall um vier beobachtete Werte und im zweiten Fall um zwölf beobachtete Werte. Anders formuliert können lediglich $T - 4$ bzw. $T - 12$ Differenzen gebildet werden. Die zentralen Nachteile dieser Methode sind daher (i) die Verkürzung der Zeitreihen und damit Verlust von Information und Freiheitsgraden und (ii) die Verfälschung der anderen (deterministischen) Komponenten des Unobserved-Components-Modells.

9.3 Univariate stochastische Prozesse

Bei dem im Folgenden dargestellten Box-Jenkins-Ansatz handelt es sich um einen Ansatz mit den drei zentralen Eigenschaften der Daten generierenden Prozesse:

- keine erklärenden Variablen (X-Variablen), abgesehen von verzögerten Endogenen kommen zum Einsatz;
- wir unterstellen somit auch kein strukturelles Wissen über die reale Welt und
- wir gehen von der stochastischen Zeitreihen-Hypothese aus, wonach jeder Wert y_t, y_{t+1} etc. als zufällig aus einer Verteilung gezogen betrachtet wird.

9.3 Univariate stochastische Prozesse

9.3.1 Random Walk ohne Drift, ein AR(1) Prozess

Sei $y_t = y_{t-1} + \epsilon_t$, wobei ϵ_t eine Zufallsvariable mit einem Erwartungswert von Null ausdrückt ($E(\epsilon_t) = 0$) und

$$\epsilon_t = \begin{cases} +1 & \text{mit } P = \frac{1}{2} \\ -1 & \text{mit } P = \frac{1}{2}. \end{cases}$$

Ein Simulation dieses Prozesses ist in Abb. 9.3 dargestellt.

Der Random Walk ist der einfachste stochastische Prozess, der einer Zeitreihe zugrunde liegen kann. Er hat eine so genannte *Einheitswurzel (unit root)*, da y_{t-1} mit 1 multipliziert wird. Ist der Anfangswert des Random-Walk-Prozesses nun gegeben durch y_0, so gilt:

$$y_1 = y_0 + \epsilon_1,$$
$$y_2 = y_1 + \epsilon_2 = y_0 + \epsilon_1 + \epsilon_2,$$
$$y_3 = y_2 + \epsilon_3 = y_0 + \epsilon_1 + \epsilon_2 + \epsilon_3,$$
$$\vdots$$
$$y_n = y_{n-1} + \epsilon_n = y_0 + \epsilon_1 + \epsilon_2 + \ldots + \epsilon_n = y_0 + \sum_{i}^{n} \epsilon_n.$$

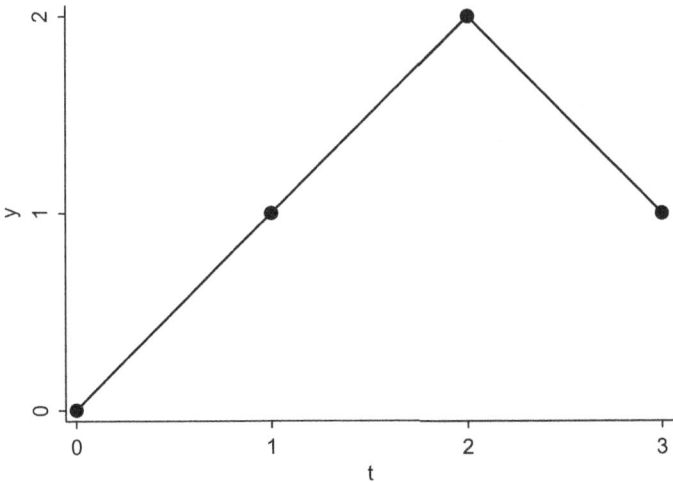

Abb. 9.3 Beispiel für einen Random Walk mit $\epsilon_1 = 1, \epsilon_2 = 1, \epsilon_3 = -1$ und $y_0 = 0$

Der Random Walk hat ein so genanntes *perfektes Gedächtnis (perfect memory)*, da das zuvor definierte y_n alle zurückliegenden Schocks beinhaltet. Schocks haben damit einen permanenten Effekt auf die Zeitreihe. Die Vorhersage eines Random-Walk-Prozesses ohne Drift (das heißt ohne Konstante in der Regressionsgleichung) eine Periode in die Zukunft ist gleich der Vorhersage des Random-Walk-Prozesses für zwei Perioden in die Zukunft:

$$\hat{y}_{t+1} = y_t + \overbrace{E(\epsilon_{t+1})}^{=0}$$
$$= y_t.$$
$$\hat{y}_{t+2} = \hat{y}_{t+1} + E(\epsilon_{t+2})$$
$$= E(y_t + \epsilon_{t+1}) + E(\epsilon_{t+2})$$
$$= y_t + E(\epsilon_{t+1}) + E(\epsilon_{t+2})$$
$$= y_t + 0 + 0$$
$$= y_t.$$

Zur Varianz von $\hat{y}_{t+1}$ halten wir zunächst fest, dass der Vorhersagefehler e_{t+1} in der Vorhersage von einer Periode in die Zukunft gegeben ist durch:

$$e_{t+1} = y_{t+1} - \underbrace{\hat{y}_{t+1}}_{=y_t} = y_t + \epsilon_{t+1} - y_t = \epsilon_{t+1}.$$

Die Varianz beträgt dann:

$$E\left((\epsilon_{t+1})^2\right) = \sigma_\epsilon^2.$$

Zur Varianz von $\hat{y}_{t+2}$ gilt analog, dass der Vorhersagefehler ϵ_{t+2} einer Vorhersage von zwei Perioden in die Zukunft gegeben ist durch:

$$e_{t+2} = y_{t+2} - \underbrace{\hat{y}_{t+2}}_{=y_t} = y_t + \epsilon_{t+1} + \epsilon_{t+2} - y_t = \epsilon_{t+1} + \epsilon_{t+2}.$$

Die Varianz lautet:

$$E\left((\epsilon_{t+1} + \epsilon_{t+2})^2\right) = E\left((\epsilon_{t+1})^2\right) + \underbrace{2E\left(\epsilon_{t+1}\epsilon_{t+2}\right)}_{=0} + E\left((\epsilon_{t+2})^2\right)$$

ϵ_{t+1} und e_{t+2} sind voneinander unabhängig, daher ist die Kovarianz 0. Die Varianz ist also:

9.3 Univariate stochastische Prozesse

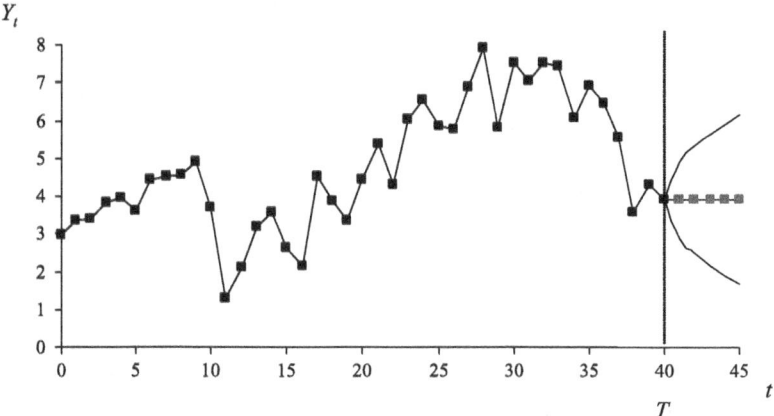

Abb. 9.4 Vorhersage eines Random Walk; Standardabweichung: $(n\sigma_t^2)^{\frac{1}{2}}$

$$\text{Var}(e_{t+2}) = \text{E}\left((\epsilon_{t+1})^2\right) + \text{E}\left((\epsilon_{t+2})^2\right) = (\sigma_\epsilon)^2 + (\sigma_\epsilon)^2 = 2(\sigma_\epsilon)^2$$

Allgemein können wir feststellen, dass $\text{Var}(\epsilon_{t+n}) = n\sigma_\epsilon^2$. Unser Fazit lautet daher, dass die Varianz der Vorhersage eines Random-Walk-Prozesses linear ansteigt, je weiter in die Zukunft prognostiziert wird. Gleiches gilt für den Standardfehler der Vorhersage, der mit der Wurzel der prognostizierten Perioden als linearem Faktor ansteigt (Abb. 9.4).

9.3.2 Random Walk mit Drift, ein AR(1) Prozess

Ein Random Walk mit Drift ist gegeben: $y_t = y_{t-1} + \delta + \epsilon_t$, wobei der Driftparameter $\delta \neq 0$.

Für seine Vorhersage (Abb. 9.5) gilt:

$$\hat{y}_{t+1} = \text{E}(y_t) + \text{E}(\epsilon_{t+1}) = y_t + \delta + 0, \text{ da } \text{E}(\epsilon_{t+1}) = 0.$$

$$\hat{y}_{t+2} = \hat{y}_{t+1} + \delta = y_t + 2\delta.$$

Anhand dieser Gleichungen wird deutlich, dass die Vorhersage mit zunehmendem Prognosehorizont linear ansteigt. Der Standardfehler der Prognose und der Vorhersagefehler sind dieselben wie im Fall des Random-Walk-Prozesses ohne Drift.

9.3.3 Stationäre Reihen

Bleiben die Eigenschaften (Momente) einer Zeitreihe über die Zeit hinweg konstant, so spricht man von einer stationären Reihe. Folgende Bedingungen müssen dafür erfüllt sein:

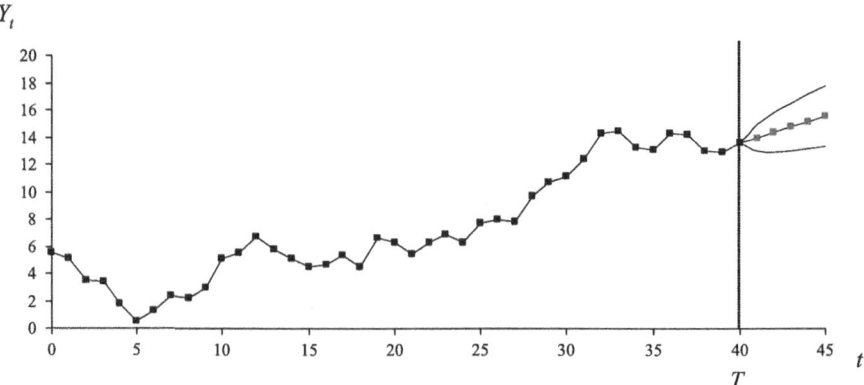

Abb. 9.5 Vorhersage eines Random Walk mit Drift

1. $E(y_{t+m}) = E(y_t) \quad \forall m$.
   Dies impliziert, dass es keinen Trend gibt. Ist die Reihe y_t stationär, so ist auch ihr Mittelwert $\mu_y = E(y_t)$ stationär. Ein Random Walk mit Drift ist daher nicht stationär.
2. Die Varianz der Reihe muss ebenfalls konstant sein:
   $\sigma_y^2 = E(y_t - \mu_y)^2$.
   Somit ist ein Random-Walk-Prozess ohne Drift auch nicht stationär.
3. Die Kovarianzen müssen für jede Verzögerung k konstante Werte annehmen:
   $\gamma_k = \text{Cov}(y_t, y_{t+k}) = E\left((y_t - \mu_y)(y_{t+k} - \mu_y)\right) = \gamma_{k+m}$.

Der geschätzte Mittelwert eines stationären Prozesses ist der Stichprobenmittelwert

$$\mu_y = \bar{y} = \frac{1}{T} \sum_{t=1}^{T} y_t.$$

Die geschätzte Varianz ist die Stichprobenvarianz

$$\hat{\sigma}_y^2 = \frac{1}{T} \sum_{t=1}^{T} (y_t - \bar{y})^2.$$

Wir werden später sehen, wie ein nicht-stationärer Prozess in einen stationären Prozess transformiert werden kann. Ein zeitreihenanalytischer Anwendungsbereich in diesem Zusammenhang ist die Trendbereinigung von Zeitreihen.

9.4 Trendmodelle und Trendbereinigung

Das Problem hinter der Trendmodellierung und -bereinigung ist einfach beschrieben. Berücksichtigen wir den Trend nicht, so verletzen wir wesentliche Annahmen des OLS-Modells. Es kann zu Autokorrelation, Heteroskedastie oder Multikollinearität unter den erklärenden Variablen (oder auch zu Kombinationen aus dieser Aufzählung) kommen. Auch kann eine über OLS festgestellte Beziehung zwischen y und x verursacht werden durch eine dritte, nicht beobachtbare trendbehaftete Variable. Ein Beispiel ist ein durch Bevölkerungswachstum bedingtes Wachstum des Inlandsprodukts oder ein dadurch verursachter Anstieg der Anzahl an Flugzeugpassagieren, wobei letztere beiden Variablen jeweils die zu erklärenden Größen wären.

Grundsätzlich gibt es zwei Möglichkeiten, den Trend einer Zeitreihe zu modellieren: das deterministische Trendmodell und das stochastische Trendmodell. Es existieren Testverfahren, so genannte *Unit-Root-Tests (Dickey-Fuller-Tests)*, die als Auswahlkriterium für eines der Modelle verwendet werden können. Auf den Punkt gebracht kann man folgern, dass, sofern x und y nicht stationär sind, man auf OLS nicht zurückgreifen sollte, weil ein solches Vorgehen falsche Schlüsse implizieren kann. Fehleinschätzungen aus derartigen Regressionen werden auch Scheinregressionen (*spurious regressions*) genannt. Wir können uns dies an einem Beispiel veranschaulichen. Wenn etwa gilt, dass

$$x = f_1(t) \text{ und } y = f_2(t),$$

dann könnte man den Eindruck gewinnen, dass

$$y = f_3(x),$$

obwohl beide Variablen eigentlich nicht voneinander abhängen. Daher sollten x und y zunächst in stationäre Reihen überführt werden, das heißt von ihrem Trend bereinigt werden, bevor hier eine OLS-Schätzung vorgenommen wird.

9.4.1 Das deterministische Trendmodell

Eine allgemeine Form für ein deterministisches Trendmodell ist

$$y_t = f(t) + \epsilon_t, \quad \text{wobei}$$

f eine deterministische Funktion der Zeit darstellt. Alle Einflüsse außer dem Zeittrend (Konjunktur, Saison, irreguläre Komponente) gehen in die Restgröße ϵ_t ein. Enthalten die Restgrößen also zyklische Komponenten, wie Saisonfiguren, und Konjunkturmuster, führt dies dazu, dass sie miteinander korreliert sind. Nimmt man an oder kann man zeigen, dass diese Restgrößen ϵ_t einem *stationären Prozess* entsprechen, also:

1. $E(\epsilon_t) = \mu = \text{konst.}$,
2. $\text{Var}(\epsilon_t) = \sigma^2 = \text{konst.}$,
3. $\text{Cov}(\epsilon_t, \epsilon_{t-T}) = E((\epsilon_t - \mu)(\epsilon_{t-T} - \mu)) = \text{konst.}$,

so ist das deterministische Trendmodell ein geeignetes Modell für einen Filter, um eine nicht-stationäre Zeitreihe in eine stationäre Zeitreihe zu überführen. Ist beispielsweise y die Zeitreihe des Einkommens, dann beschreibt ϵ das trendbereinigte Einkommen: $\epsilon = y - f(t)$.

Ein deterministisches Trendmodell ist der Polynomtrend

$$y_t = \beta_0 + \beta_1 t + \beta_2 t^2 + \cdots + \beta_q t^q + \epsilon_t, \text{ wobei}$$

q als „Ordnung" des Polynomtrends bezeichnet wird und für

$q = 1$ einen linearen Trend,
$q = 2$ einen quadratischen Trend und
$q = 3$ einen kubischen oder Polynomtrend dritter Ordnung darstellt.

Der Trend verläuft mit zunehmender Ordnung q steiler.
Ein weiteres deterministisches Trendmodell ist der exponentielle Trend:

$$y_t = \beta_0 e^{\beta_1 t} e^{\epsilon_t} \Rightarrow ln y_t = ln \beta_0 + \beta_1 t + \epsilon_t.$$

Das passende deterministische Trendmodell wird ausgewählt, indem mehrere deterministische Trends – linear, quadratisch, Polynomtrends höherer Ordnung oder auch andere deterministische Trendfunktionen – geschätzt werden. Es wird derjenige deterministische Trend mit der relativ höchsten Anpassungsgüte (dem „besten Fit"), gemessen an Student-t-, F-, Log-Likelihood-Teststatistik, sowie (adjustiertem) R^2 und Informationskriterien gewählt.

Wie geht man nun konkret bei der Trendbereinigung mit einem deterministischen Trendmodell vor? Zunächst schätzt man eine Reihe deterministischer Trends für die Zeitreihe. Eventuell besteht eine Vermutung, etwa dass eine Population exponentiell wächst oder ähnliches. In einem zweiten Schritt wählt man denjenigen deterministischen Trend mit der besten statistischen Anpassungsgüte. Schließlich subtrahiert man in einem letzten Schritt den geschätzten Zeittrend von der Zeitreihe. Zum Beispiel:

$$\epsilon_t = y_t - \hat{\beta}_0 - \hat{\beta}_1 t \text{ (bei linearem Trend)}$$

$$\epsilon_t = ln y_t - ln \beta_0 - \hat{\beta}_1 t \text{ (bei exponentiellem Trend)}.$$

Dabei drückt ϵ_t jeweils die trendbereinigte Reihe zur Zeitreihe y_t aus (Abb. 9.6).

9.4 Trendmodelle und Trendbereinigung

Abb. 9.6 Produktionsindex der deutschen Bauindustrie 1851–2007 (Index: 1962 = 100) und zugehöriger Verlauf verschiedener deterministischer Trends; Datenquellen: Hoffmann (1965), Statistische Jahrbücher (1974–2008)

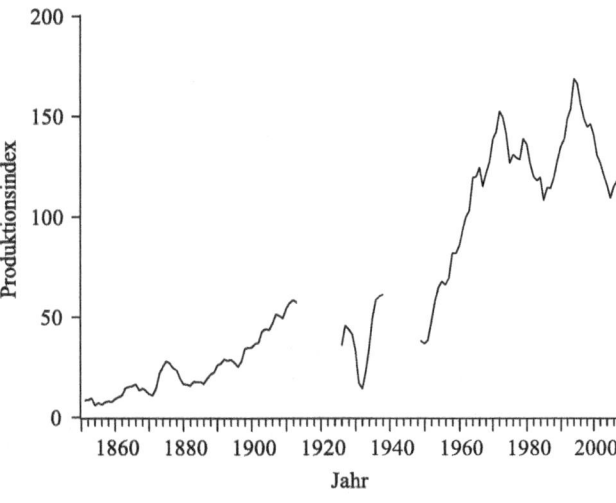

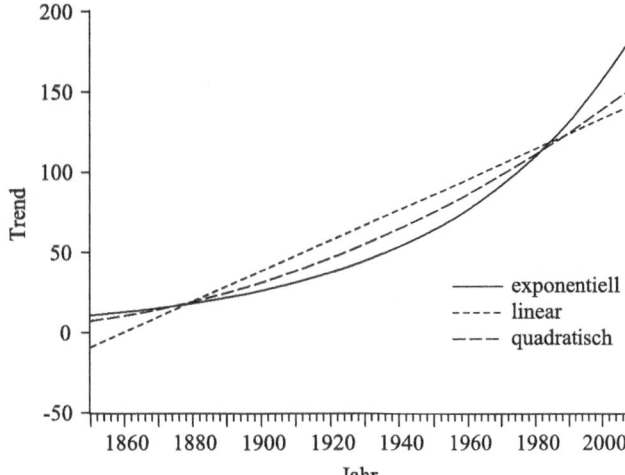

9.4.2 Das stochastische Trendmodell

Die allgemeine Form des stochastischen Trendmodells ist ein Random Walk mit Drift:

$$\Delta y_t = y_t - y_{t-1} = \beta_1 + \epsilon_t.$$

Dabei stellt β_1 den Drift-Parameter dar.

Um den zentralen Unterschied zum deterministischen Trendmodell aufzuzeigen, setzen wir rekursiv in die Random-Walk-Gleichung ein:

$$y_1 = y_0 + \beta_1 + \epsilon_1$$
$$y_2 = y_1 + \beta_1 + \epsilon_2 = y_0 + 2\beta_1 + \epsilon_1 + \epsilon_2$$
$$y_3 = y_2 + \beta_1 + \epsilon_3 = y_0 + 3\beta_1 + \epsilon_1 + \epsilon_2 + \epsilon_3$$
$$\vdots$$
$$y_t = y_0 + t\beta_1 + \sum_t \epsilon_t = y_0 + \beta_1 t + \Phi_t,$$

wobei $\Phi_t = \sum_t \epsilon_t$ das so genannte Gedächtnis (*memory*) angibt.

Der Unterschied zum deterministischen Trendmodell besteht offensichtlich darin, dass sich beim stochastischen Trendmodell der Residualteil aus einer Summe von Störtermen

$$\Phi_t = \sum_t \epsilon_t$$

zusammensetzt. Das stochastische Trendmodell nimmt an, dass die Störterme ϵ_t einem speziellen stationären Prozess folgen, einem so genannten *White-Noise-Prozess*. Ein solches weißes Rauschen ist unsystematisch, d. h. die Kovarianzen zwischen den Elementen des Prozesses sind Null und nicht vorhersagbar. Ein White-Noise-Prozess hat einen Erwartungswert von Null. In der realen Welt ist ein derartiger Prozess selten anzutreffen. Ein dem weißen Rauschen ähnliches Phänomen ist beispielsweise das Punkteflimmern des Fernsehbildes für ein TV-Set ohne Kabelanschluss.

Ein White-Noise-Prozess ist ein spezieller stationärer Prozess. Er liegt formal dann vor, wenn für eine Reihe indizierter Zufallsvariablen $\epsilon_1, \epsilon_2, \ldots, \epsilon_T$ gilt:

1. $E(\epsilon_t) = 0$: kein Trend,
2. $Var(\epsilon_t) = \sigma_\epsilon^2$: konstante Varianz,
3. $Cov(\epsilon_t, \epsilon_{t-\tau}) = 0$: Kovarianzen von 0 zu jeder möglichen Verzögerung.

Wir sollten festhalten, dass ein zentraler Unterschied zwischen einem White-Noise-Prozess und einem Random Walk besteht. Der Random Walk hat eine Einheitswurzel (*unit root*) und ist nicht stationär. Seine ersten Differenzen dagegen sind stationär. Ein White-Noise-Prozess ist (undifferenziert) stationär, aber nicht alle stationären Prozesse sind notwendigerweise auch White-Noise-Prozesse.

Die Konsequenz ist, dass das stochastische Trendmodell heteroskedastisch ist, denn:

9.4 Trendmodelle und Trendbereinigung

$$\text{Var}(\Phi_t) = \text{Var}\left(\sum_t \epsilon_t\right) = \text{E}\left(\sum_t \epsilon_t - \text{E}\left(\sum_t \epsilon_t\right)\right)^2$$

$$= \text{E}\left(\sum_t \epsilon_t - \sum_t \text{E}(\epsilon_t)\right)^2 \quad \text{mit} \quad \text{E}(\epsilon_t) = 0$$

$$= \text{E}\left(\sum_t \epsilon_t\right)^2 = \sum_t \text{E}(\epsilon_t^2) = t\sigma_\epsilon^2.$$

Die aggregierten Störterme sind also im Gegensatz zum deterministischen Modell nicht mehr stationär, die Varianz steigt mit t. Die Residuen des stochastischen Trendmodells sind darüber hinaus autokorreliert, denn sie hängen immer von der Summe ihrer Vergangenheitswerte ab. Dennoch kommt das stochastische Trendmodell in der ökonomischen Zeitreihenanalyse häufig zur Anwendung. Dies hat damit zu tun, dass das stochastische Trendmodell als Regressionsgleichung für die Schätzung der durchschnittlichen Wachstumsrate einer Zeitreihe fungiert. Durch Logarithmierung und Bilden der ersten Differenzen der logarithmierten Ausdrücke einer Zeitreihe erhält man eine Approximation ihrer Wachstumsrate:

$$ln y_t - ln y_{t-1} \approx \frac{y_t - y_{t-1}}{y_{t-1}}.$$

Vereinfacht sprechen wir in diesem Zusammenhang auch von ersten „Log-Differenzen" oder dem „LogD-" oder „DLog-Filter". Genau genommen handelt es sich bei der Approximation der Wachstumsraten um eine Taylorreihenapproximation erster Ordnung, wie wir unten zeigen. Für viele Zeitreihen kann davon ausgegangen und empirisch gezeigt werden, dass ihre Wachstumsraten einem stationären Prozess folgen. Zeigen lässt sich dies über die Schätzung eines einheitlichen und konstanten Erwartungswertes, einer konstanten Varianz und konstanter Kovarianzen zu unterschiedlichen Lags für die Wachstumsraten einer Zeitreihe.

Diese Überlegungen führen uns zu einem neuen Schätzmodell, das die linke Gleichungsseite des Basismodells stochastischer Trends in logarithmierter Form aufweist:

$$ln y_t - ln y_{t-1} = \beta_1 + \epsilon_t.$$

Die Schätzung des Regressionskoeffzienten β_1 ist dann ein Schätzer für die durchschnittliche Wachstumsrate einer Zeitreihe.

> **Verständnis und Übung**
>
> *Taylorreihenentwicklung* Betrachten wir eine Funktion f an der Stelle y_{t-1}. Die zugehörige Taylorreihe ist dann gegeben durch:
>
> $$f(y_t) = f(y_{t-1}) + f'(y_{t-1}) \cdot (y_t - y_{t-1}) + f''(y_{t-1})\frac{1}{2!}(y_t - y_{t-1})^2$$
>
> $$+ f'''(y_{t-1})\frac{1}{3!}(y_t - y_{t-1})^3 + \cdots$$
>
> Eine lineare Taylorreihenapproximation, wie wir sie verwenden werden, unterstellt nun, dass die Terme mit einer Potenz höher als 1 vernachlässigbar klein sind. Für die Funktion $f = ln y_t$ beispielsweise erhalten wir die folgende Taylorreihenapproximation erster Ordnung an der Stelle y_{t-1}:
>
> $$f(y_t) \approx f(y_{t-1}) + \frac{1}{y_{t-1}} \cdot (y_t - y_{t-1})$$
>
> $$\Leftrightarrow ln y_t - ln y_{t-1} \approx \frac{y_t - y_{t-1}}{y_{t-1}}.$$
>
> Die Differenz der Logarithmen entspricht also in erster Approximation der prozentualen Abweichung, die wir üblicherweise als Wachstumsrate definieren.

Wie geht man nun konkret bei der Trendbereinigung mit dem stochastischen Trendmodell vor? Eine stationäre Reihe im stochastischen Modell erhält man über Logarithmierung und Bilden der ersten Differenzen, da dann die neue abhängige Variable eine (approximative) Wachstumsrate darstellt und diese so transformierten Zeitreihen häufig einem stationären Prozess (Abb. 9.7) folgen.

Im Gegensatz zum deterministischen Trendmodell, bei dem die Residuen die Abweichung vom Trend darstellen, stehen die Residuen im logarithmierten stochastischen Trendmodell für die Abweichung von der durchschnittlichen Wachstumsrate der Zeitreihe.

9.4.3 Einheitswurzel- oder Unit-Root-Tests

Der Einheitswurzeltest oder auch Dickey-Fuller-Test stellt ein Auswahlkriterium für ein Trendmodell – stochastisch oder deterministisch – in Form eines Tests dar. Die Nullhypothese H_0 lautet: „der Trend folgt einem stochastischen Trendmodell".

9.4 Trendmodelle und Trendbereinigung

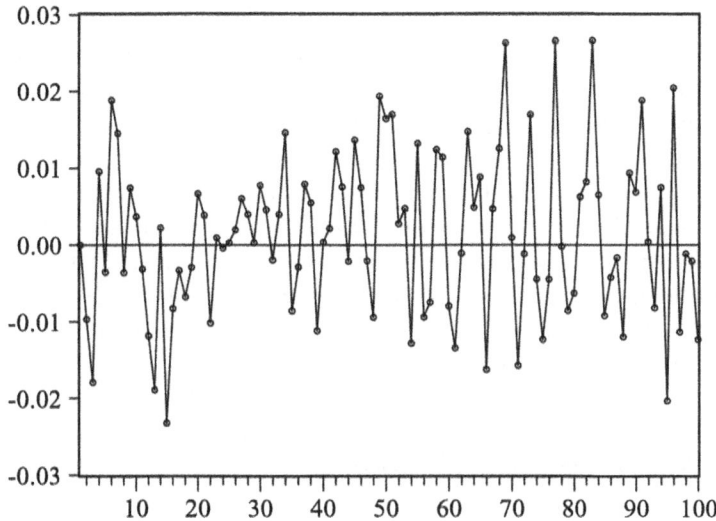

Abb. 9.7 Simulierter AR(1)-Prozess (100 Realisationen); Daten generierender Prozess: $y_t = \alpha + \beta y_{t-1} + \epsilon_t$; $\alpha = 0$; $\beta = 0{,}01$

Zunächst stellen wir ein allgemeines Modell auf, das beide Trendmodelle – das stochastische und das deterministische – beinhaltet:

$$y_t = \beta_0 + \underbrace{\beta_1 t}_{(a)} + \underbrace{\beta_2 y_{t-1}}_{(b)} + \epsilon_t,$$

wobei Teil (a) ein deterministisches (das lineare), Teil (b) das stochastische Trendmodell wiedergibt mit

$$H_0 : \beta_1 = 0 \text{ und } \beta_2 = 1.$$

Wir können jetzt eine OLS-Regression vornehmen, bei der wir zwei Fälle unterscheiden:

$\beta_1 \approx 0$ und $\beta_2 \approx 1 \Rightarrow$ wahres Modell ist eher stochastisches Trendmodell;
$\beta_1 \approx 1$ und $\beta_2 \approx 0 \Rightarrow$ wahres Modell ist eher deterministisches Trendmodell.

Nun modifizieren wir das Schätzmodell, indem wir auf beiden Seiten der Regressionsgleichung y_{t-1} subtrahieren:

$$y_t - y_{t-1} = \beta_0 + \beta_1 t + \underbrace{(\beta_2 - 1)}_{\beta_2^*} y_{t-1} + \epsilon_t.$$

Die Nullhypothese lautet dann: $H_0 : \beta_2^* = 0$ oder „das wahre Modell ist ein stochastisches Trendmodell". Die Alternativhypothese ist gegeben durch $H_1 : \beta_2^* < 0$. Es handelt sich entsprechend um einen ausschließlich linksseitigen Test, für den die t-Verteilung nicht geeignet ist. Für Modelle dieser Art, die in ersten Differenzen spezifiziert sind, wird eine entsprechende Alternative zur t-Statistik benötigt. Es gibt dafür eine eigene Dickey-Fuller-Verteilung, die sich in Kurzform im tabellarischen Anhang findet, mit der man den Test durchführen kann. Im Vergleich zur t-Verteilung fallen die kritischen Werte verhältnismäßig strenger aus. Zum Signifikanzniveau von 5 % liegt der kritische Wert bei dieser Spezifikation etwa bei $-3{,}4$ – im Gegensatz zur Daumenregel ± 2 bei t-Tests. Das heißt, wenn $\hat{\beta}_2^* / \hat{\sigma}_{\beta_2^*} < -3{,}4 \Rightarrow H_0$ ablehnen. Anderseits impliziert $\hat{\beta}_2^* < 0$, dass es keine Unit-Root bzw. stochastischen Trend gibt.

9.5 Die Autokorrelationsfunktion

Ob durch die Trendbereinigung – mit Hilfe deterministischer oder stochastischer Filter – tatsächlich eine stationäre Zeitreihe erzeugt wird, kann mit der Autokorrelationsfunktion überprüft werden. Diese liefert Informationen über eine Zeitreihe, ihre Stationaritätseigenschaft und ihre zugrunde liegenden stochastischen Prozesse. Außerdem misst die Autokorrelationsfunktion, wie viel Interdependenz zwischen den einzelnen Daten einer Reihe besteht. Sie gibt an, wie stark „benachbarte" Datenpunkte einer Reihe (beispielsweise t und $t-2$) miteinander korreliert sind.

Die Autokorrelationsfunktion – im Grunde Korrelationskoeffzienten – zu verschiedenen Lags k ist folgendermaßen definiert:

$$\rho_k = \frac{E((y_t - \mu_y)(y_{t+k} - \mu_y))}{\sqrt{E(y_t - \mu_y)^2 E(y_{t+k} - \mu_y)^2}} = \frac{\text{Cov}(y_t, y_{t+k})}{\sigma_{y_t} \sigma_{y_{t+k}}}.$$

Man sieht, dass die Autokorrelationsfunktion nichts anderes ist, als ein Korrelationsmaß. Sie ist definiert als die Kovarianz einer Variable mit verzögerten („gelagten") Werten derselben Variable, normiert auf Standardabweichungseinheiten. Für einen stationären Prozess ist die Varianz zur Zeit t dieselbe wie zum Zeitpunkt $t+k$, da dann

$$\sigma_{y_t} = \sigma_{y_{t+k}},$$

daher ist für stationäre Prozesse der Nenner der Autokorrelationsfunktion einfach die Varianz der Reihe:

$$\rho_k = \frac{E((y_t - \mu_y)(y_{t+k} - \mu_y))}{\sigma_{y_t}^2} = \frac{\text{Cov}(y_t, y_{t+k})}{\sigma_{y_t}^2} = \frac{\gamma_k}{\gamma_0}, k = 0, 1, 2, \ldots$$

9.5 Die Autokorrelationsfunktion

Der Zähler der Autokorrelationsfunktion (γ_k) ist die Kovarianz zwischen der Zeitreihenvariable in t und $t+k$. Die Autokovarianz mit der um 0 Perioden verzögerten Zeitreihe, γ_0, ist einfach die Varianz der Zeitreihe. Damit ist

$$\rho_k = \frac{\gamma_k}{\gamma_0}, \text{ z. B. } \rho_0 = \frac{\gamma_0}{\gamma_0} = 1, \rho_1 = \frac{\gamma_1}{\gamma_0}, \rho_2 = \frac{\gamma_2}{\gamma_0}.$$

Wir haben nun als Ausgangspunkt lediglich einen Ausschnitt des stochastischen Prozesses, dem unsere Zeitreihe unterliegt. Dies liegt natürlich an der begrenzten Anzahl unserer Beobachtungen. Mit diesem Ausschnitt können wir eine Schätzung für die Autokorrelationsfunktion durchführen. Diese Schätzung ist durch den folgenden Quotienten definiert und wird Stichproben-Autokorrelationsfunktion (*Sample Autocorrelation Function*, kurz: SACF) genannt:

$$\hat{\rho}_k = \frac{\sum_{t=1}^{T-k}(y_t - \bar{y})(y_{t+k} - \bar{y})}{\sum_{t=1}^{T-k}(y_t - \bar{y})^2}.$$

Trägt man diese Funktion in ein Diagramm mit dem Lag k auf der Abszisse ab, erhält man das sogenannte *Korrelogramm*. Es zeigt die Korrelation zwischen y_t und sukzessiv verzögerten Ausprägungen dieser Variable y_{t+k} (in Abb. 9.8 mit $k = 1, 2, 3, \ldots, 16$). Empirische Datenbeispiele geben Abb. 9.9, 9.10 und 9.11.

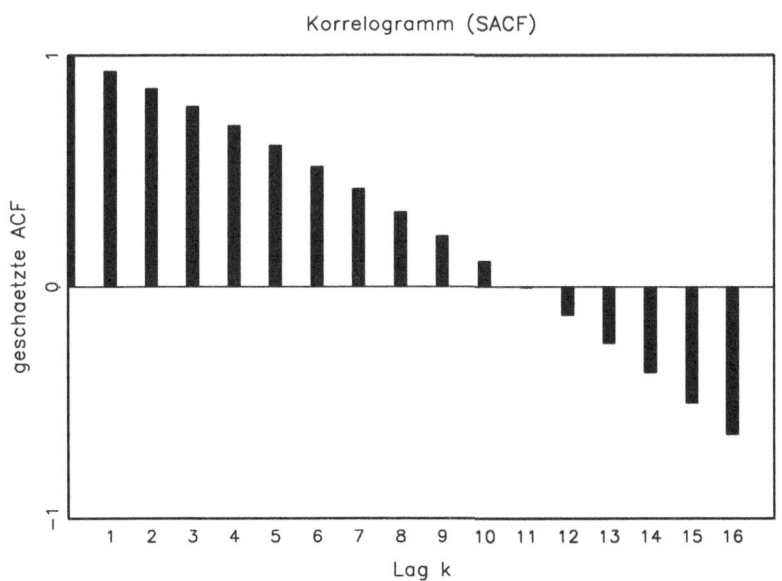

Abb. 9.8 Mit einem in Gauss erstellten Programm berechnetes Korrelogramm für die ersten 16 Lags der Zeitreihe (Zahlenfolge): $y_1, y_2, \ldots, y_T = 1, 2, \ldots, 30$

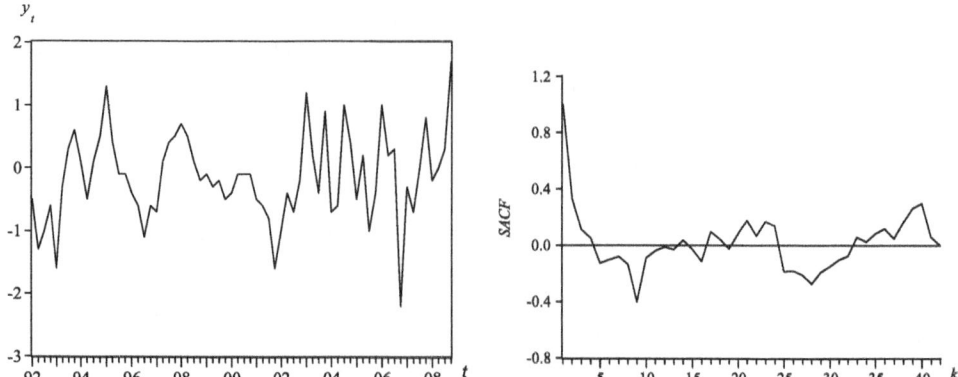

Abb. 9.9 Lagerinvestitionen in Deutschland 1992–2008 (Wachstumsbeitrag zum BIP in Vorjahreswerten): Quartalsdaten; Datenquelle: Deutsche Bundesbank (1992–2008); rechtes Diagramm: zugehörige SACF

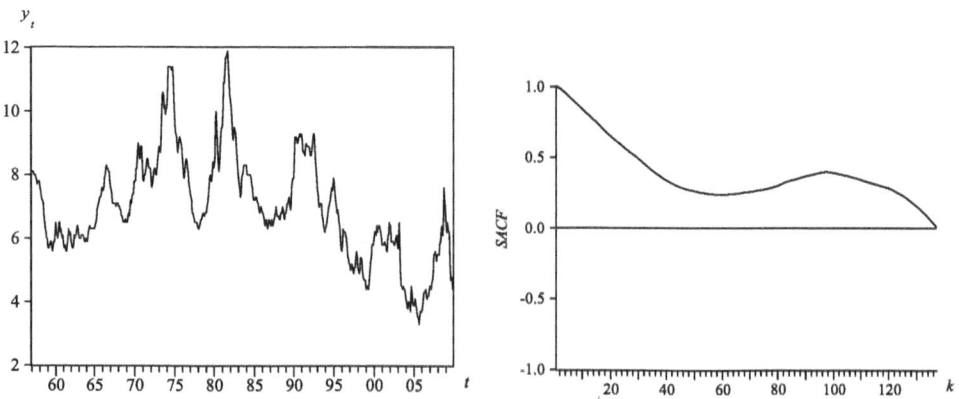

Abb. 9.10 Umlaufrendite deutscher Unternehmensanleihen: 01/1957 bis 11/2009: Monatsdaten; Datenquelle: Deutsche Bundesbank (2009); rechtes Diagramm: zugehörige SACF

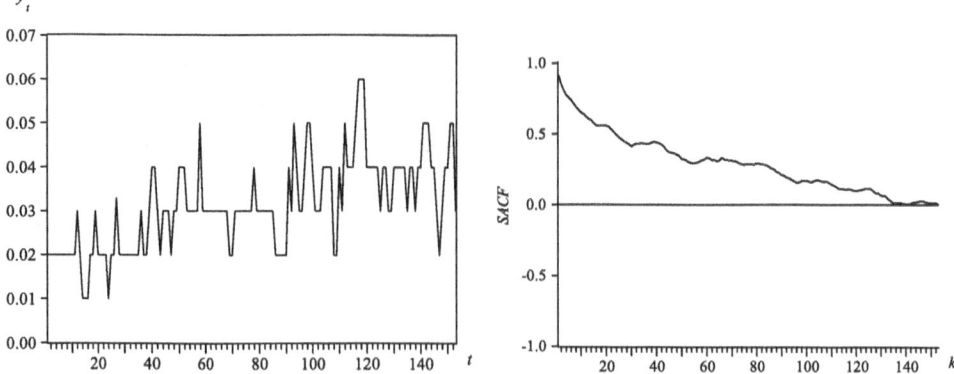

Abb. 9.11 Anteil der FDP bei den Sonntagsfrage-Umfragen in den Neuen Bundesländern: N = 153 (4.4.1998 – 20.11.2009); Datenquelle: infratest dimap (2009); rechtes Diagramm: zugehörige SACF

9.5 Die Autokorrelationsfunktion

9.5.1 Die Autokorrelationsfunktion für einen White-Noise-Prozess

Ein White-Noise-Prozess unterstellt den folgenden stationären Prozess:

$$Y_t = \epsilon_t \text{ mit } E(\epsilon_t) = 0.$$

Die ϵ_t sind dabei Zufallsvariablen, die unabhängig voneinander aus einer Normalverteilung gezogen werden. Dann erhalten wir für die Autokorrelationsfunktion von y_t:

$$\rho_0 = 1, \text{ da } \gamma_0 = \sigma_y^2 \text{ und}$$

$$\rho_k = 0 \text{ mit } k > 0 \; \forall k \text{ (alle Kovarianzen sind = 0).}$$

In Abb. 9.12 sehen wir die theoretische Autokorrelationsfunktion eines White-Noise-Prozesses mit einem Peak am Lag $k = 0 (\rho_0 = \gamma_0/\gamma_0 = 1)$. Anschließend fällt die Autokorrelationsfunktion auf den Wert 0.

Abb. 9.13 zeigt die Sample-Autokorrelationsfunktion für eine Stichprobe – ein Sample – von 30 Beobachtungen, das aus einer Normalverteilung mit Erwartungswert 0 und Standardabweichung 1 zufällig gezogen wurde. Auch hier gibt es einen Peak am Lag $k = 0$ und ein anschließendes Fallen der Autokorrelationsfunktion auf Werte um 0.

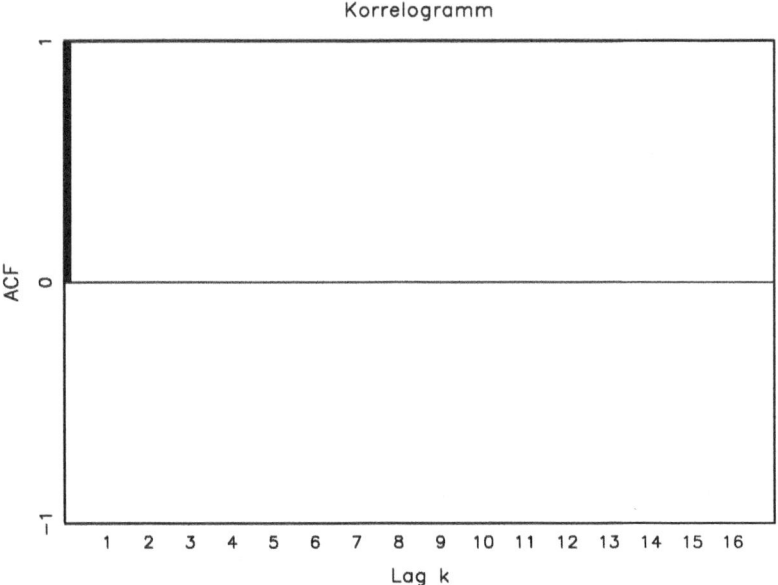

Abb. 9.12 Theoretische Autokorrelationsfunktion eines White-Noise-Prozesses

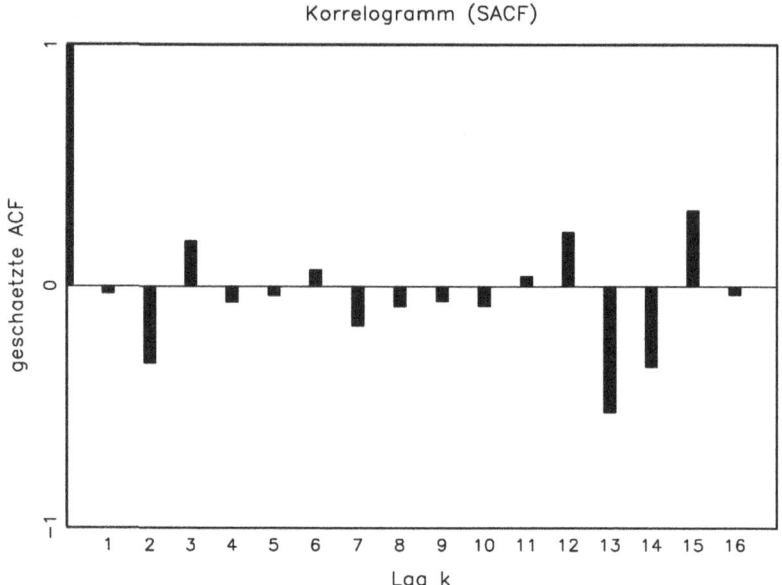

Abb. 9.13 Empirische Autokorrelationsfunktion (SACF) der Realisierung eines White-Noise-Prozesses

Um zu testen, ob ρ_k für $k > 0$ tatsächlich nicht signifikant von 0 verschieden ist, ob also bei der zu untersuchenden Zeitreihe von einem White-Noise-Prozess gesprochen werden kann, stellen wir folgende Überlegung an: ρ besitzt eine Standardabweichung von $1/\sqrt{T}$, wobei T die Anzahl der Beobachtungen ausdrückt.

Haben wir es etwa mit $T = 100$ Beobachtungen zu tun, dann ist

$$\hat{\sigma}_\rho = \frac{1}{\sqrt{100}} = 0,1.$$

Möchte man zu einem Niveau von 95 % sicher sein, dass der wahre Koeffizient nicht gleich 0 ist, sollte der Koeffizient betragsmäßig also $1,96 \cdot 0,1 \approx 0,2$ oder größer sein. Im Beispiel von Tab. 9.1 mit nur 30 Beobachtungen ist

$$\hat{\sigma}_\rho = \frac{1}{\sqrt{30}} = 0,182$$

und somit die 95 %-Grenze bei

$$1,96 \cdot 0,182 = 0,36.$$

9.5 Die Autokorrelationsfunktion

Tab. 9.1 Numerisches Beispiel zur Berechnung einer Stichprobenautokorrelationsfunktion

y_t	$(y_t - \bar{y})$	$(y_{t+1} - \bar{y})$	$(y_t - \bar{y})(y_{t+1} - \bar{y})$	$(y_t - \bar{y})^2$	y_{t+1}	y_{t+2}
1	−14,5	−13,5	195,75	210,25	2	3
2	−13,5	−12,5	168,75	182,25	3	4
3	−12,5	−11,5	143,75	156,25	4	5
4	−11,5	−10,5	120,75	132,25	5	6
5	−10,5	−9,5	99,75	110,25	6	7
6	−9,5	−8,5	80,75	90,25	7	8
7	−8,5	−7,5	63,75	72,25	8	9
8	−7,5	−6,5	48,75	56,25	9	10
9	−6,5	−5,5	35,75	42,25	10	11
10	−5,5	−4,5	24,75	30,25	11	12
11	−4,5	−3,5	15,75	20,25	12	13
12	−3,5	−2,5	8,75	12,25	13	14
13	−2,5	−1,5	3,75	6,25	14	15
14	−1,5	−0,5	0,75	2,25	15	16
15	−0,5	0,5	−0,25	0,25	16	17
16	0,5	1,5	0,75	0,25	17	18
17	1,5	2,5	3,75	2,25	18	19
18	2,5	3,5	8,75	6,25	19	20
19	3,5	4,5	15,75	12,25	20	21
20	4,5	5,5	24,75	20,25	21	22
21	5,5	6,5	35,75	30,25	22	23
22	6,5	7,5	48,75	42,25	23	24
23	7,5	8,5	63,75	56,25	24	25
24	8,5	9,5	80,75	72,25	25	26
25	9,5	10,5	99,75	90,25	26	27
26	10,5	11,5	120,75	110,25	27	28
27	11,5	12,5	143,75	132,25	28	29
28	12,5	13,5	168,75	156,25	29	30
29	13,5	14,5	195,75	182,25	30	
30	14,5					

$\bar{y} = 15{,}5 \quad \hat{\gamma}_0 = 2037{,}25 \quad \hat{\gamma}_1 = 2022{,}75, \quad \hat{\rho}_1 = \frac{\sum_{t=1}^{T-k}(y_t - \bar{y})(y_{t+k} - \bar{y})}{\sum_{t=1}^{T-k}(y_t - \bar{y})^2} = \frac{\gamma_1}{\gamma_0} = \frac{2022{,}75}{2037{,}25} = 0{,}993$

9.5.2 Stationarität und die Autokorrelationsfunktion

Die Autokorrelationsfunktion ist nicht nur ein Instrument, um die White-Noise-Eigenschaften zu überprüfen. Sie ist auch geeignet, um festzustellen, ob es sich bei einer Zeitreihe um eine stationäre oder um eine nicht-stationäre Zeitreihe handelt. Um uns die

Konsequenzen der Stationaritätseigenschaft (konstanter Mittelwert, konstante Varianz und konstante Kovarianzen zu jedem Verzögerungsintervall von zwei Beobachtungswerten) einer Zeitreihe auf die Autokorrelationsfunktion zu veranschaulichen, betrachten wir zunächst die Formel der Autokorrelationsfunktion:

$$\rho_k = \frac{\mathrm{E}((y_t - \mu)(y_{t+k} - \mu_y))}{\sigma_{y_t^2}} = \frac{\mathrm{Cov}(y_t, y_{t+k})}{\sigma_{y_t^2}} = \frac{\gamma_k}{\gamma_0}$$

Bei einem stationären Prozess nimmt die Kovarianz zwischen zwei Beobachtungen zu verschiedenen Zeitpunkten für jede Verzögerung k einen konstanten Wert an:

$$\rho_0 = \frac{\gamma_0}{\gamma_0} = 1 \text{ und } \rho_1 = \frac{\gamma_1}{\gamma_0}; \rho_2 = \frac{\gamma_2}{\gamma_0}.$$

Die einzelnen Werte der (theoretischen) Autokorrelationsfunktion würden daher nach dem Lag $k = 0$ konstante Werte annehmen, da γ_k für alle k – außer $k = 0$ – einen konstanten Wert annimmt. In der Praxis besitzt die Stichproben-Autokorrelationsfunktion nicht unbedingt diese idealisierte Eigenschaft des sofortigen Abfalls der Autokorrelationsfunktion auf einen eindeutig konstanten Wert. Daher kann man sich bei der Unterscheidung in stationäre und nicht-stationäre Reihen mit Hilfe der Autokorrelationsfunktion an folgender *Daumenregel* orientieren:

Fällt die Sample-Autokorrelationsfunktion relativ schnell (bereits nach kurzen Verzögerungen, d. h. niedrigen Werten von k) auf einen approximativ konstanten Wert, zumeist auf den Nullwert, ist dies ein Zeichen dafür, dass es sich bei der zugrunde liegenden Zeitreihe um eine stationäre Zeitreihe handelt. Fällt die SACF mit zunehmendem k dagegen nicht schnell auf einen konstanten Wert, ist dies ein Indiz dafür, dass die Kovarianzen zwischen Beobachtungen zu unterschiedlicher Verzögerungslänge k nicht konstant sind, und die Reihe daher nicht stationär ist.

Die Autokorrelationsfunktion in Abb. 9.14 fällt ziemlich schnell mit zunehmendem k. Dies ist ein Indiz für die Stationarität der Reihe.

In Abb. 9.15 fällt die SACF langsam (also nach mehreren Verzögerungen k). Dies ist ein Zeichen für Nicht-Stationarität der Zeitreihe. Nicht-stationäre Reihen können durch Bildung von Differenzen der Beobachtungspunkte in stationäre Zeitreihen umgewandelt werden: Nehmen wir an, ϵ_t sind unabhängige, zufallsverteilte Störgrößen, dann ist der Random-Walk-Prozess

$$y_t = y_{t-1} + \epsilon_t$$

nicht stationär, da die Varianz dieses Prozesses nicht zeitinvariant ist. Die Varianz eines Random-Walk-Prozesses ist:

$$\mathrm{Var}(y_t) = \mathrm{E}(y_0^2) + t\sigma_0^2.$$

9.5 Die Autokorrelationsfunktion

Abb. 9.14 Stilisierte Autokorrelationsfunkion einer stationären Zeitreihe.

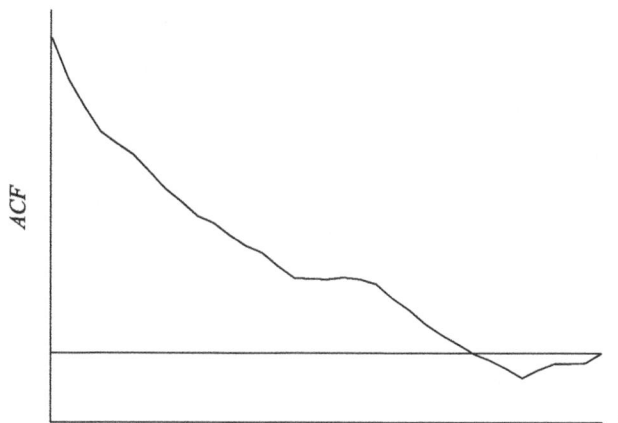

Abb. 9.15 Stilisierte Autokorrelationsfunktion einer nicht-stationären Zeitreihe.

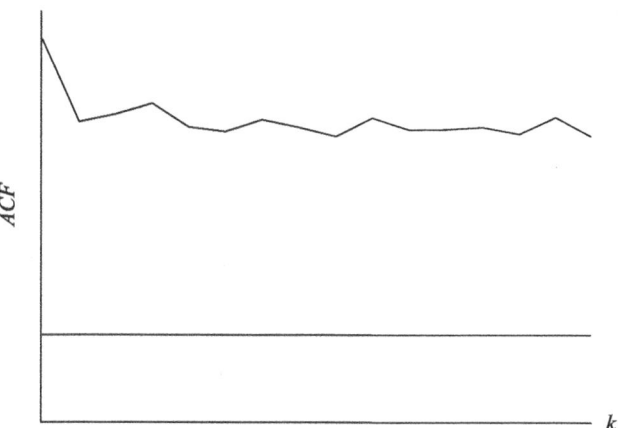

Offensichtlich wächst also die Varianz über die Zeit an und wird unendlich groß. Allerdings gilt:

$$\Delta y_t = y_t - y_{t-1} = \epsilon_t \quad \text{(Differenzenfilter)}.$$

Das heißt die ersten Differenzen Δy_t des Random-Walk-Prozesses sind also stationär, denn wir haben angenommen, dass die ϵ_t über die Zeit unabhängig voneinander sind und damit eine zeitinvariante Varianz besitzen. Δy_t ist also ein White-Noise-Prozess und damit auch ein stationärer Prozess. Der Random Walk hat eine Unit-Root, wird aber auch als differenzenstationär – *difference stationary process* (DSP) – bezeichnet, da seine ersten Differenzen stationär sind. Der Differenzenfilter eliminiert also den stochastischen Trend und überführt derartige Zeitreihen in stationäre Reihen. Ein Beispiel für eine Zeitreihe, die einen stochastischen Trend besitzt, ist das logarithmierte U.S.-Pro-Kopf-

Einkommen (Abb. 9.16). Anhand der nur sehr langsam fallenden SACF verdeutlicht sich die Instationarität der Reihe (Abb. 9.17).

Durch die Bildung der ersten Differenz wird die Zeitreihe stationär (Abb. 9.18 und 9.19). Ein simuliertes Datenbeispiel ist in Abb. 9.20 und 9.21 dargestellt.

Die Häufigkeit der Differenzenbildung bezeichnet man als Ordnung der Differenzenbildung. Werden etwa die Differenzen der ersten Differenzen gebildet, so handelt es sich um Differenzenbildung zweiter Ordnung:

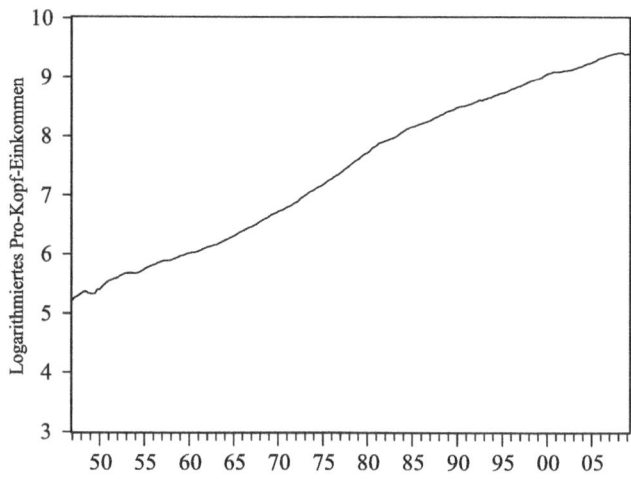

Abb. 9.16 Logarithmiertes U.S.-Pro-Kopf-Einkommen (saisonbereinigt in Mrd. Dollar), Quartal I 1947 – Quartal III 2009; Datenquelle: US Department of Commerce, Bureau of Economic Analysis (2009)

Autocorrelation	Partial Correlation		AC	PAC	Q-Stat	Prob
		1	0.987	0.987	200.63	0.000
		2	0.973	-0.032	396.65	0.000
		3	0.959	-0.015	588.01	0.000
		4	0.945	-0.005	774.77	0.000
		5	0.931	-0.009	956.94	0.000
		6	0.917	0.005	1134.7	0.000
		7	0.904	0.007	1308.2	0.000
		8	0.891	-0.008	1477.5	0.000
		9	0.877	-0.015	1642.5	0.000
		10	0.863	-0.039	1803.0	0.000
		11	0.848	-0.039	1958.7	0.000
		12	0.832	-0.029	2109.5	0.000
		13	0.816	-0.004	2255.3	0.000
		14	0.800	-0.019	2396.2	0.000
		15	0.784	0.003	2532.3	0.000
		16	0.769	-0.008	2663.8	0.000
		17	0.753	-0.006	2790.6	0.000
		18	0.737	-0.017	2913.0	0.000
		19	0.722	0.005	3030.8	0.000
		20	0.706	-0.013	3144.3	0.000

Abb. 9.17 Mit EViews berechnete Stichprobenautokorrelationsfunktion (AC) für die Reihe des logarithmierten U.S.-Pro-Kopf-Einkommens aus Abb. 9.16.

9.5 Die Autokorrelationsfunktion

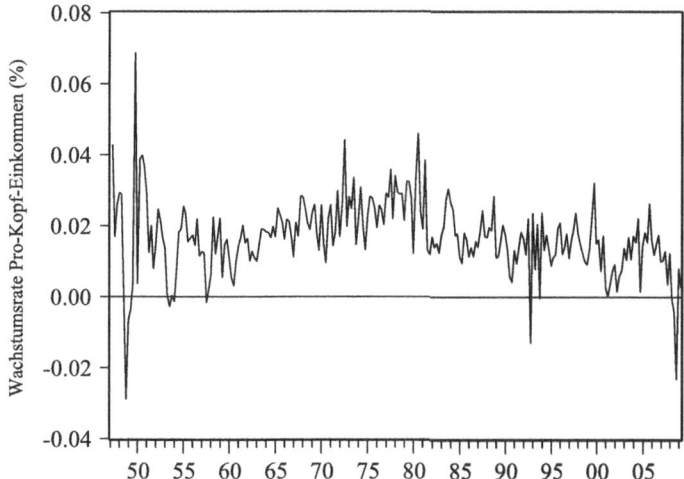

Abb. 9.18 Erste Differenzen des logarithmierten U.S.-Pro-Kopf-Einkommens (saisonbereinigt in Mrd. Dollar), Quartal I 1947 – Quartal III 2009; Datenquelle: US Department of Commerce, Bureau of Economic Analysis (2009)

Autocorrelation	Partial Correlation		AC	PAC	Q-Stat	Prob
		1	0.326	0.326	21.736	0.000
		2	0.245	0.156	34.144	0.000
		3	0.085	-0.039	35.623	0.000
		4	0.089	0.043	37.278	0.000
		5	-0.069	-0.126	38.278	0.000
		6	-0.013	0.021	38.312	0.000
		7	-0.074	-0.044	39.465	0.000
		8	-0.082	-0.059	40.909	0.000
		9	0.009	0.097	40.928	0.000
		10	0.008	-0.005	40.943	0.000
		11	0.005	-0.006	40.948	0.000
		12	-0.130	-0.160	44.607	0.000
		13	-0.085	-0.036	46.169	0.000
		14	-0.088	0.005	47.881	0.000
		15	-0.095	-0.062	49.855	0.000
		16	0.043	0.155	50.260	0.000
		17	-0.062	-0.120	51.104	0.000
		18	0.003	0.024	51.105	0.000
		19	-0.027	-0.027	51.268	0.000
		20	0.075	0.031	52.532	0.000

Abb. 9.19 Mit EViews berechnete Stichprobenautokorrelationsfunktion (AC) für die ersten Differenzen des logarithmierten U.S.-Pro-Kopf-Einkommens aus 9.18

$$\Delta^2 y_t = \Delta\Delta y_t = \epsilon_t - \epsilon_{t-1}.$$

Wie hoch die Ordnung der Differenzenbildung sein sollte, kann man durch „*Trial and Error*" mit Hilfe von Korrelogrammen zu der jeweiligen Differenzenreihe bestimmen.

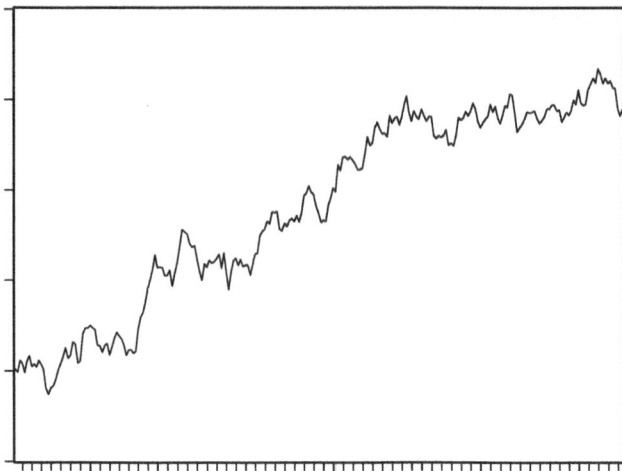

Abb. 9.20 Simulierter AR(1)-Prozess mit Einheitswurzel ($\beta = 1$)

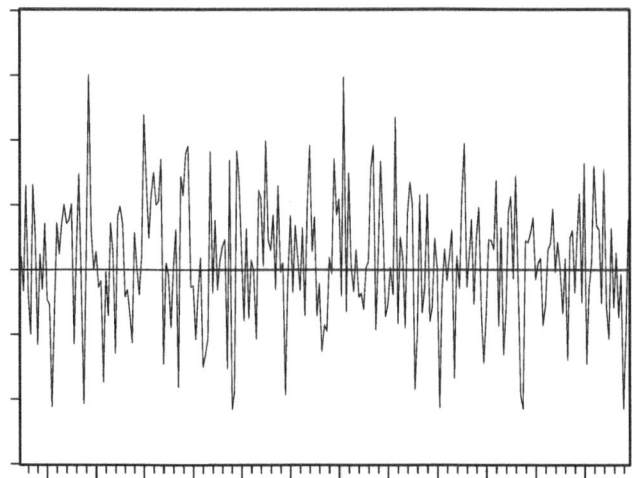

Abb. 9.21 Erste Differenzen eines simulierten AR(1)-Prozesses mit Einheitswurzel ($\beta = 1$)

Beispiel

Ist „Überdifferenzierung" (over differencing) möglich? Diese Frage ist zu bejahen vor dem Hintergrund des linearen Unbeobachteten-Komponenten-Modells, wie wir es am Anfang dieses Kapitels beschrieben haben. Unangebrachtes Differenzieren kann die in einer Zeitreihe enthaltene Konjunkturkomponente verzerren und Scheinzyklizitäten (*spurious cycles*) erzeugen. Zur Veranschaulichung überlegen wir uns ein einfaches Überlagerungsmodell zur Erklärung von konjunkturellen

9.5 Die Autokorrelationsfunktion

Zwischenauf- und Zwischenabschwüngen („*double dip*"-Phänomen):

$$y_t = a_0 + a_1 t + b_1 \cos\left(\frac{2\pi}{8}t\right) + b_2 \cos\left(\frac{2\pi}{4}t\right).$$

Dieses Modell beschreibt zwei sich überlagernde Zyklen mit einer Länge von 8 und 4 Perioden. Die Reihe folgt darüber hinaus einem linearen Trend. Die Dynamik wird der Einfachheit halber als rein deterministisch ohne einen Einfluss stochastischer Schocks angenommen.

Wie wir gesehen haben, ist der Differenzenfilter eine diskrete Approximation erster Ordnung einer zeitkontinuierlichen Ableitung, das heißt:

$$WR_t \approx \frac{Dy(t)}{y(t)} \quad \text{mit} \quad Dy(t) = \frac{d}{dt}y(t), \quad \text{wobei}$$

WR_t hier für Wachstumsrate zum Zeitpunkt t steht. Wenden wir dies nun auf Daten an, die mit dem obigen Zyklenmodell erzeugt wurden, erhalten wir:

$$WR_t = \frac{a_1}{y_t} - B_1 \sin\left(\frac{2\pi}{8}t\right) + B_2 \sin\left(\frac{2\pi}{4}t\right) \quad \text{mit}$$

$$B_1 = \frac{b_1 2\pi}{8 y_t} \quad \text{und} \quad B_2 = \frac{b_2 2\pi}{4 y_t}.$$

Das Amplitudenverhältnis langer zu kurzer Zyklus hat sich halbiert:

$$\frac{B_1}{B_2} = \frac{b_1}{2b_2}.$$

Dies bedeutet, dass der kurze Zyklus durch die Differenzierung verstärkt wurde. Höhere Frequenzen – obwohl möglicherweise nicht oder nur kaum existent in der Dynamik einer Reihe – werden durch Anwendung des Differenzfilters verstärkt. Die Reihe wird unregelmäßiger und volatiler. Scheinzyklen können resultieren.

9.5.3 Anmerkungen zur Trendproblematik

Oft ist es problematisch, wenn unabhängige und abhängige Variablen gleichsam einem Trend folgen. Das Modell

$$y_t = \alpha + \beta M_t + \epsilon_t \quad (y_t \equiv BIP, M_t \equiv Geldangebot)$$

ist beispielsweise nur dann geeignet, einen Zusammenhang zwischen dem Bruttoinlandsprodukt (BIP) und der Geldmenge (beispielsweise dem M2-Aggregat des Geldangebots) zu schätzen, wenn M keinem Trend folgt. Folgt die Geldmenge jedoch einem Zeittrend, so besteht Multikollinearität zwischen M und y, was die Schätzung verzerrt. Beide Einflüsse wären insignifikant. Das Modell ist kollinear (und zwar umso stärker, je signifikanter der Trend in der M-Reihe ausfällt).

Für die Praxis wirft dies folgende Frage auf: Was passiert, wenn man im Ausgangsmodell die Variable t, die Zeit, bei der Regression völlig weggelassen hat, aber eigentlich beide Variablen (y und M, Abhängige und Unabhängige) einem Zeittrend unterliegen? Eine OLS-Schätzung ist bei

$$y_t = \alpha + \beta M_t + \epsilon$$

nicht länger zulässig, auch wenn das Bestimmtheitsmaß R^2 einen (sehr) hohen Wert annimmt (etwa > 0,9, wenn also mehr als 90 % der Variation in der y-Reihe erklärt werden). Der β-Koeffizient, das heißt der für den linearen Zusammenhang zwischen y und M maßgebliche Parameter, wird in diesem Modell verzerrt geschätzt. Es können Zusammenhänge als signifikant geschätzt werden, die so in der Realität gar nicht bestehen. Eine zentrale, für das Modell wesentliche Variable (der zeitliche Trend t) wurde vergessen. Man spricht in diesem Fall vom *Omitted-Variable-Bias* und einem daraus resultierenden Scheinzusammenhang, einer „*Spurious Regression*".

In der Praxis können wir uns an folgender Daumenregel orientieren: Wenn R^2 > DW-Statistikwert ist, liegt wahrscheinlich eine *Spurious Regression* vor.

Wie geht man nun vor, wenn endogene und exogene Variablen einem deterministischen Trend unterliegen und damit trendstationäre Prozesse sind?

Anstatt die in der letzten Gleichung dargestellte Regressionsgleichung zu verwenden, könnte man beide Variablen zunächst auf einen Zeittrend (im einfachsten Fall einen linearen Trend) regressieren und die Residuen aus diesen Schätzungen bilden:

$$y_t = \alpha + \beta t + \mu_y \rightarrow \hat{\mu}_y = y_t - \hat{\alpha} - \hat{\beta} t$$
$$M_t = c + dt + \mu_M \rightarrow \hat{\mu}_M = M_t - \hat{c} - \hat{d} t.$$

Im Anschluss liegt es nahe, die Nullhypothese $H_0 = \hat{\beta}_M = 0$ aus dem Modell

$$\hat{\mu}_y = \alpha + \beta_M \hat{\mu}_M + \epsilon$$

zu testen.

Letztere Schätzgleichung entspricht der Regression, mit der man tatsächlich prüft, ob M einen Einfluss auf y ausübt. Letzteres bedeutet, dass wenn

$$\hat{\beta}_M \neq 0$$

9.5 Die Autokorrelationsfunktion

statistisch signifikant geschätzt wurde, die Geldmenge das (reale) Einkommen beeinflusst. Bei stochastischen Trends müsste die Trendbereinigung mit dem Differenzenfilter vorgenommen werden. Ist zunächst unbekannt, welche Art von Trend eine Zeitreihe aufweist, können diese Eigenschaften zunächst mit dem Dickey-Fuller-Test untersucht werden.

Die in Abb. 9.22 dargestellte Zeitreihe ist offensichtlich nicht stationär, da sie einen aufwärtsgerichteten Trend aufweist. Eine OLS-Schätzung mit diesen Level-Werten ohne Trendmodellierung ist nicht sinnvoll. Die SACF fällt mit zunehmenden k-Werten sehr langsam ab.

Die in Abb. 9.23 gezeigte Reihe folgt dagegen keinem Trend mehr. Sie hat stationären Charakter. Eine OLS-Schätzung ohne Trendmodellierung wäre hier zulässig. Die SACF fällt jetzt bereits nach einigen Lags k schnell ab. Bei Bildung von 2. und 3. Differenzen ändert sich nicht sonderlich viel (Abb. 9.24 und 9.25). Daher reicht es aus, die Reihe einmalig zu differenzieren, um Stationarität zu gewährleisten.

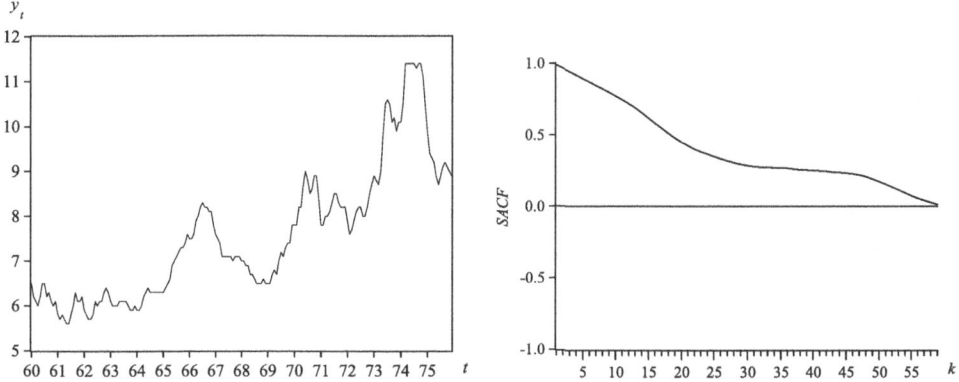

Abb. 9.22 Umlaufrendite deutscher Unternehmensanleihen (y_t): 01/1960 bis 12/1975: Monatsdaten; Datenquelle: Deutsche Bundesbank (2009); rechtes Diagramm: zugehörige SACF

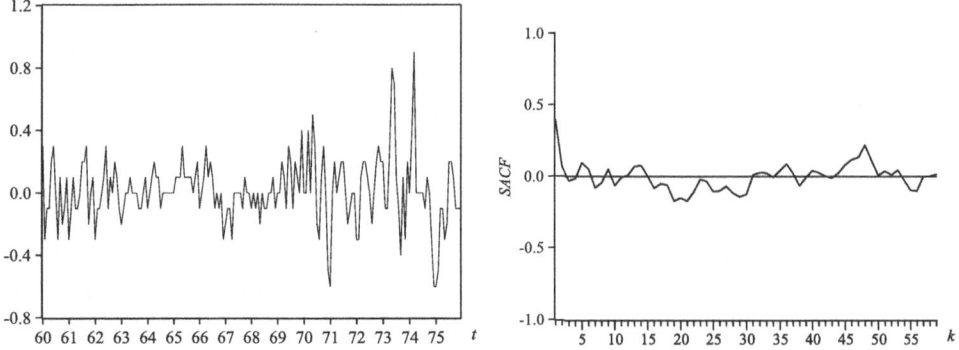

Abb. 9.23 Erste Differenzen (Δy_t) der Umlaufrendite deutscher Unternehmensanleihen aus Abb. 9.22; rechtes Diagramm: zugehörige SACF

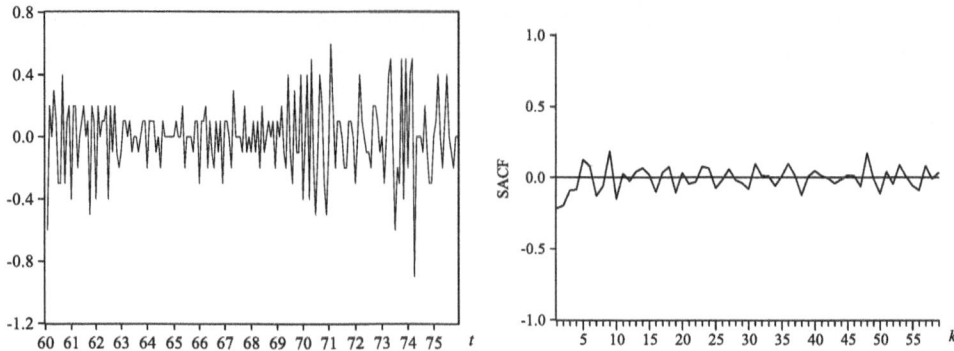

Abb. 9.24 Zweite Differenzen ($\Delta^2 y_t$) der Umlaufrendite deutscher Unternehmensanleihen aus Abb. 9.22; rechtes Diagramm: zugehörige SACF

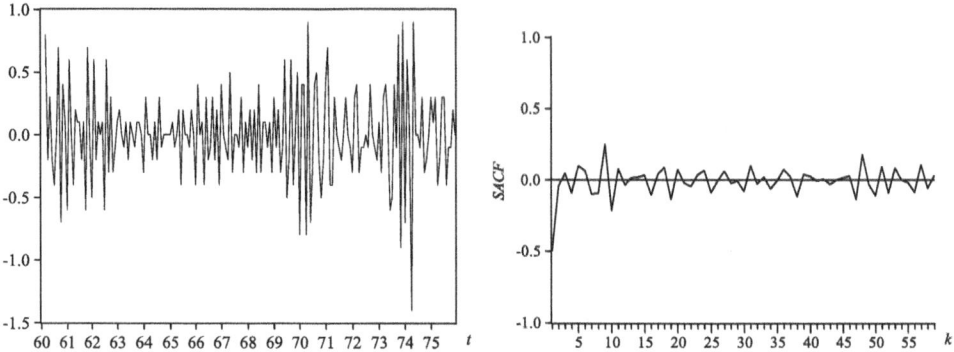

Abb. 9.25 Dritte Differenzen ($\Delta^3 y_t$) der Umlaufrendite deutscher Unternehmensanleihen aus Abb. 9.22; rechtes Diagramm: zugehörige SACF

Die zweiten und dritten Differenzen der Reihe der Umlaufrendite deutscher Unternehmensanleihen und die jeweils zugehörigen Stichprobenautokorrelationsfunktionen in den Diagrammen 9.24 und 9.25 sind hier lediglich zu illustrativen Zwecken dargestellt. Zur Gewährleistung von Stationarität ist das Bilden erster Differenzen für diese Zeitreihe ausreichend.

Zusammenfassend zeigt Abb. 9.26 die idealisierten oder „stilisierten" SACF-Verläufe von Zeitreihen, die in ersten Differenzen stationären und in ihrer ursprünglichen Ausprägung nicht-stationären Charakter haben.

Diese idealisierten Verläufe der SACF gelten für aufwärts- wie abwärtsgerichtete Trendverläufe gleichermaßen. In den Abb. 9.27 und 9.28 sieht man die Originalreihe der Umlaufrenditen deutscher Unternehmensanleihen in einer späteren Periode (zwischen 1980 und 2005). Es fällt ein abwärts gerichteter Trend der Renditen auf. Auch hier würde die SACF – wie idealisiert in Abb. 9.26 gezeigt – langsam abfallen. Die in Abb. 9.28 gezeigte SACF der ersten Differenzen der Umlaufrenditen fällt dagegen bereits nach wenigen Verzögerungen k ab auf einen Wert von nahezu Null.

9.5 Die Autokorrelationsfunktion

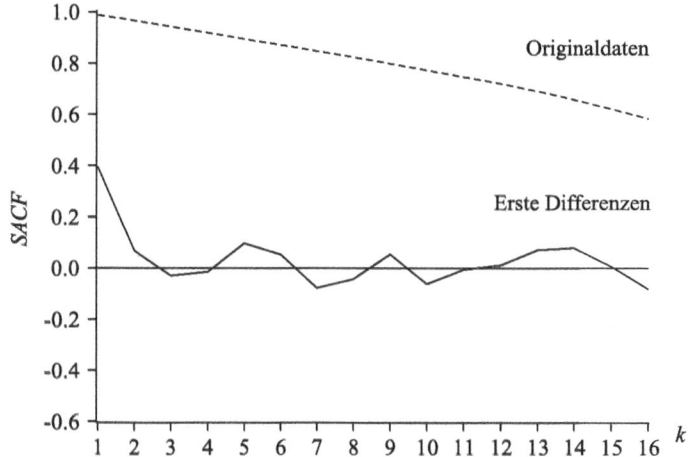

Abb. 9.26 Stilisierte SACF-Verläufe von Reihen, die in ersten Differenzen stationär sind.

Abb. 9.27 Umlaufrendite deutscher Unternehmensanleihen (y_t): 01/1980 bis 12/2005: Monatsdaten; Datenquelle: Deutsche Bundesbank (2009)

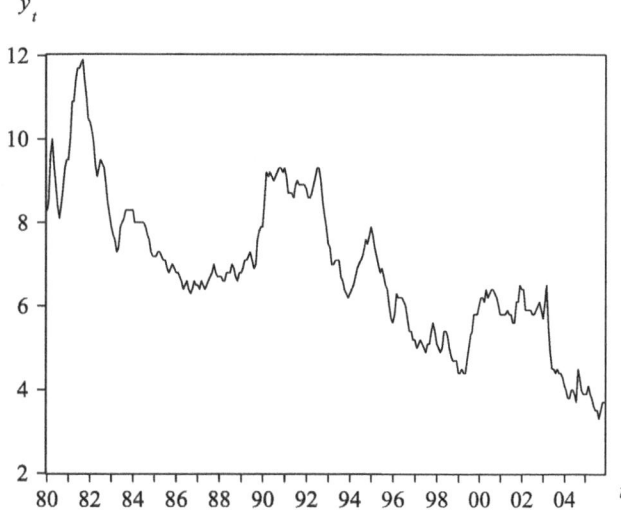

Die in Abb. 9.29 dargestellte Reihe der Schlachtungen von Rindern in Deutschland ist nicht stationär. Diese Zeitreihe unterliegt offensichtlich einem Saisoneinfluss. Für $k = 12, 24, 36, \ldots$ gibt es regelmäßige, nach oben gerichtete Ausschläge (*Peaks*) der SACF.

Wie man an Abb. 9.30 sehen kann, fällt auch für die saisonbereinigte Reihe die SACF weiterhin relativ langsam.

Daher empfiehlt sich das Bilden von Differenzen (Abb. 9.31):

$$\Delta z_t = z_t - z_{t-1}$$
$$= \Delta(y_t - y_{t-12})$$
$$= y_t - y_{t-12} - y_{t-1} + y_{t-13}.$$

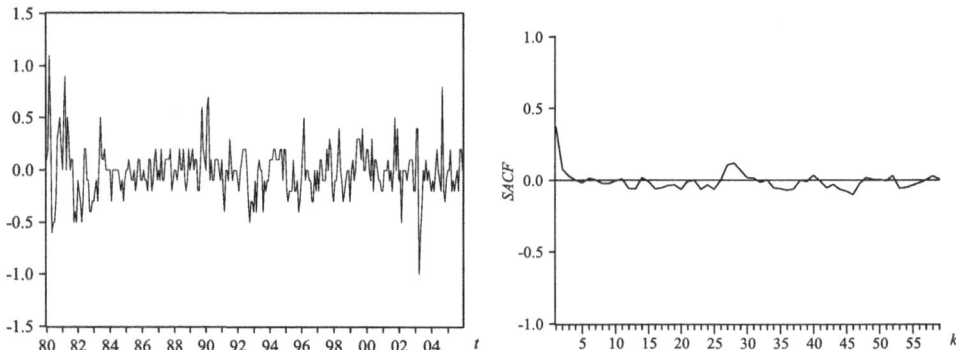

Abb. 9.28 Erste Differenzen (Δy_t) der Umlaufrendite deutscher Unternehmensanleihen aus Abb. 9.24; rechtes Diagramm: zugehörige SACF

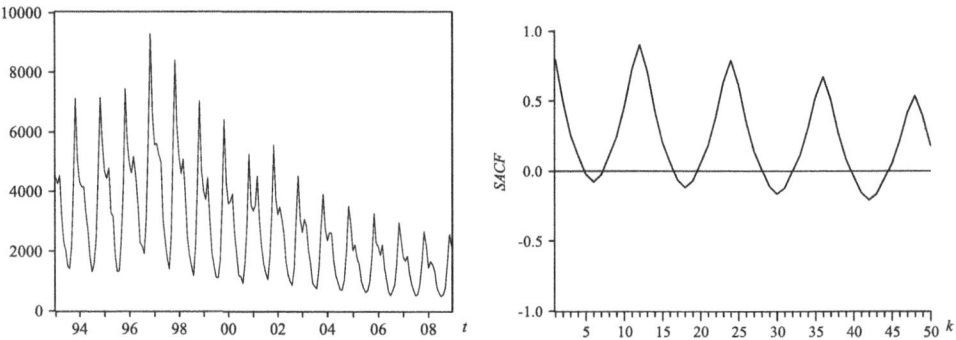

Abb. 9.29 Schlachtungen von Rindern in Deutschland (in Tonnen): 01/1993 bis 12/2008: Monatsdaten; Datenquelle: Statistisches Bundesamt (2009); rechtes Diagramm: zugehörige SACF

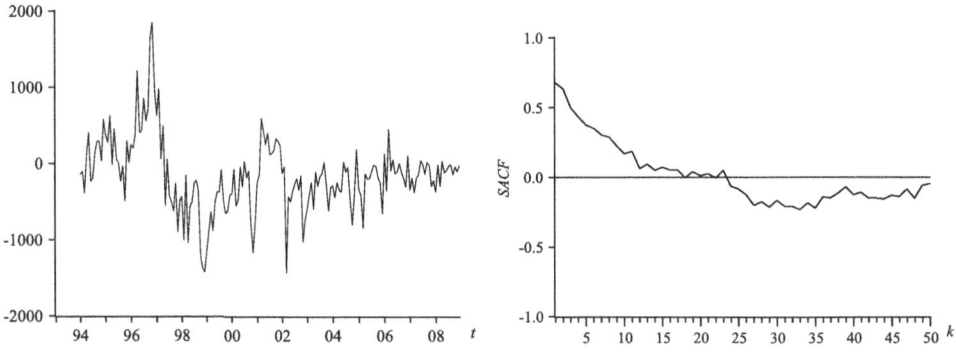

Abb. 9.30 Saisonbereinigte Zeitreihe ($z_t = y_t - y_{t-12}$) der Schlachtungen von Rindern aus Abb. 9.29; rechtes Diagramm: zugehörige SACF

9.5 Die Autokorrelationsfunktion

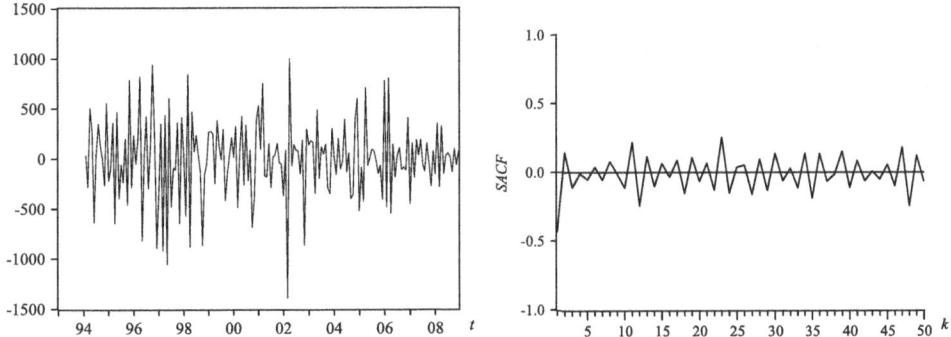

Abb. 9.31 Einmalig differenzierte, saisonbereinigte, stationäre Zeitreihe ($\Delta z_t = z_t - z_{t-1}$) der Schlachtungen von Rindern aus Abb. 9.29; rechtes Diagramm: zugehörige SACF

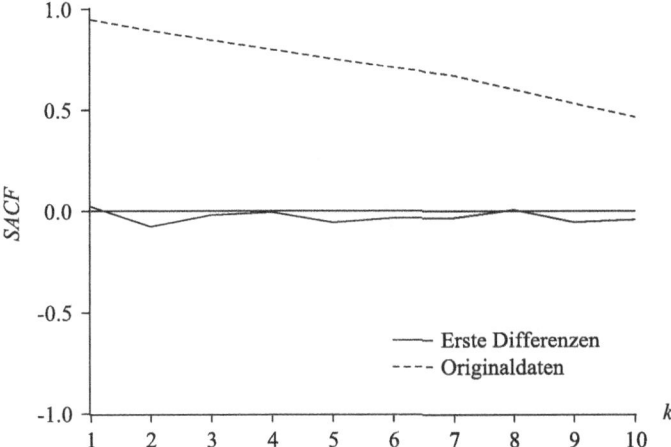

Abb. 9.32 SACF für die Reihe des durchschnittlichen Bierpreises (für 1 Maß = 1 Liter) auf dem Oktoberfest 1953–2008; Datenquelle: Süssmuth und Woitek (2013)

Die Stichprobenautokorrelationsfunktionen für die Zeitreihe des gemittelten Bierpreises je Liter über die Brauereien, die auf dem Münchner Oktoberfest Bier anbieten, ist in ersten Differenzen stationär, wie Abb. 9.32 zeigt. Sie stellt auch einen White-Noise-Prozess dar, denn der SACF-Wert ist ungefähr gleich Null für alle $k > 0$.

Das angebrachte Modell ist daher:

$$P_t = P_{t-1} + \epsilon_t,$$

wobei $P \equiv$ Preis. Wir können also schließen, dass die differenzierte Reihe stationär ist. An diesem Beispiel sieht man, wie wichtig es ist, die Stationarität mit der SACF zu überprüfen: Im Gegensatz zur einmalig differenzierten Reihe weist die Stichprobenautokorrelationsfunktion der Originaldaten eindeutig auf Nicht-Stationarität hin.

> *Wann bedarf es der Logarithmierung?* Die Logarithmierung von Zeitreihen lässt sich im Wesentlichen für drei Fälle rechtfertigen:
>
> - Wenn es die zu testende Theorie vorschreibt.
> - Wenn Elastizitäten geschätzt werden sollen.
> - Wenn die Amplituden der Fluktuationen einer Zeitreihe mit dem Trend proportional ansteigen, das heißt, wenn die unbeobachteten Komponenten in multiplikativem Zusammenhang stehen:
>
> $$\text{Reihe} = \text{Trend} \cdot \text{Konjunktur} \cdot \text{Rest}.$$

9.6 Zeitreihen und Zeitreihenmodelle

Die Modelle zur empirischen dynamischen Analyse von Zeitreihen kann man unterscheiden: (i) in reine Zeitreihenmodelle — ohne Einbezug erklärender Variablen, das heißt die Erklärung der Dynamik erfolgt aus der zu untersuchenden Reihe selbst — und (ii) strukturelle Zeitreihenmodelle – unter Einbezug erklärender Variablen, das heißt die Erklärung der Dynamik erfolgt hier auch aus anderen als der zu untersuchenden Reihe selbst. Weitere Unterscheidungsmerkmale sind die Folgenden:

- Reine Zeitreihenmodelle benutzen in der Regel nicht die ökonomische Theorie als Basis für dynamische Schätzungen.
- Reine Zeitreihenmodelle werden häufig eingesetzt, um die Dynamik der zyklischen Komponente (Konjunkturkomponente) des *Unobserved-Components*-Modells abzubilden.
- Im Rahmen von Vorhersagen handelt es sich bei den reinen Zeitreihenmodellen meist um eine ausgefeilte Extrapolation ohne erklärende Variablen und ökonomische Interpretation.
- Reine Zeitreihenmodelle sind bei kurzfristigen Vorhersagen ähnlich erfolgreich wie strukturelle Regressionsmodelle. Bei langfristigen Vorhersagen können strukturelle Modelle geeigneter sein.

Reine Zeitreihenmodelle werden häufig subsumiert unter dem methodischen Dachbegriff ARIMA-Modelle oder Box-Jenkins-Methodologie.

9.6.1 ARIMA-Modelle (der Box-Jenkins-Ansatz)

ARIMA-Modelle gehen zurück auf einen von Georg E. P. Box und Gwilym M. Jenkins in den 1970er-Jahren entwickelten Ansatz und werden daher auch als Box-Jenkins-Modelle bezeichnet. Sie zeichnen sich durch ihre Flexibilität aus und werden häufig eingesetzt, um Zeitreihen zu modellieren. ARIMA steht für „*Autoregressive Integrated Moving Average*" und bezeichnet die drei Bestandteile des allgemeinen ARIMA-Modells, ARIMA(p, d, q):

$$y_t = \underbrace{\Phi_1 y_{t-1} + \cdots + \Phi_p y_{t-p}}_{AR-Teil} + \delta + \epsilon_t \underbrace{-\theta_1 \epsilon_{t-1} - \cdots - \theta_q \epsilon_{t-q}}_{MA-Teil}.$$

Das allgemeine ARIMA(p, d, q)-Modell umfasst drei Prozesse, die man separat betrachten kann:

1. Integrierte Prozesse I(d) = I-Prozess der Ordnung d. I(0) bedeutet stationär oder nicht integriert, während d≠ 0 Nicht-Stationarität impliziert. Eine Zeitreihe heißt integriert vom Grade d, wenn man sie d-mal differenzieren muss, bis sie stationär ist.
2. Autoregressive Prozesse: AR(p) = AR-Prozess der Ordnung p (z. B. p = 1, Abb. 9.33).
3. Moving-Average-Prozesse: MA(q) = MA-Prozess der Ordnung q.

Die Reihenfolge, in der wir die jeweiligen einzelnen Prozesse näher betrachten, lehnt sich an die prinzipielle Vorgehensweise der Zeitreihenanalyse an, bei der zunächst die Eigenschaft der *Integration* einer Zeitreihe analysiert wird.

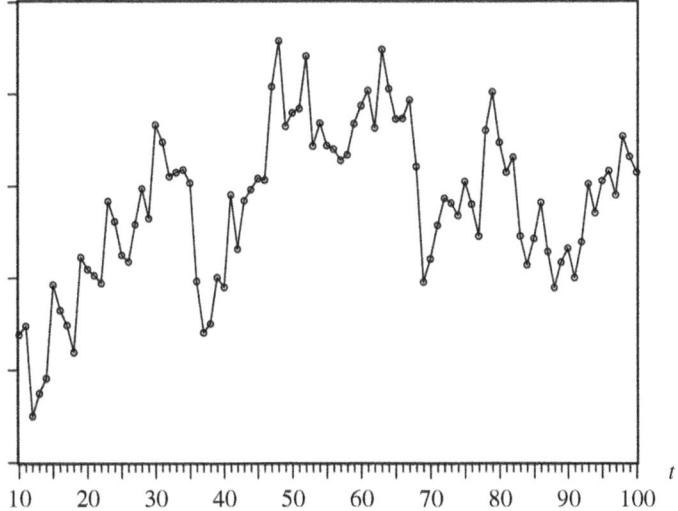

Abb. 9.33 Simulierter Prozess $y_t = \alpha + 0,8 y_{t-1} + \epsilon_t$

Integrierte Prozesse Eine Zeitreihe wird integriert der Ordnung d, I(d), genannt, wenn sie d-mal differenziert werden muss, um stationär zu werden. Folglich ist eine I(0)-Reihe stationär. Ein Beispiel ist ein ARIMA(1,0,0)-Prozess der folgenden Art:

$$y_t = \delta + \Phi y_{t-1} + \epsilon_t$$

ist ein I(0)-Prozess (stationär bzw. nicht integriert), wenn $|\Phi| < 1$ gilt.

Ein Random Walk dagegen ist ein I(1) Prozess:

$$y_t = y_{t-1} + \epsilon_t.$$

Die differenzierte Reihe $w_t = \Delta^1 y_t = \epsilon_t$ ist stationär, wenn $y_t \sim$ I(1) ist. Allgemein gilt:

$$w_t = \Delta^d y_t \Rightarrow w_t \text{ ist stationär, wenn } y_t \sim \text{ I(d) ist.}$$

Liegt eine differenzierte Reihe w_t vor, können wir zurück zu y_t gelangen, indem wir w_t d-malig aufsummieren. Dazu müssen wir allerdings über den Anfangswert y_0 verfügen. Dies lässt sich folgendermaßen schreiben:

$$y_t = y_0 + \sum^d w_t \text{ mit } \sum := \Delta^{-1} \text{ und } \sum^2 = \sum\sum w_t.$$

Für den Spezialfall d = 1 gilt:

$$y_t = y_0 + \sum w_t \text{ mit } w_t = \Delta y_t.$$

Betrachten wir das nachfolgende Beispiel aus Tab. 9.2:

$$y_4 = y_0 + \sum_1^4 w_t = 2 + 7 = 9.$$

Tab. 9.2 Numerisches Beispiel eines integrierten Prozesses

t	y_t	$w_t = \Delta y_t$
0	2	
1	8	6
2	4	−4
3	7	3
4	9	2
		$\sum w_t = 7$

9.6 Zeitreihen und Zeitreihenmodelle

Da wir alle w-Werte aufsummieren, wird y_t als *integrierter Prozess* bezeichnet.

Es gilt:

$$w_t = y_t - y_{t-1} \Rightarrow w_{t-1} = y_{t-1} - y_{t-2} \Rightarrow w_{t-2} = y_{t-2} - y_{t-3}$$

$$w_t + w_{t-1} = y_t - y_{t-2}$$

$$w_t + w_{t-1} + w_{t-2} = y_t - y_{t-3}$$

$$\sum_{1}^{t} w_t = y_t - y_0.$$

Insbesondere in der Makroökonomik beschreiben Zeitreihen oft den kumulativen Effekt eines Prozesses (Zeitreihen zu Bestands- oder „*Stock*"-Größen im Unterschied zu Fluss- oder „*Flow*"-Größenreihen).

Ein derartiges makroökonomisches Beispiel für einen I(1)-Prozess ist etwa die Zeitreihe des Kapitalstocks oder Anlagevermögens für einen bestimmten Sektor einer Ökonomie. Durch sie wird der kumulative Effekt von Investitionstätigkeit je Periode in der jeweiligen Industrie erfasst.

Ein weiteres Beispiel ist die Reihe der Lagerbestände eines Wirtschaftszweigs, die sich aus der Kumulierung von Lagerinvestitionen ergibt.

Solche Zeitreihen, die einen kumulativen Effekt messen, werden *integrierte Zeitreihen* genannt. An den beiden Beispielen lässt sich intuitiv veranschaulichen, dass integrierte Reihen nicht stationär sind, denn beispielsweise für den sektoralen Kapitalstock ist der Erwartungswert nicht zeitkonstant, sondern über die Zeit hinweg zunehmend. Auch in der neoklassischen Wachstumstheorie spielt diese Eigenschaft – das heißt ein mit der Zeit zunehmender aggregierter Kapitalstock – eine Schlüsselrolle. Durch ein- oder mehrmalige Differenzierung (das Bilden der ersten Differenzen des Kapitalstocks entspricht der Berechnung der Investitionsreihe) können wir derartige Reihen in stationäre Form bringen.

Zur Veranschaulichung kann man sich auch für die Lagerbestands- und Lagerinvestitionsreihen leicht vorstellen, dass die Netto-Lagerinvestitionen, also die Zu- und Abgänge der Lager, schon wesentlich zeitbeständiger oder weniger trendbehaftet verlaufen als die Lagerbestände selbst. Wenn nicht bereits die ersten Differenzen stationär sind, so sind es doch sehr wahrscheinlich höhere Differenzen der Bestandsvariablen, die sich dann nur noch wenig um einen langfristigen Wert bewegen.

Es ergibt sich auch eine interessante Konsequenz aus der Integrationseigenschaft von Investitionsvariablen. So kann man feststellen, dass, wenn der Kapitalstock der aktuellen Periode beobachtet wird, eine mögliche Vorhersage für den Kapitalstock der folgenden Periode einfach der alte Kapitalstock $+\epsilon$ ist, wobei ϵ als Zufallsvariable, was die Nettoinvestitionen in der zukünftigen Periode angeht, angesehen wird.

Wie lässt sich aber, wenn man keinen Anhaltspunkt wie den Zusammenhang von Bestands- und Flussgrößen aus der Theorie hat, die Ordnung d eines beliebigen integrierten Prozesses bestimmen? Die Antwort gibt die Autokorrelationsfunktion. Ihre

Tab. 9.3 Übersicht über die Hauptmerkmale stationärer und integrierter Prozesse

	Stationäre Reihe w_t (nicht integriert)	*Nicht-Stationäre* Reihe y_t (integrierte Reihe)
Mittelwert	Stets Rückkehr zum Mittelwert (*mean reversion*)	Variiert beträchtlich (*not mean reverting*)
Charakteristikum	Erratisch	Glatt
Varianz	Endlich	Unendlich
Effekt eines Schocks	Transitorisch	Permanent (*memory*)
Autokorrelationsfunktion	Fällt schnell mit steigendem k	Fällt langsam oder gar nicht

Analyse stellt ein einfaches und naheliegendes Instrument zur Feststellung der Ordnung der Integration einer Zeitreihe dar (Tab. 9.3).

Autoregressive Prozesse Bei einem AR(p)-Prozess der Ordnung p geht man davon aus, dass die Reihe y_t von ihren eigenen Vergangenheitsbeobachtungen abhängt, das heißt man unterstellt, dass die Reihe durch vergangene Ausprägungen y, die p Perioden zurückliegen können, erzeugt wurde:

$$y_t = \phi_1 y_{t-1} + \cdots + \phi_p y_{t-p} + \delta + \epsilon_t.$$

Die AR-Koeffizienten $\phi_1, \ldots, \phi_p$ werden aus der beobachteten Reihe geschätzt.

Die geschätzten Koeffizienten

$$\hat{\phi}_1, \ldots, \hat{\phi}_p$$

geben somit an, wie stark die Werte einer Reihe von ihren vergangenen Werten abhängen.

Zu den wesentlichen Merkmalen eines stationären AR(p)-Prozesses zählt zum einen ein *zeitinvarianter Erwartungswert*. Für Stationarität gilt:

$$E(y_t) = E(y_t - 1) = \cdots E(y_{t-p}) = \mu.$$

Wendet man den Erwartungsoperator auf einen stationären AR(p)-Prozess an, erhält man, unter der Voraussetzung

$$\phi_1 + \phi_2 + \cdots + \phi_p < 1,$$

9.6 Zeitreihen und Zeitreihenmodelle

das folgende Ergebnis:

$$E(y_t) = \phi_1 E(y_{t-1}) + \phi_2 E(y_{t-2}) + \cdots + \phi_p E(y_{t-p}) + E(\delta) + E(\epsilon_t)$$

$$\mu = \phi_1 \mu + \phi_2 \mu + \cdots + \phi_p \mu + \delta$$

$$\mu - \phi_1 \mu - \phi_2 \mu - \cdots - \phi_p \mu = \delta$$

$$\mu(1 - \phi_1 - \phi_2 - \cdots - \phi_p) = \delta$$

$$\mu = \frac{\delta}{1 - \phi_1 - \phi_2 - \cdots \phi_p}.$$

Betrachten wir das Beispiel eines AR(1)-Prozess:

$$y_t = \phi_1 y_{t-1} + \delta + \epsilon_t \Rightarrow \mu = \frac{\delta}{1 - \phi_1} \Rightarrow \text{stationär, wenn} |\phi_1| < 1.$$

Ein numerisches Beispiel ist:

$$y_t = 2 + 0,5 y_{t-1} + \epsilon_t \Rightarrow \mu = \frac{2}{1 - 0,5} = 4.$$

Abschließend sollten wir zum Erwartungswert von AR-Prozessen noch festhalten, dass ein Random Walk mit oder ohne Drift zwar auch einen AR(1)-Prozess darstellt, der jedoch nicht stationär ist. Der Erwartungswert eines Random-Walk-Prozesses ist nicht konstant über die Zeit.

Ein zweites definierendes Charakteristikum von stationären AR(p)-Prozessen ist ein *fester Zusammenhang von Varianz und Kovarianz*. Für stationäre AR(1)-Prozesse kann man dies folgendermaßen zeigen:

Sei $\delta = 0$ und somit $\mu = 0$, so gilt:

$$\text{Var}(y_t) = \gamma_0 = E(y_t)^2 = E(\phi y_{t-1} + \epsilon_t)^2;$$

$$\gamma_0 = E(\phi^2 y_{t-1}^2 + 2\phi \epsilon y_{t-1} + \epsilon_t^2) = \phi^2 \gamma_0 + \sigma_\epsilon^2.$$

Die Varianz eines stationären AR(1)-Prozesses ist also gegeben durch:

$$\gamma_0 = \frac{\sigma_\epsilon^2}{1 - \phi_t^2}.$$

Die Kovarianzen eines stationären AR(1)-Prozesses lauten:

$$\gamma_1 = \phi_1 \gamma_0, \quad \gamma_2 = \phi^2 \gamma_0, \quad \gamma_k = \phi_1^k \gamma_0,$$

wobei γ_k für die Kovarianz zur k-ten Verzögerung der betrachteten Zeitreihenvariable steht. Die γ_k-Werte fallen mit steigendem k.

Das dritte zentrale Merkmal stationärer AR-Prozesse ist ihre *rasch abfallende Autokorrelationsfunktion*. Für ein stationäres AR(1)-Modell gilt:

$$\rho_0 = 1, \quad \text{da} \quad \rho_0 = \frac{\gamma_0}{\gamma_0};$$

$$\rho_k = \frac{\gamma_k}{\gamma_0} = \frac{\phi_1^k \gamma_0}{\gamma_0} = \phi_1^k \quad \text{mit} \quad k > 0.$$

Aufgrund der Stationarität fällt ρ_k mit steigendem k schnell ab.

Für $\phi_1 = \frac{1}{2}$ ist $\rho_1 = \frac{1}{2}, \rho_2 = \frac{1}{4}, \rho_3 = \frac{1}{8}, \ldots$

Schließlich sind AR(p)-Prozesse auch durch ihr *infinites Gedächtnis* oder *Memory* charakterisiert. Ein AR(p)-Prozess hat ein infinites Gedächtnis in dem Sinne, dass Werte mit zurückliegenden Werten der Variable verknüpft sind und diese wiederum mit noch weiter zurückliegenden Werten. Wenn für die Koeffizienten

$$\phi_1 + \phi_2 + \cdots + \phi_p < 1 \text{ gilt,}$$

dann fällt die Gewichtung von in der Zeit weiter zurückliegenden Werten der Zeitreihenvariable geometrisch. Der Grad der Abhängigkeit nimmt mit dem Grad des zeitlichen Zurückliegens (der Verzögerung) ab:

$$\phi_1 + \phi_2 + \cdots + \phi_p < 1 \Rightarrow \rho_k$$

fällt geometrisch. Wir haben in den vorangegangenen Absätzen die Eigenschaften exemplarisch am einfachsten Fall der AR(1)-Prozesse gezeigt. Genauso ließe sich dies anhand von Zahlenbeispielen für AR(2)-Prozesse zeigen. Die allgemeine Darstellung eines AR(2)-Prozesses ist:

$$y_t = \phi_1 y_{t-1} + \phi_2 y_{t-2} + \delta + \epsilon_t.$$

Ein numerisches Beispiel für einen AR(2)-Prozess mit einem geometrisch gedämpften, sinusartigen Funktionsverlauf ist:

$$y_t = 0,9 y_{t-1} - 0,7 y_{t-2} + 2 + \epsilon_t.$$

Der Erwartungswert 2. Ordnung ist:

$$\mu = \frac{\delta}{1 - \phi_1 - \phi_2}.$$

9.6 Zeitreihen und Zeitreihenmodelle

Für die Stationarität der Reihe muss gewährleistet sein, dass

$$\phi_1 + \phi_2 < 1;$$

in dem Zahlenbeispiel ist dies der Fall. Der Prozess ist stationär. Die zu diesem Prozess zugehörige Autokorrelationsfunktion ist in Abb. 9.34 dargestellt.

Im Zusammenhang mit AR-Modellen (beispielhafte Realisierungen und Autokorrelationsfunktion: Abb. 9.35 und 9.36) gibt es noch ein wichtiges Konzept, die *Yule-Walker-Gleichungen*. Als Yule-Walker-Gleichungen bezeichnet man den Zusammenhang zwischen Autokorrelationskoeffizienten zu verschiedenen Lags k.

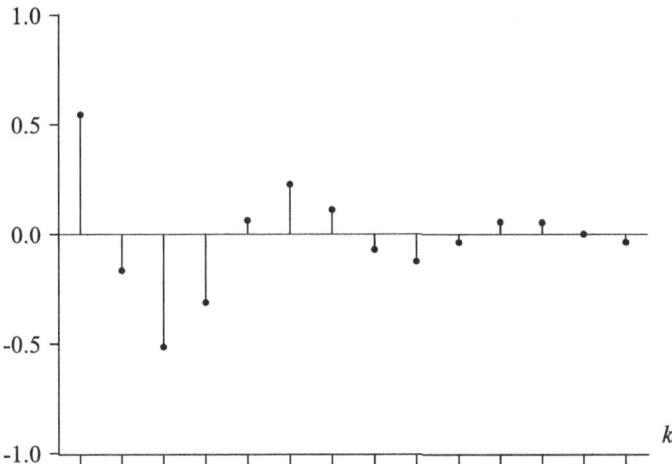

Abb. 9.34 Autokorrelationsfunktion für den AR(2)-Prozess

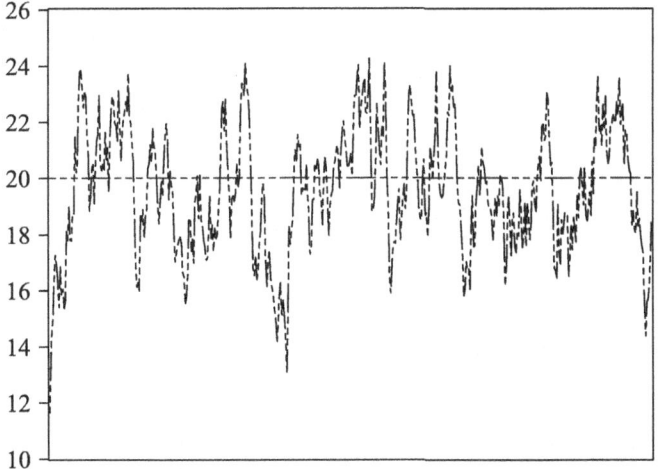

Abb. 9.35 Typische Realisierung des AR(1)-Prozesses

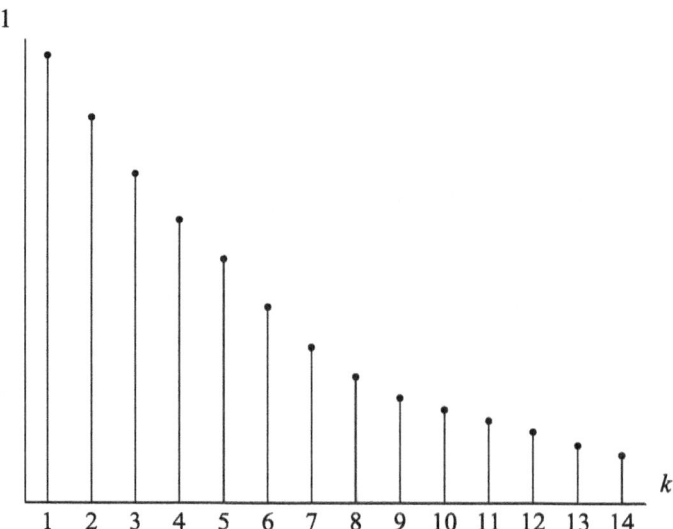
Abb. 9.36 Autokorrelationsfunktion des AR(1)-Prozesses aus Abb. 9.35

Für ein AR(2)-Modell lauten die Yule-Walker-Gleichungen etwa:

$$\rho_1 = \frac{\phi_1}{1-\phi_2}, \quad \rho_2 = \phi_2 + \frac{\phi_1^2}{1-\phi_2};$$

für $k > 2$ gilt:

$$\rho_k = \phi_1 \rho_{k-1} + \phi_2 \rho_{k-2}.$$

Die Yule-Walker-Gleichungen bieten eine Möglichkeit, ein autoregressives Modell zu schätzen. Dabei wird so vorgegangen, dass ρ_1 und ρ_2 mit Hilfe des Rechners aus der Stichprobe berechnet und beide anschließend in die obigen Gleichungen substituiert werden. Dann können die Gleichungen nach ϕ_1 und ϕ_2 aufgelöst werden und man gewinnt somit Schätzungen für die Koeffizienten des AR(2)-Prozesses.

Moving-Average-Prozesse (gleitende Durchschnitte) Ein MA(q)-Prozess ist ein gewichteter Durchschnitt von zufälligen Störtermen, die q Perioden zurückreichen. MA-Prozesse sind stationär und werden wie folgt geschrieben:

$$y_t = \mu + \epsilon_t - \theta_1 \epsilon_{t-1} - \theta_1 \epsilon_{t-2} - \cdots \theta_q \epsilon_{t-q},$$

wobei $\theta_1, \theta_2, \ldots \theta_q$ die Gewichte des MA – mit $\theta \neq 0$ jeweils – darstellen.

Per Annahme folgen die Störterme ϵ einem weißen Rauschen (White-Noise-Prozess), so dass gilt:

9.6 Zeitreihen und Zeitreihenmodelle

$$E(\epsilon) = 0, \quad \text{Var}(\epsilon) = \sigma_\epsilon^2 = \text{const}, \quad \text{Cov}(\epsilon_t, \epsilon_{t \neq k}) = \gamma_k = 0 \text{ für } k \neq 0.$$

Es ist wichtig an dieser Stelle festzuhalten, dass der Mittel- oder Erwartungswert wie im Fall stationärer AR-Prozesse auch für MA-Prozesse zeitunabhängig ist:

$$E(y_t) = \mu.$$

Am Rande sei erwähnt, dass die Stationaritätseigenschaft von MA-Modellen von einigen modernen, deterministischen Trendbereinigungsverfahren (Filtern), die eine MA-Darstellung haben, ausgenutzt wird. Dies trifft insbesondere für die Klasse der so genannten *Bandpass-Filter* zu. Zu dieser Klasse zählen etwa der so genannte Baxter-King- (BK-) und der Christiano-Fitzgerald- (CF-) Filter. Einer ihrer Nachteile – zum Beispiel im Vergleich zu einfachen Polynomtrendmodellen oder dem HP-Filter – besteht darin, dass die gefilterten Reihen an Länge gegenüber den rohen Reihen verlieren. Dies liegt daran, dass die gleitenden Durchschnitte verzögerte Störterme beinhalten und so als Filter die Zeitreihen um einige Beobachtungen verkürzen.

Ein ökonomisch-intuitives Beispiel für eine Zeitreihe, die MA-Charakter hat, ist die Beschreibung des qualitativen Outputs einer Maschine in Form einer Zeitreihe. Der Output zum Zeitpunkt t entspricht einem „Erfahrungswert" an Qualität, den die Maschine durchschnittlich in einer Periode produziert und einer Störung, die in t auftritt – etwa durch menschliche Bedienung der Maschine. Eventuell beeinflussen auch die Störterme vergangener q Perioden den Output in t. Sie werden dann gewichtet und in der Modellierung der Reihe berücksichtigt. Ein Beispiel wäre ein Schaden an einer Maschine, der durch eine Naturkatastrophe, beispielsweise ein Erdbeben, entstanden ist und den qualitativen Output der Maschine beeinflusst. Diese Beeinträchtigung tritt auf in der Periode des Schadens, in der darauffolgenden Periode, in der etwa durch eine provisorische Schnellreparatur die Grundfunktion der Maschine wieder hergestellt wurde, und in weiteren Perioden, bis eine vollständige Reparatur erfolgt ist.

Die wesentlichen Merkmale eines MA(1)-Prozesses kann man, wie folgt, zusammenfassen. Gegeben sei der Prozess

$$y_t = \mu + \epsilon_t - \theta_1 \epsilon_{t-1} \text{ mit Residualteil } \epsilon_t^* = \epsilon_t - \theta_1 \epsilon_{t-1},$$

dann ist der Mittelwert des Prozesses:

$$E(y_t) = \mu,$$

seine Varianz ist:

$$\gamma_0 = E(y_t - \mu)^2 = E(\epsilon_t - \theta_1 \epsilon_{t-1})^2$$
$$= E(\epsilon_t)^2 - \underbrace{2E(\theta_1 \epsilon_t \epsilon_{t-1})}_{(=0)} + E(\theta_1^2 \epsilon_{t-1}^2) \quad (9.1)$$
$$= \sigma_\epsilon^2 - 0 + \theta_1^2 \sigma_\epsilon^2$$
$$= \sigma_\epsilon^2 (1 + \theta_1^2).$$

Ein allgemeines MA(q)-Modell besitzt die Varianz:

$$\text{Var}(y_t) = \gamma_0 = \sigma_\epsilon^2 \left(1 + \theta_1^2 + \theta_2^2 + \cdots + \theta_q^2\right).$$

Seine *Kovarianz* $\text{Cov}(y_t, y_{t-1})$ mit $k = 1$ (zum Lag 1) ist:

$$\gamma_1 = E((y_t - \mu)(y_{t-1} - \mu))$$
$$= E((\epsilon_t - \theta_1 \epsilon_{t-1})(\epsilon_{t-1} - \theta_1 \epsilon_{t-2}))$$
$$= E(\epsilon_t \epsilon_{t-1}) - E(\theta_1 \epsilon_{t-1}^2) - E(\theta_1 \epsilon_t \epsilon_{t-2}) - E(\theta_1^2 \epsilon_{t-1} \epsilon_{t-2}) \quad (9.2)$$
$$= 0 - \theta_1 \sigma_\epsilon^2 - 0 - 0$$
$$= -\theta_1 \sigma_\epsilon^2.$$

Für $k > 1$ gilt $\gamma_k = 0$.

Die Autokorrelationsfunktion eines MA(1)-Prozesses lässt sich aus den Gl. (9.1) und (9.2) bestimmen und lautet:

$$\rho_1 = \frac{\gamma_1}{\gamma_0} = \frac{-\theta_1 \sigma_\epsilon^2}{\sigma_\epsilon^2 (1 + \theta_1^2)} = \frac{-\theta_1}{1 + \theta_1^2};$$

$$\hat{\rho}_k = \frac{\gamma_k}{\gamma_0} = \begin{cases} \frac{-\theta_1}{1+\theta_1^2} & \text{für } k = 1 \\ \\ 0 & \text{für } k > 1. \end{cases}$$

An der Autokorrelationsfunktion sieht man, dass ein MA(1)-Prozess nur ein Gedächtnis von einer Periode besitzt. Mit ihm lassen sich lediglich Vorhersagen für eine Periode in die Zukunft anstellen.

Betrachten wir dazu zunächst das numerische Beispiel für eine MA(1)-Prozessspezifikation:

$$y_t = 2 + \epsilon_t + 0,8 \epsilon_{t-1} \Rightarrow \hat{\rho}_1 = \frac{-\theta}{1 + \theta^2} = \frac{0,8}{1 + 0,64} \approx \frac{1}{2}.$$

9.6 Zeitreihen und Zeitreihenmodelle

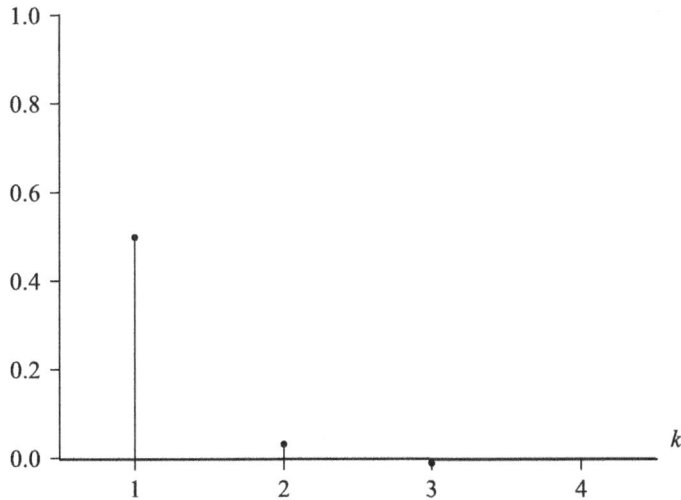

Abb. 9.37 Autokorrelationsfunktion für den MA(1)-Prozess $y_t = 2 + \epsilon_t + 0,8\epsilon_{t-1}$

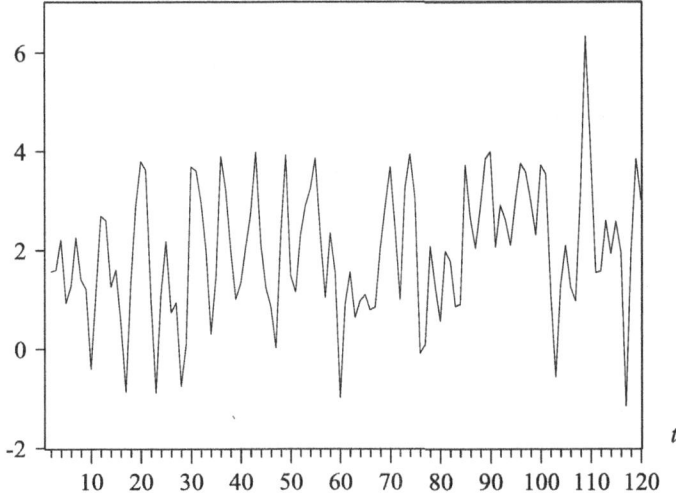

Abb. 9.38 Typische Realisationen des MA(1)-Prozesses $y_t = 2 + \epsilon_t + 0,8\epsilon_{t-1}$

Graphische Darstellungen einer typischen Realisation und der Autokorrelationsfunktion dieses MA(1)-Prozesses zeigen die Abb. 9.37 und 9.38.

Inwiefern grenzen sich MA-Prozesse von AR-Prozessen ab? Im Unterschied zu AR-Prozessen beeinflussen die Störterme eines MA-Prozesses den Prozess nur eine bestimmte, endliche Anzahl von Perioden q und verlieren ihren Einfluss dann abrupt und vollständig, während bei AR-Modellen der Einfluss nachhaltiger besteht, als es die Ordnung p angibt und der Einfluss nicht abrupt, sondern geometrisch abnimmt.

Um uns diesen Sachverhalt zu veranschaulichen betrachten wir beispielhaft einen MA(2)-Prozess der allgemeinen Art:

$$y_t = \mu + \epsilon_t - \theta_1 \epsilon_{t-1} - \theta_2 \epsilon_{t-2}.$$

Erstes und zweites Moment dieses Prozesses lauten:

$$\mathrm{E}(y_t) = \mu \text{ und}$$

$$\mathrm{Var}(y_t) = \gamma_0 = \sigma_\epsilon^2 (1 + \theta_1^2 + \theta_2^2).$$

Seine Kovarianzen sind gegeben durch:

$$\gamma_1 = -\theta_1(1 - \theta_2)\sigma_\epsilon^2$$
$$\gamma_2 = -\theta_2 \sigma_\epsilon^2$$
$$\gamma_k = 0 \quad \text{für} \quad k > 2.$$

Eine exemplarische numerische Spezifikation für einen MA(2)-Prozess und die Berechnung seiner ersten beiden SACF-Werte lauten:

$$y_t = 2 + \epsilon_t + 0{,}6\epsilon_{t-1} - 0{,}3\epsilon_{t-2}$$

$$\hat{\rho}_1 = \frac{-(-0{,}6)(1 - 0{,}3)}{1 + 0{,}36 + 0{,}09} = 0{,}29$$

$$\hat{\rho}_2 = \frac{-0{,}3}{1 + 0{,}36 + 0{,}09} = -0{,}21.$$

Eine typische Realisation des Prozesses veranschaulicht Abb. 9.39. Die zugehörige Autokorrelationsfunktion zeigt Abb. 9.40.

An der in Abb. 9.40 dargestellten Autokorrelationsfunktion ist gut zu erkennen, dass MA(2)-Prozesse ein Gedächtnis von zwei Perioden haben.

ARMA-Modelle Ein ARMA-Modell kombiniert autoregressive und Moving-Average-Modellelemente. ARMA-Prozesse modellieren Zeitreihen, für die Differenzenbildung nicht notwendig ist, um Stationarität der Reihe zu gewährleisten. Ein ARMA-Modell ist also ein Sub-ARIMA-Modell oder ein ARIMA(p, 0, q)-Modell. ARMA-Modelle haben die allgemeine Ordnung ARMA(p, q):

$$y_t = \phi_1 y_{t-1} + \cdots + \phi_p y_{t-p} + \delta + \epsilon_t - \theta_1 \epsilon_{t-1} - \cdots - \theta_q \epsilon_{t-q}.$$

9.6 Zeitreihen und Zeitreihenmodelle

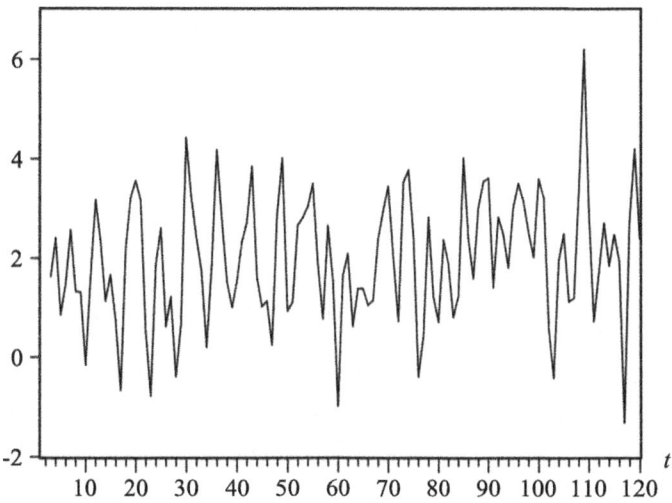

Abb. 9.39 Typische Realisationen des MA(2)-Prozesses $y_t = 2 + \epsilon_t + 0{,}6\epsilon_{t-1} - 0{,}6\epsilon_{t-2}$

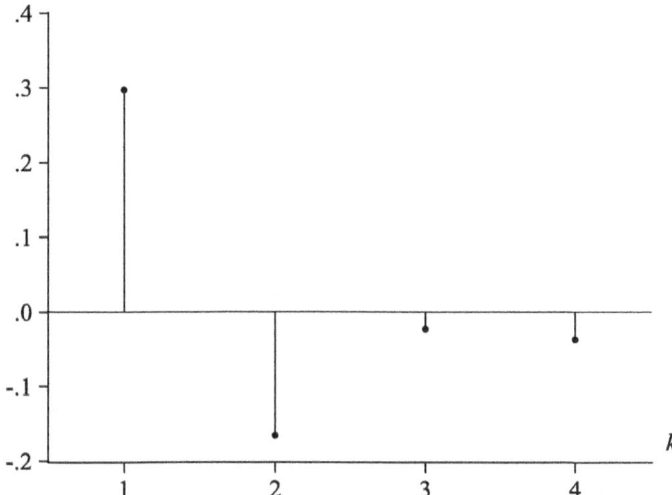

Abb. 9.40 Autokorrelationsfunktion für den MA(2)-Prozess $y_t = 2 + \epsilon_t + 0{,}6\epsilon_{t-1} - 0{,}6\epsilon_{t-2}$

Für den Mittelwert gilt bei Stationarität wie im Fall einfacher AR-Prozesse:

$$\mu = \frac{\delta}{1 - \phi_1 - \phi_2 - \cdots - \phi_p}.$$

Der einfachste ARMA-Prozess ist ein ARMA(1,1)-Prozess der Art:

$$y_t = \phi_1 y_{t-1} + \delta + \epsilon_t - \theta_1 \epsilon_{t-1}.$$

Die Autokorrelationsfunktion dieses Prozesses ermittelt man gemäß:

$$\rho_1 = \frac{(1 - \phi_1\theta_1)(\phi_1 - \theta_1)}{1 + \theta_1^2 - 2\phi_1\theta_1} \text{ bzw.}$$

$$\rho_k = \phi_1\rho_{k-1} \quad \text{für} \quad k > 1.$$

Die ACF fällt demnach mit zunehmenden k-Werten quasi-geometrisch ab. Ihr Startwert ist ρ_1.

Intuitiv lässt sich dies dadurch erklären, dass der MA-Teil des Prozesses ein Gedächtnis von nur einer Periode besitzt und der AR-Teil des Prozesses geometrisch abfällt. Daraus folgt, dass für ARMA(p,q)-Prozesse höherer Ordnung die Autokorrelationsstruktur nicht mehr durch einfache Inspektion verstanden und interpretiert werden kann. Für ARMA(p,q)-Prozesse niedriger Ordnung ist eine exemplarische Autokorrelationsfunktion in Abb. 9.41 und 9.42 dargestellt.

Man kann allerdings feststellen, dass q das Gedächtnis des MA-Teils des Prozesses darstellt und daher für $k > q + 1$ die Autokorrelation dieselbe wie für einen reinen autoregressiven Prozess ist, so dass wir für diesen Fall schreiben können:

$$\rho_k = \phi_1\rho_{k-1} + \cdots + \phi_p\rho_{k-p}.$$

Der Rückwärts-Shift-Operator (*Backward Shift Operator*) Rückwärts-Shift-Operatoren (in der Regel mit B oder L bezeichnet) erlauben durch die folgenden Eigenschaften eine neue Art der Darstellung von und des rechnerischen Umgangs mit stochastischen Prozessen:

Autocorrelation	Partial Correlation		AC	PAC	Q-Stat	Prob
		1	0.839	0.839	353.07	0.000
		2	0.556	-0.497	508.56	0.000
		3	0.339	0.258	566.49	0.000
		4	0.200	-0.140	586.71	0.000
		5	0.118	0.086	593.79	0.000
		6	0.064	-0.086	595.87	0.000
		7	0.028	0.053	596.25	0.000
		8	0.011	-0.016	596.31	0.000
		9	0.012	0.043	596.39	0.000
		10	0.021	-0.021	596.61	0.000
		11	0.030	0.037	597.08	0.000
		12	0.039	-0.006	597.87	0.000
		13	0.042	0.003	598.78	0.000
		14	0.032	-0.035	599.31	0.000
		15	0.014	0.006	599.41	0.000

Abb. 9.41 Mit EViews berechnete Autokorrelationsfunktion (AC) für 500 typische Realisationen des ARMA(1,1)-Prozesses $y_t = 0{,}8y_{t-1} + 2 + \epsilon_t - 0{,}9\epsilon_{t-1}$

9.6 Zeitreihen und Zeitreihenmodelle

			AC	PAC	Q-Stat	Prob
Autocorrelation		Partial Correlation				
	1	-0.901	-0.901	407.92	0.000
	2	0.723	-0.476	671.14	0.000
	3	-0.578	-0.310	839.70	0.000
	4	0.462	-0.223	947.59	0.000
	5	-0.367	-0.150	1015.7	0.000
	6	0.292	-0.099	1058.9	0.000
	7	-0.229	-0.041	1085.5	0.000
	8	0.165	-0.131	1099.3	0.000
	9	-0.110	-0.136	1105.5	0.000
	10	0.076	-0.091	1108.4	0.000
	11	-0.043	0.018	1109.4	0.000
	12	0.006	-0.024	1109.4	0.000
	13	0.018	-0.058	1109.6	0.000
	14	-0.026	-0.028	1109.9	0.000
	15	0.030	-0.017	1110.4	0.000

Abb. 9.42 Mit EViews berechnete Autokorrelationsfunktion (AC) für 500 typische Realisationen des ARMA(1,1)-Prozesses $y_t = -0{,}8 y_{t-1} + 2 + \epsilon_t - 0{,}9 \epsilon_{t-1}$

$$Be_t = e_{t-1},$$

$$B^2 e_t = e_{t-2},$$

$$B^n e_t = e_{t-n}.$$

Man kann demnach einen MA(q)-Prozess der Form

$$y_t = \mu + \epsilon_t - \theta_1 \epsilon_{t-1} - \theta_2 \epsilon_{t-2} - \cdots - \theta_q \epsilon_{t-q}$$

auch derartig als Polynom in B schreiben:

$$y_t = \mu + (1 - \theta_1 B - \theta_2 B^2 - \cdots - \theta_q B^q)\epsilon_t.$$

Alternativ können wir für ein ARMA-Modell auch schreiben:

$$\phi(B) y_t = \delta + \theta(B) \epsilon_t,$$

wobei $\phi(B)$ und $\theta(B)$ hierbei jeweils Polynome darstellen.

Vorhersagen auf der Basis von ARIMA-Modellen Beginnen wir diesen Abschnitt zu Vorhersagen mit dem ARIMA-Ansatz mit dem einfachsten Fall, einem stationären AR(1)-Prozess der Art:

$$y_t = \phi_1 y_{t-1} + \delta + \epsilon_t, \quad |\phi| < 1.$$

Die Vorhersage von einer Periode in die Zukunft lautet dann:

$$\hat{y}_{t+1} = \phi_1 y_t + \delta, \text{ da } E(\epsilon_{t+1}) = 0.$$

Eine Vorhersage von zwei Perioden in die Zukunft ist:

$$\hat{y}_{t+2} = \phi_1 \hat{y}_{t+1} + \delta$$

$$= \phi_1(\phi_1 y_t + \delta) + \delta$$

$$= \phi_1^2 y_t + (1 + \phi_1)\delta$$

und eine Vorhersage von n Perioden in die Zukunft:

$$\hat{y}_{t+n} = \phi_1^n y_t + \sum_{n=0}^{n-1} \phi_1^n \delta.$$

Nachdem es sich um eine stationäre Reihe handelt, konvergiert die Vorhersage mit zunehmendem Vorhersagehorizont ($n \to \infty$) gegen den Mittelwert der Reihe. Als Fazit aus diesen Überlegungen können wir festhalten, dass sich ein AR(1)-Prozess lediglich für kurzfristige Vorhersagen eignet.

Wie verhält es sich mit Vorhersagen auf der Basis von MA-Prozessen? Betrachten wir dazu einen einfachen MA(1)-Prozess der allgemeinen Art:

$$y_t = \mu + \epsilon_t - \theta_1 \epsilon_{t-1}.$$

Seine Vorhersage für eine Periode in die Zukunft, gegeben $E(\epsilon_{t+1}) = 0$ ist:

$$\hat{y}_{t+1} = \mu - \theta_1 \epsilon_t, \text{ denn}$$

$$E(y_{t-1}) = \mu + E(\epsilon_{t+1}) - E(\theta_1 \epsilon_t), \text{ wobei}$$

$$E(\theta_1 \epsilon_t) = \theta_1 \epsilon_t,$$

da ϵ_t zum Zeitpunkt t der Vorhersage bereits eine Realisation darstellt und

$$E(\epsilon_{t+1}) = 0.$$

Ein MA(1)-Prozess hat ein Gedächtnis von nur einer Periode, so dass die gegenwärtigen Daten nicht dazu beitragen können, mehr als eine Periode in die Zukunft vorherzusagen (Abb. 9.43).

9.6 Zeitreihen und Zeitreihenmodelle

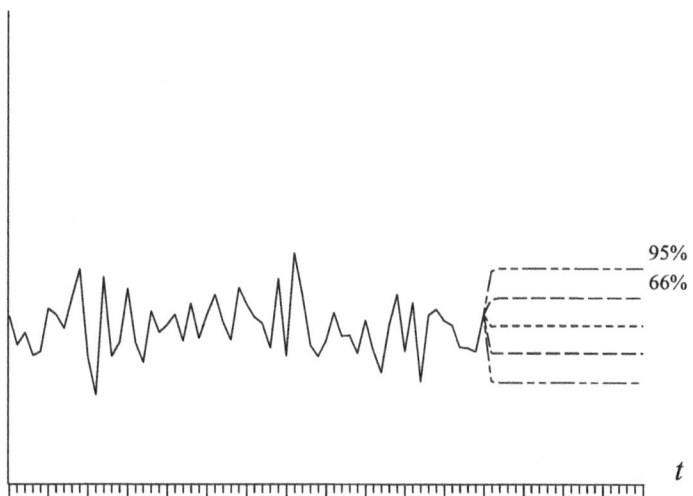

Abb. 9.43 Vorhersage und Konfidenzintervalle für einen MA(1)-Prozess

Also gilt allgemein für Vorhersagen von $k > 1$ Perioden in die Zukunft:

$$\hat{y}_{t+k} = \mu.$$

Die Varianz des Vorhersagefehlers für eine Vorhersage in die Zukunft lautet um 1 Periode: σ_ϵ^2; um 2 oder mehr Perioden: $\sigma_\epsilon^2(1 + \theta_1^2)$.

Kommen wir zu den Vorhersagen mittels eines ARMA(1,1)-Modells der allgemeinen Art:

$$y_t = \phi_1 y_{t-1} + \delta + \epsilon_t - \theta_1 \epsilon_{t-1}.$$

Hier handelt es sich bei der Vorhersage um eine Kombination aus AR- und MA-Modell (Abb. 9.44):

- 1 Periode in die Zukunft: $\hat{y}_{t+1} = \delta + \phi_1 y_t - \theta_1 \epsilon_t$
- 2 Perioden in die Zukunft: $\hat{y}_{t+2} = \phi_1^2 y_t + (1 + \phi_1)\delta - \phi_1 \theta_1 \epsilon_t$.

Nimmt der Vorhersagehorizont zu, konvergiert die Vorhersage gegen den Mittelwert der Reihe, das heißt gegen

$$\mu_y = \frac{\delta}{1 - \phi_1}.$$

Formal können wir dies folgendermaßen schreiben:

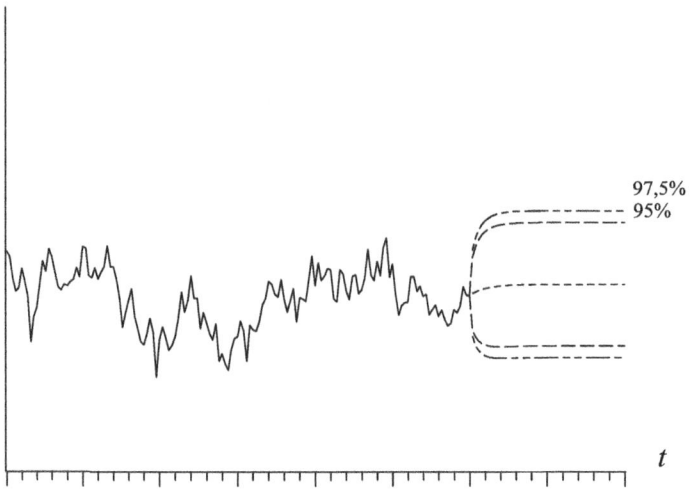

Abb. 9.44 Vorhersage und Konfidenzintervalle für einen stationären ARMA(1,1)-Prozess

$$\lim_{n \to \infty} \hat{y}_{t+n} = \phi_1^n y_t + \delta \sum_{n=0}^{\infty} \theta_1^n = 0 + \frac{\delta}{1 - \theta_1} = \mu_y.$$

Wie lassen sich auf der Grundlage der einfachsten integrierten – und damit nichtstationären – autoregressiven ARI(1,1,0)-Prozessen Vorhersagen treffen?

Betrachten wir dazu zunächst die ersten Differenzen der Reihe oder, in anderen Worten, den stationären I(1)-Teil:

$$w_t = \Delta y_t = y_t - y_{t-1}$$

$$w_{t+1} = y_{t+1} - y_t.$$

Diese ersten Differenzen folgen einem AR(1)-Prozess:

$$w_t = \phi_1 w_{t-1} + \delta + \epsilon_t.$$

Für ihre Vorhersage eine Periode in die Zukunft gilt daher:

$$w_{t+1} = \phi_1 w_t + \delta$$
$$\hat{y}_{t+1} = \hat{w}_{t+1} + y_t$$
$$= \delta + \phi_1 w_t$$
$$= \phi_1 y_t - \phi_1 y_{t-1} + \delta + y_t$$

9.6 Zeitreihen und Zeitreihenmodelle

$$= (1 + \phi_1)y_t - \phi_1 y_{t-1} + \delta.$$

Nimmt der Prognosehorizont n zu, gilt:

$$\lim_{n \to \infty} \hat{w}_{t+n} = \frac{\delta}{1 - \phi_1},$$

das heißt die Vorhersage nähert sich einer Geraden mit einer Steigung von $\frac{\delta}{1-\phi_1}$ an.

Wie man gut an der Darstellung in Abb. 9.45 erkennen kann, wir die Vorhersage eines einfachen ARI-Modells dominiert von einem deterministischen Drift. Dieser Drift in der Vorhersage entfällt für die einmalig differenzierten Realisationen des ARI-Prozesses, wie Abb. 9.46 zeigt. Abb. 9.47 veranschaulicht den adaptiven Charakter einer solchen Vorhersage. Man sieht, wenn der tatsächliche Verlauf von der Vorhersage abweicht, können neue Vorhersagen deutlich anders verlaufen.

Zusammenfassung der wesentlichen Schritte des Box-Jenkins-Ansatzes Die zentralen Schritte des ARIMA-Ansatzes lassen sich in drei Stufen zusammenfassen:

1. *Identifikation und Auswahl des Modells*
   - Die Ordnungen eines ARIMA(p, d, q)-Modells, also die Dimensionen p, d und q müssen festgelegt werden.
   - Es existieren unterschiedliche Ansätze, die Ordnungen zu bestimmen. Eine davon ist durch die Analyse der Eigenschaften der SACF gegeben. Ein weiteres gebräuchliches Instrument zur Ordnungsbestimmung sind Informationskriterien, die in der Regel als eine Kombination von Log-Likelihood-Wert und einem Korrektur- oder

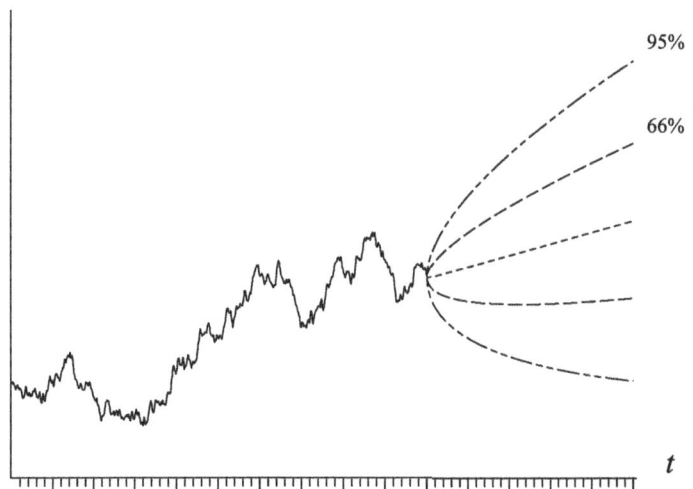

Abb. 9.45 Vorhersage und Konfidenzintervalle für einen ARI-Prozess: ARIMA(1,1,0)

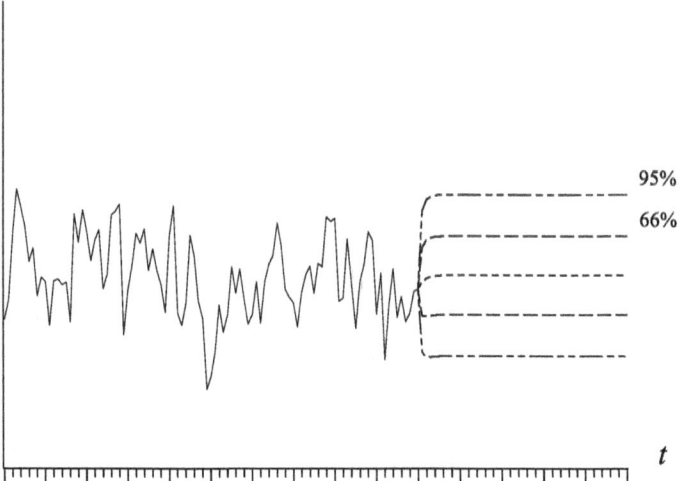

Abb. 9.46 Vorhersage und Konfidenzintervalle für einen einmalig differenzierten ARI-Prozess: erste Differenzen eines ARIMA(1,1,0)

Abb. 9.47 Adaptive Natur einer ARIMA(1,1,0)-Vorhersage: Unterschiedliche Vorhersagen wurden zum Zeitpunkt T sowie T + 3 berechnet

Bestrafungsterm für den Verlust von Freiheitsgraden dargestellt werden können. Populär sind beispielsweise das Schwarz'sche bayesianische (BIC) oder das Akaike-Informationskriterium (AIC).
- Grundsätzlich sollte bei der Ordnungsbestimmung das Parsimonitäts- oder Sparsamkeitsprinzip (*Principle of Parsimony*) angewandt werden. Demnach können die meisten stationären Zeitreihen bereits durch niedrige Ordnungen p und q gut modelliert werden. Oft ergibt sich das Einhalten dieses Prinzips bei der Festlegung der

9.6 Zeitreihen und Zeitreihenmodelle

Ordnung automatisch aufgrund der begrenzten Länge der zur Verfügung stehenden Zeitreihen.

2. *Schätzung*
   Die Parameter (Vektoren) ϕ und θ des ARIMA-Modells müssen geschätzt werden. Dies geschieht in der Regel durch Least-Squares- oder Maximum-Likelihood-Schätzungen. Eine Alternative ist durch Schätzung mittels der Yule-Walker-Gleichungen gegeben.

3. *Überprüfung (Diagnostic Checking)*
   - Überprüfung, ob das ARIMA-Modell wirklich adäquat ist.
   - Eventuell Plot gegen die empirische Reihe.
   - Haben die Residuen des Modells tatsächlich den Charakter eines weißen Rauschens (*White-Noise*-Prozesses) oder besitzen sie noch Struktur? Zur Beantwortung dieser Frage empfiehlt es sich die Autokorrelationsfunktion heranzuziehen.

Eine schematische Darstellung der pragmatischen Vorgehensweise im Rahmen der ARIMA-Modellierung von Zeitreihen zeigt Abb. 9.48.

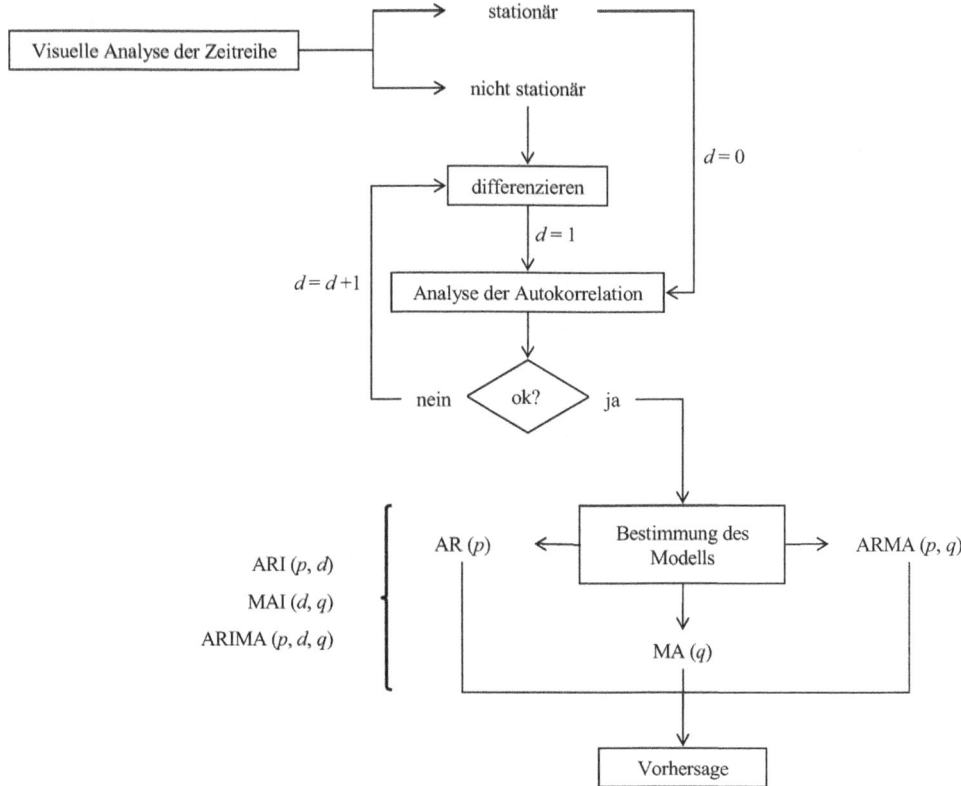

Abb. 9.48 Schematische Darstellung der Vorgehensweise des Box-Jenkins-Ansatz im Rahmen von Zeitreihenmodellen

Abschließende Bemerkungen zur Box-Jenkins-Methodik In der Regel werden in der Ökonometrie Modelle und Hypothesen, die die ökonomische Theorie vorgibt, auf Grundlage der zur Verfügung stehenden Daten untersucht. Bei ARIMA-Modellen verhält es sich dagegen eher so, dass die Daten das Modell bestimmen.

Dem Box-Jenkins-Ansatz wird daher nicht selten nachgesagt, atheoretisch zu sein, unter anderem da keine Kausalzusammenhänge unterstellt werden. Als Reaktion darauf entwickelte sich der so genannte *Structural Econometric Time Series Approach* (SEMTSMA), der eine Synthese zwischen ökonometrischer Modellbildung und der Box-Jenkins-Zeitreihen-Methodologie versucht. Dabei wird unterstellt, dass Variablen eines ökonometrischen Modells (ökonomische Zusammenhänge) durch ARIMA-Prozesse generiert werden.

Zieht man Schlüsse aus einer Zeitreihe, die im weitesten Sinne auf den in der Autokorrelationsfunktion enthaltenen Informationen basieren, spricht man auch von *Zeitbereichs-Ökonometrie (analysis in the time domain)*. Steht dagegen die Analyse der zyklischen Struktur einer Zeitreihe im Vordergrund, kann man einen an die Zeitreihen angepassten stochastischen Prozess vom Zeitbereich in den Frequenzbereich transformieren (beispielsweise über Fourier-Transformation der Koeffizienten eines AR-Modells) und daraus das Spektrum berechnen, das die in einer Reihe enthaltenen Periodizitäten und ihren jeweiligen Beitrag zur zyklischen Dynamik der Zeitreihe visualisiert. Zieht man Schlüsse basierend auf derartig geschätzten Spektraldichten wird dies auch *Frequenzbereichs-Ökonometrie (analysis in the frequency domain)* oder Spektralanalyse genannt. Im Unterschied zu einem in stetiger Zeit formulierten Modell einer Differentialgleichung erster Ordnung kann das zeitdiskret definierte Modell eines AR(1)-Prozesses bis zu einem gewissen Grad periodische oder zyklische Dynamik erzeugen (Tab. 9.4). Dieser Unterschied zwischen zeitkontinuierlicher und zeitstetiger Modellierung hinsichtlich Dynamik und Stabilität ist häufig und insbesondere in der Wachstumstheorie von Bedeutung.

Tab. 9.4 Auswirkung verschiedener Konstellationen von β_1 und β_2 im AR(1) Modell der Art: $y_t = \beta_1 + \beta_2 y_{t-1} + \epsilon_t$

	$\beta_1 = 0$	$\beta_1 \neq 0$
$\beta_2 = 0$	Dynamik ist in jeder Periode rein zufällig. Kein Muster in der Reihe erkennbar	Reihe fluktuiert zufällig um den Mittelwert β_1
$0 < \beta_2 < 1$	Reihe fluktuiert um 0 mit etwas Gedächtnis, was sich in kurzen systematischen Mustern ausdrückt	Mit etwas Systematik fluktuiert die Reihe um den Mittelwert $\frac{\beta_1}{1-\beta_2}$
$0 > \beta_2 > -1$	Reihe oszilliert quasi-zyklisch um 0	Reihe oszilliert quasi-zyklisch um den Mittelwert $\frac{\beta_1}{1-\beta_2}$
$\beta_2 = 1$	Random Walk	Random Walk mit Drift
$\beta_2 > 1$	Explosives (exponent.) Wachstum der Reihe	Explosives (exponent.) Wachstum der Reihe
$\beta_2 < -1$	Immer größer werdende Oszillationen der Reihe	Immer größer werdende Oszillationen der Reihe

9.6.2 Makro-Reihen und häufig verwendete stochastische Prozesse

Im Folgenden sind einige makroökonomische Zeitreihen und häufig verwendete stochastische Prozesse zur Beschreibung derartiger Makro-Reihen dargestellt (Abb. 9.49–9.59).

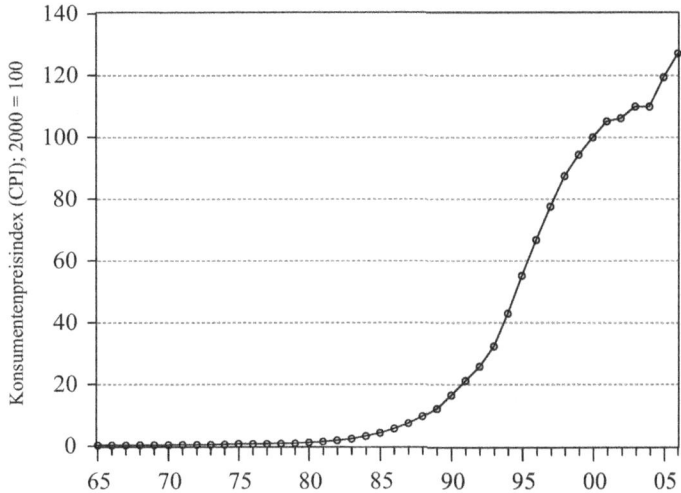

Abb. 9.49 Verbraucherpreisindex für Tansania, 1965–2006 (2000 = 100); Datenquelle: Weltbank (2008a)

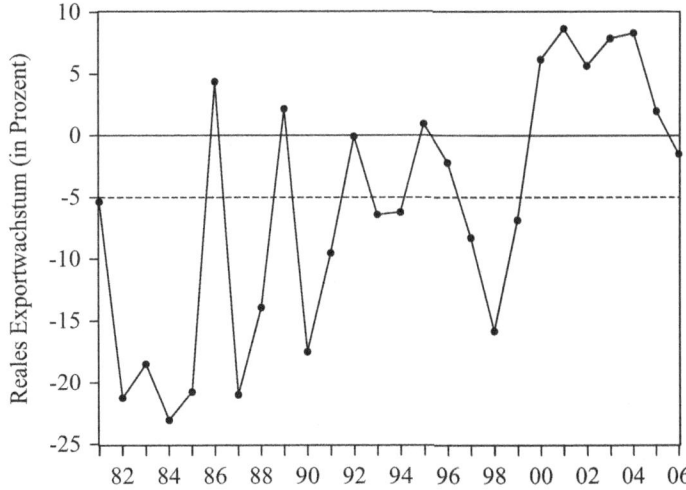

Abb. 9.50 Reales Exportwachstum für Tansania, 1981–2006 (2000 = 100); Datenquelle: Weltbank (2008b)

Abb. 9.51 Inflation und Geldmenge für Tansania: Streudiagramm zu CPI und M2, 1970–1994; Datenquellen: Weltbank (2009), NYU: Development Research Institute (2009)

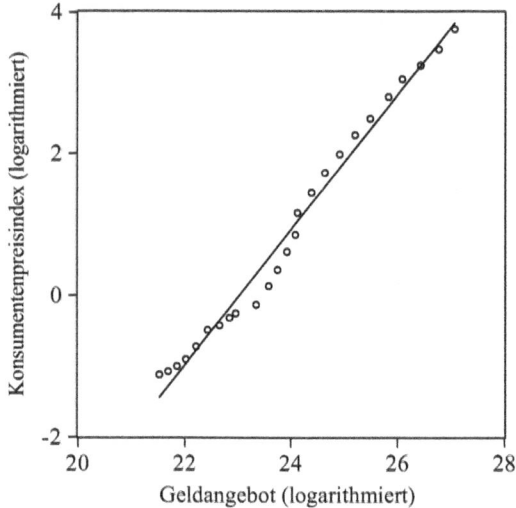

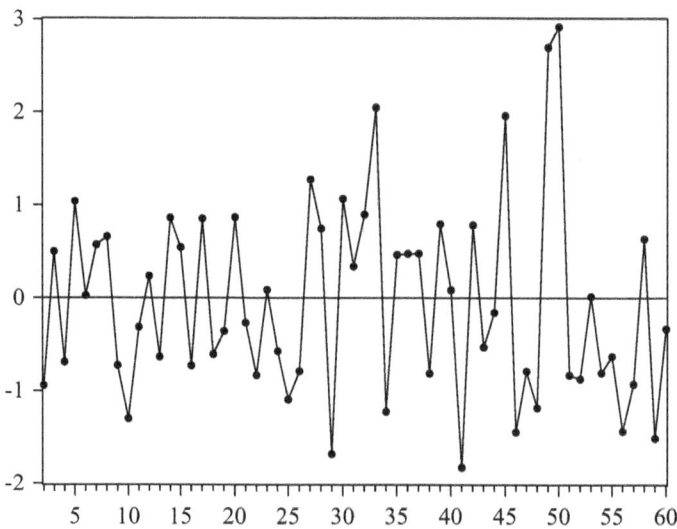

Abb. 9.52 AR(1)-Prozess: $\beta_1 = 0$; $\beta_2 = 0$

9.6 Zeitreihen und Zeitreihenmodelle

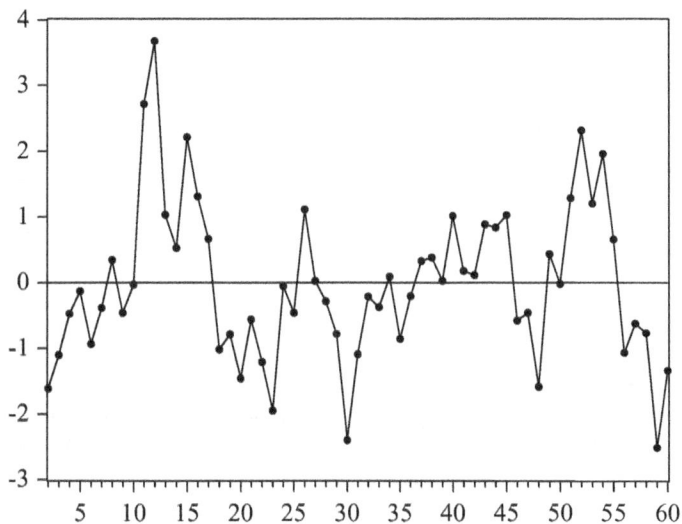

Abb. 9.53 AR(1)-Prozess: $\beta_1 = 0; \beta_2 = 0,5$

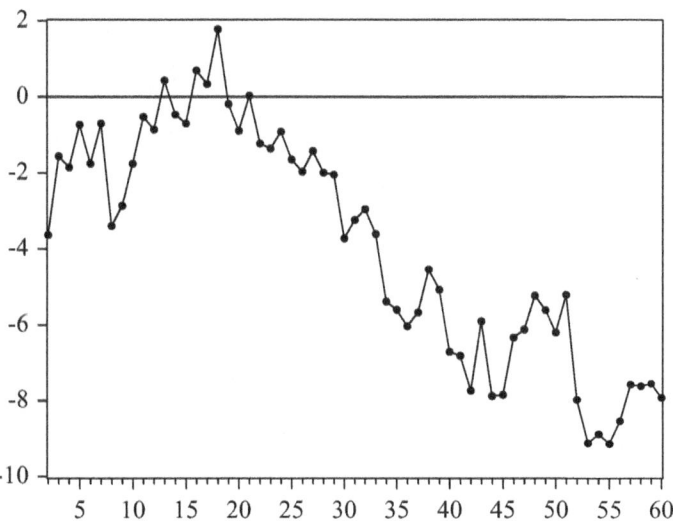

Abb. 9.54 AR(1)-Prozess: $\beta_1 = 0; \beta_2 = 1$

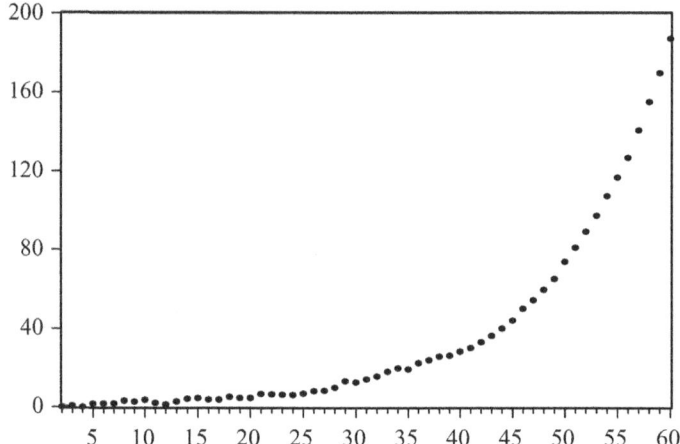
Abb. 9.55 AR(1)-Prozess: $\beta_1 = 0$; $\beta_2 = 1,1$

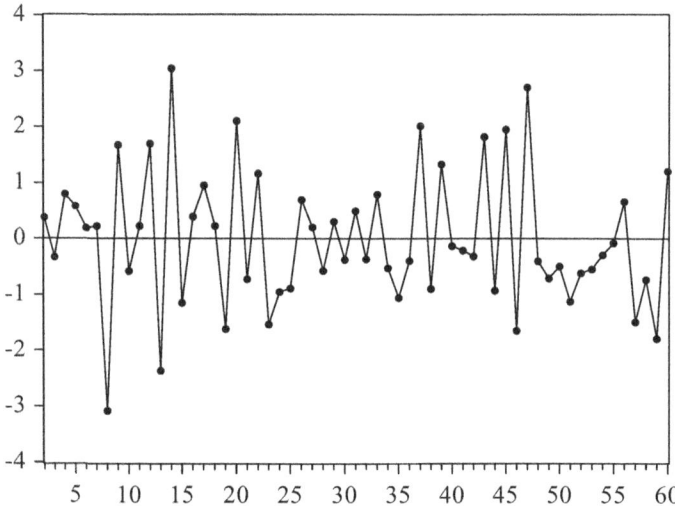
Abb. 9.56 AR(1)-Prozess: $\beta_1 = 0$; $\beta_2 = -0,5$

9.6 Zeitreihen und Zeitreihenmodelle

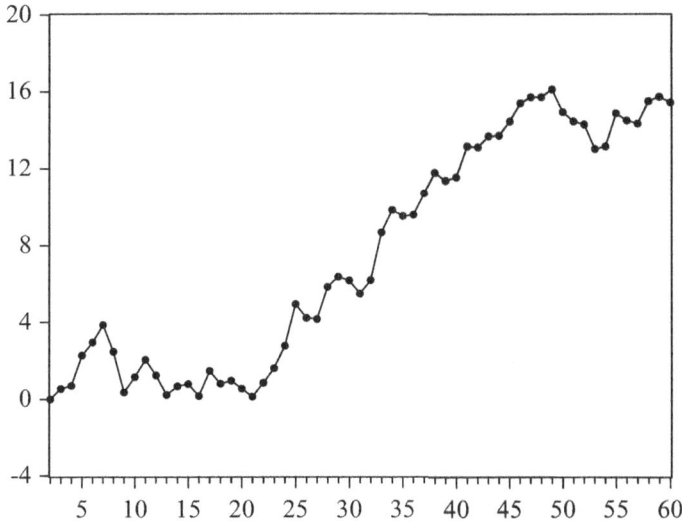

Abb. 9.57 AR(1)-Prozess: $\beta_1 = 0{,}2; \beta_2 = 1$

Abb. 9.58 Zwei Random-Walk-Prozesse

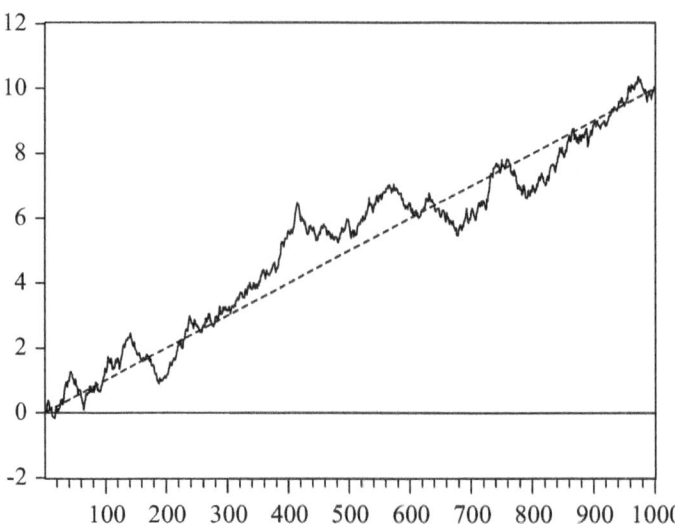

Abb. 9.59 Trend mit stationärer irregulärer Komponente

9.7 Übungsaufgaben

9.1 Nehmen Sie die Tab. 9.1 (y_t bezeichnet darin die ursprüngliche Zeitreihe) zur Hand. Berechnen Sie die Stichproben-Autokorrelationsfunktion für die Lags $k = 2, \ldots, 5$.

9.2 Beschreibt die Reihe

$$y_1, y_2, \ldots, y_T = 1, 2, \ldots, 30$$

einen stationären Prozess? Warum?

9.3 Benutzen Sie das Zyklenmodell aus dem Beispiel zur „Überdifferenzierung" und erzeugen Sie damit mit Hilfe eines Tabellenkalkulationsprogramms wie MS-Excel 100 Beobachtungen der Reihe.

9.4 Logarithmieren Sie die gewonnene Zeitreihe und bilden Sie Differenzen. Wie oft müssen Sie Differenzen der logarithmierten Beobachtungen bilden, bis sich keinerlei zyklische Struktur mehr erkennen lässt?

Anhang A
Tabellenanhang

Tab. A.1 Kumulierte Fläche unter der halben Dichtefunktion der Standard-Normalverteilung im positiven Wertebereich

z	0,00	0,01	0,02	0,03	0,04	0,05	0,06	0,07	0,08	0,09
0,0	0,0000	0,0040	0,0080	0,0120	0,0160	0,0199	0,0239	0,0279	0,0319	0,0359
0,1	0,0398	0,0438	0,0478	0,0517	0,0557	0,0596	0,0636	0,0675	0,0714	0,0753
0,2	0,0793	0,0832	0,0871	0,0910	0,0948	0,0987	0,1026	0,1064	0,1130	0,1141
0,3	0,1179	0,1217	0,1255	0,1293	0,1331	0,1368	0,1406	0,1443	0,1480	0,1517
0,4	0,1554	0,1591	0,1628	0,1664	0,1700	0,1736	0,1772	0,1808	0,1844	0,1879
0,5	0,1915	0,1950	0,1985	0,2019	0,2054	0,2088	0,2123	0,2157	0,2190	0,2224
0,6	0,2257	0,2291	0,2324	0,2357	0,2389	0,2422	0,2454	0,2486	0,2517	0,2549
0,7	0,2580	0,2611	0,2642	0,2673	0,2704	0,2734	0,2764	0,2794	0,2823	0,2852
0,8	0,2881	0,2910	0,2939	0,2967	0,2995	0,3023	0,3051	0,3079	0,3106	0,3133
0,9	0,3159	0,3196	0,3212	0,3238	0,3264	0,3289	0,3315	0,3340	0,3365	0,3389
1,0	0,3413	0,3438	0,3461	0,3485	0,3508	0,3531	0,3554	0,3577	0,3599	0,3621
1,1	0,3643	0,3665	0,3686	0,3708	0,3729	0,3749	0,3770	0,3790	0,3810	0,3830
1,2	0,3849	0,3869	0,3888	0,3907	0,3925	0,3944	0,3962	0,6980	0,3997	0,4015
1,3	0,4032	0,4049	0,4066	0,4082	0,4099	0,4115	0,4131	0,4147	0,4162	0,4177
1,4	0,4192	0,4207	0,4222	0,4236	0,4251	0,4265	0,4279	0,2492	0,4306	0,4319
1,5	0,4332	0,4345	0,4357	0,4370	0,4382	0,4394	0,4406	0,4418	0,4429	0,4441
1,6	0,4452	0,4463	0,4474	0,4484	0,4495	0,4505	0,4515	0,4525	0,4535	0,4545
1,7	0,4554	0,4564	0,4573	0,4582	0,4591	0,4599	0,4608	0,4616	0,4625	0,4633
1,8	0,4641	0,4649	0,4656	0,4664	0,4671	0,4678	0,4686	0,4693	0,4699	0,4706
1,9	0,4713	0,4719	0,4726	0,4732	0,4738	0,4744	0,4750	0,4756	0,4761	0,4767
2,0	0,4773	0,4778	0,4783	0,4788	0,4793	0,4798	0,4803	0,4808	0,4812	0,4817

(Fortsetzung)

Tab. A.1 (Fortsetzung)

z	0,00	0,01	0,02	0,03	0,04	0,05	0,06	0,07	0,08	0,09
2,1	0,4821	0,4826	0,4830	0,4834	0,4838	0,4842	0,4846	0,4850	0,4854	0,4857
2,2	0,4861	0,4864	0,4868	0,4871	0,4875	0,4878	0,4881	0,4884	0,4887	0,4890
2,3	0,4893	0,4896	0,4898	0,4901	0,4904	0,4906	0,4909	0,4911	0,4913	0,4916
2,4	0,4918	0,4920	0,4922	0,4925	0,4927	0,4929	0,4931	0,4932	0,4934	0,4936
2,5	0,4938	0,4940	0,4941	0,4943	0,4945	0,4946	0,4948	0,4949	0,4951	0,4952
2,6	0,4953	0,4955	0,4956	0,4957	0,4959	0,4960	0,4961	0,4962	0,4963	0,4964
2,7	0,4965	0,4966	0,4967	0,4968	0,4969	0,4970	0,4971	0,4972	0,4973	0,4974
2,8	0,4974	0,4975	0,4976	0,4977	0,4977	0,4978	0,4979	0,4979	0,4980	0,4981
2,9	0,4981	0,4982	0,4983	0,4983	0,4984	0,4984	0,4985	0,4985	0,4986	0,4986
3,0	0,4987	0,4987	0,4987	0,4988	0,4988	0,4989	0,4989	0,4989	0,4990	0,4990

Tab. A.2 Perzentile der Student-t-Verteilung ($\alpha = 0{,}05$; 0,025; 0,005 und von 1 bis zu 120 Freiheitsgrade): rechtsseitig kritische Werte

DF	$\alpha = 0{,}05$	$\alpha = 0{,}025$	$\alpha = 0{,}005$
1	6,314	12,706	63,657
2	2,920	4,303	9,925
3	2,353	3,182	5,841
4	2,132	2,776	4,604
5	2,015	2,571	4,032
6	1,943	2,447	3,707
7	1,895	2,365	3,499
8	1,860	2,306	3,355
9	1,833	2,262	3,250
10	1,812	2,228	3,169
11	1,796	2,201	3,106
12	1,782	2,179	3,055
13	1,771	2,160	3,012
14	1,761	2,145	2,977
15	1,753	2,131	2,947
16	1,746	2,120	2,921
17	1,740	2,110	2,898
18	1,734	2,101	2,878
19	1,729	2,093	2,861
20	1,725	2,086	2,845
21	1,721	2,080	2,831
22	1,717	2,074	2,819
23	1,714	2,069	2,807
24	1,711	2,064	2,797
25	1,708	2,060	2,787

(Fortsetzung)

Tab. A.2 (Fortsetzung)

DF	$\alpha = 0{,}05$	$\alpha = 0{,}025$	$\alpha = 0{,}005$
26	1,706	2,056	2,779
27	1,703	2,052	2,771
28	1,701	2,048	2,763
29	1,699	2,045	2,756
30	1,697	2,042	2,750
40	1,684	2,021	2,704
50	1,676	2,009	2,678
60	1,671	2,000	2,660
70	1,667	1,994	2,648
80	1,664	1,990	2,639
90	1,662	1,987	2,632
100	1,660	1,984	2,626
110	1,659	1,982	2,621
120	1,658	1,980	2,617
∞	1,645	1,960	2,576

Tab. A.3 95 %-Konfidenzintervall zu Mobilfunkgerät-Testverkaufsdatenbeispiel

X_i	$\hat{y}_i$	$s\,\gamma_i$	$2{,}228\,s\,\gamma_i$	95 %-Konfidenzintervall	
				Unterer Rand	Oberer Rand
0	210,46	12,57	28,01	182,45	238,47
10	194,66	10,84	24,15	170,51	218,81
20	178,88	9,14	20,36	158,52	199,24
30	163,10	7,45	16,60	146,50	179,70
40	147,32	5,81	12,94	134,38	160,26
50	131,54	4,27	9,51	122,03	141,05
60	115,76	2,98	6,64	109,12	122,40
70	99,98	2,41	5,37	94,61	105,35
80	84,20	2,98	6,64	77,56	90,84
90	68,42	4,27	9,51	58,91	77,93
100	52,64	5,81	12,94	39,70	65,58
110	36,86	7,45	16,60	20,26	53,46
120	21,08	9,14	20,36	0,72	41,44

Tab. A.4 Rechtsseitig kritische Werte der F-Verteilung. Obere 5 %-Punkte

v_2/v_1	1	2	3	4	5	6	7	8	9	10	12	15	20	24	30	40	60	120	∞
1	161,45	199,50	215,71	224,58	230,16	233,99	236,77	238,88	240,54	241,88	243,91	245,95	248,01	249,05	250,10	521,14	252,20	253,25	254,31
2	18,51	19,00	19,16	19,25	19,30	19,33	19,35	19,37	19,38	19,40	19,41	19,43	19,45	19,45	19,46	19,47	19,48	19,49	19,50
3	10,31	9,55	9,28	9,12	9,01	8,94	8,89	8,85	8,81	8,79	8,74	8,70	8,66	8,64	8,62	8,59	8,57	8,55	8,53
4	7,71	6,94	6,99	6,39	6,26	6,16	6,09	6,04	6,00	5,96	5,91	5,86	5,80	5,77	5,75	5,72	5,69	5,66	5,63
5	6,61	5,79	5,41	5,19	5,05	4,95	4,88	4,82	4,77	4,74	4,68	4,62	4,56	4,53	4,50	4,46	4,43	4,40	4,37
6	3,99	5,14	4,76	4,53	4,39	4,28	4,21	4,15	4,10	4,06	4,00	3,94	3,87	3,84	3,81	3,77	3,74	3,70	3,67
7	5,59	4,74	4,35	4,12	3,97	3,87	3,79	3,73	3,68	3,64	3,57	3,51	3,44	3,41	3,38	3,34	3,30	3,27	3,23
8	5,32	4,46	4,07	3,84	3,69	3,58	3,50	3,44	3,39	3,35	3,28	3,22	3,15	3,12	3,08	3,04	3,01	2,97	2,93
9	5,12	4,26	3,86	3,63	3,48	3,37	3,29	3,23	3,18	3,14	3,07	3,01	2,94	2,90	2,86	2,83	2,79	2,75	2,71
10	4,96	4,10	3,71	3,48	3,33	3,22	3,14	3,07	3,02	2,98	2,91	2,85	2,77	2,74	2,70	2,66	2,62	2,58	2,54
11	4,84	3,98	3,59	3,36	3,20	3,09	3,01	2,95	2,90	2,85	2,79	2,72	2,65	2,61	2,57	2,53	2,49	2,45	2,40
12	4,75	3,89	3,49	3,26	3,11	3,00	2,91	2,85	2,80	2,75	2,69	2,62	2,54	2,51	2,47	2,43	2,38	2,34	2,30
13	4,67	3,81	3,41	3,18	3,03	2,92	2,83	2,77	2,71	2,67	2,60	2,53	2,46	2,42	2,38	2,34	2,30	2,25	2,21
14	4,60	3,74	3,34	3,11	2,96	2,85	2,76	2,70	2,65	2,60	2,53	2,46	2,39	2,35	2,31	2,27	2,22	2,18	2,13
15	4,54	3,68	3,29	3,06	2,90	2,79	2,71	2,64	2,59	2,54	2,48	2,40	2,33	2,29	2,25	2,20	2,16	2,11	2,07
16	4,49	3,63	3,24	3,01	2,85	2,74	2,66	2,59	2,54	2,49	2,42	2,35	2,28	2,24	2,19	2,15	2,11	2,06	2,01
17	4,45	3,59	3,20	2,96	2,81	2,70	2,61	2,55	2,49	2,45	2,38	2,31	2,23	2,19	2,15	2,10	2,06	2,01	1,96
18	4,41	3,55	3,16	2,93	2,77	2,66	2,58	2,51	2,46	2,41	2,34	2,27	2,19	2,15	2,11	2,06	2,02	1,97	1,92
19	4,38	3,52	3,13	2,90	2,74	2,63	2,54	2,48	2,42	2,38	2,31	2,23	2,16	2,11	2,07	2,03	1,98	1,93	1,88
20	4,35	3,49	3,10	2,87	2,71	2,60	2,51	2,45	2,39	2,35	2,28	2,20	2,12	2,08	2,04	1,99	1,95	1,90	1,84

Tab. A.4 (Fortsetzung)

v_2/v_1	1	2	3	4	5	6	7	8	9	10	12	15	20	24	30	40	60	120	∞
22	4,30	3,44	3,05	2,82	2,66	2,55	2,46	2,40	2,34	2,30	2,23	2,15	2,07	2,03	1,98	1,94	1,89	1,84	1,78
23	4,28	3,42	3,03	2,80	2,64	2,53	2,44	2,37	2,32	2,27	2,20	2,13	2,05	2,01	1,96	1,91	1,86	1,81	1,76
24	4,26	3,40	3,01	2,78	2,62	2,51	2,42	2,36	2,30	2,25	2,18	2,11	2,03	1,98	1,94	1,89	1,84	1,79	1,73
25	4,24	3,39	2,99	2,76	2,60	2,49	2,40	2,34	2,28	2,24	2,16	2,09	2,01	1,96	1,92	1,87	1,82	1,77	1,71
26	4,23	3,37	2,98	2,74	2,59	2,47	2,39	2,32	2,27	2,22	2,15	2,07	1,99	1,95	1,90	1,85	1,80	1,75	1,69
27	4,21	3,35	2,96	2,73	2,57	2,46	2,37	2,31	2,25	2,20	2,13	2,06	1,97	1,93	1,88	1,84	1,79	1,73	1,67
28	4,20	3,34	2,95	2,71	2,56	2,45	2,36	2,29	2,24	2,19	2,12	2,04	1,96	1,91	1,87	1,82	1,77	1,71	1,65
29	4,18	3,33	2,93	2,70	2,55	2,43	2,35	2,28	2,22	2,18	2,10	2,03	1,94	1,90	1,85	1,81	1,75	1,70	1,64
30	4,17	3,32	2,92	2,69	2,53	2,42	2,33	2,27	2,21	2,16	2,09	2,01	1,93	1,89	1,84	1,79	1,74	1,68	1,62
40	4,08	3,23	2,84	2,61	2,45	2,34	2,25	2,18	2,12	2,08	2,00	1,92	1,84	1,79	1,74	1,69	1,64	1,58	1,51
60	4,00	3,15	2,76	2,53	2,37	2,25	2,17	2,10	2,04	1,99	1,92	1,84	1,75	1,70	1,65	1,59	1,53	1,47	1,39
120	3,92	3,07	2,68	2,45	2,29	2,18	2,09	2,02	1,96	1,91	1,83	1,75	1,66	1,61	1,55	1,50	1,43	1,35	1,25
∞	3,84	3,00	2,60	2,37	2,21	2,10	2,01	1,94	1,88	1,83	1,75	1,67	1,57	1,52	1,46	1,39	1,32	1,22	1,00

Tab. A.5 Chi-Quadrat-Verteilung für FG von 1 bis 100 und rechtsseitige Fläche von 0,001 bis 0,250

FG	Pr 0,001	0,005	0,010	0,025	0,050	0,100	0,250
1	10,828	7,879	6,635	5,024	3,841	2,706	1,323
2	13,816	10,597	9,210	7,378	5,991	4,605	2,773
3	16,266	12,838	11,345	9,348	7,815	6,251	4,108
4	18,467	14,860	13,277	11,143	9,488	7,779	5,385
5	20,515	16,750	15,086	12,833	11,070	9,236	6,626
6	22,458	18,548	16,812	14,449	12,592	10,645	7,841
7	24,322	20,278	18,475	16,013	14,067	12,017	9,037
8	26,124	21,955	20,090	17,535	15,507	13,362	10,219
9	27,877	23,589	21,666	19,023	16,919	14,684	11,389
10	29,588	25,188	23,209	20,483	18,307	15,987	12,549
11	31,264	26,757	24,725	21,920	19,675	17,275	13,701
12	32,909	28,300	26,217	23,337	21,026	18,549	14,845
13	34,528	29,819	27,688	24,736	22,362	19,812	15,984
14	36,123	31,319	29,141	26,119	23,685	21,064	17,117
15	37,697	32,801	30,578	27,488	24,996	22,307	18,245
16	39,252	34,267	32,000	28,845	26,296	23,542	19,369
17	40,790	35,718	33,409	30,191	27,587	24,769	20,489
18	42,312	37,156	34,805	31,526	28,869	25,989	21,605
19	43,820	38,582	36,191	32,852	30,144	27,204	22,718
20	45,315	39,997	37,566	34,170	31,410	28,412	23,828
21	46,797	41,401	38,932	35,479	32,671	29,615	24,935
22	48,268	42,796	40,289	36,781	33,924	30,813	26,039
23	49,728	44,181	41,638	38,076	35,172	32,007	27,141
24	51,179	45,559	42,980	39,364	36,415	33,196	28,241
25	52,620	46,928	44,314	40,646	37,652	34,382	29,339
26	54,052	48,290	45,642	41,923	38,885	35,563	30,435
27	55,476	49,645	46,963	43,195	40,113	36,741	31,528
28	56,892	50,993	48,278	44,461	41,337	37,916	32,620
29	58,301	52,336	49,588	45,722	42,557	39,087	33,711
30	59,703	53,672	50,892	46,979	43,773	40,256	34,800
40	73,402	66,766	63,691	59,342	55,758	51,805	45,616
50	86,661	79,490	76,154	71,420	67,505	63,167	56,334
70	112,317	104,215	100,425	95,023	90,531	85,527	77,577
90	137,208	128,299	124,116	118,136	113,145	107,565	98,650
100	149,449	140,169	135,807	129,561	124,342	118,498	109,141

Tab. A.6 Durbin Watson Teststatistik: 5 % Signifikanzniveau

n	k=1 dL	k=1 dU	k=2 dL	k=2 dU	k=3 dL	k=3 dU	k=4 dL	k=4 dU	k=5 dL	k=5 dU	k=6 dL	k=6 dU	k=7 dL	k=7 dU	k=8 dL	k=8 dU	k=9 dL	k=9 dU	k=10 dL	k=10 dU
6	0,61	1,40																		
7	0,70	1,36	0,47	1,90																
8	0,76	1,33	0,56	1,78	0,37	2,29														
9	0,82	1,32	0,63	1,70	0,46	2,13	0,30	2,59												
10	0,88	1,32	0,70	1,64	0,53	2,02	0,38	2,41	0,24	2,82										
11	0,93	1,32	0,76	1,60	0,60	1,93	0,44	2,28	0,32	2,65	0,20	3,00								
12	0,97	1,33	0,81	1,58	0,66	1,86	0,51	2,18	0,38	2,51	0,27	3,83	0,17	3,15						
13	1,01	1,34	0,86	1,56	0,72	1,82	0,57	2,09	0,44	2,39	0,33	2,69	0,23	2,99	0,15	3,27				
14	1,05	1,35	0,91	1,55	0,77	1,78	0,63	2,03	0,51	2,30	0,39	2,57	0,29	2,85	0,20	3,11	0,13	3,36		
15	1,08	1,36	0,95	1,54	0,81	1,75	0,69	1,98	0,56	2,22	0,45	2,47	0,34	2,73	0,25	2,98	0,72	3,22	0,11	3,438
16	1,11	1,37	0,98	1,54	0,86	1,73	0,73	1,94	0,62	2,16	0,50	2,39	0,40	2,62	0,30	2,86	0,22	3,09	0,16	3,304
17	1,13	1,38	1,02	1,54	0,90	1,71	0,78	1,90	0,66	2,10	0,55	2,32	0,45	2,54	0,36	2,76	0,27	2,98	0,20	3,184
18	1,16	1,39	1,05	1,54	0,93	1,70	0,82	1,87	0,71	2,06	0,60	2,26	0,50	2,46	0,41	2,67	0,32	2,87	0,24	3,073
19	1,18	1,40	1,07	1,54	0,97	1,69	0,86	1,85	0,75	2,02	0,65	2,21	0,55	2,40	0,46	2,59	0,37	2,78	0,29	2,974
20	1,20	1,41	1,10	1,54	1,00	1,68	0,89	1,83	0,79	1,99	0,69	2,16	0,60	2,34	0,50	2,52	0,42	2,70	0,34	2,885
21	1,22	1,42	1,13	1,54	1,03	1,67	0,93	1,81	0,83	1,96	0,73	2,12	0,64	2,29	0,55	2,46	0,46	2,63	0,38	2,806
22	1,24	1,43	1,15	1,54	1,05	1,66	0,96	1,80	0,86	1,94	0,77	2,09	0,68	2,25	0,59	2,41	0,50	2,57	0,42	2,735
23	1,26	1,44	1,17	1,54	1,08	1,66	0,99	1,79	0,90	1,92	0,80	2,06	0,72	2,21	0,63	2,36	0,55	2,51	0,47	2,67
24	1,27	1,45	1,19	1,55	1,10	1,66	1,01	1,78	0,93	1,90	0,84	2,04	0,75	2,17	0,67	2,32	0,58	2,46	0,51	2,613
25	1,29	1,45	1,21	1,55	1,12	1,65	1,04	1,77	0,95	1,89	0,87	2,01	0,78	2,14	0,70	2,28	0,62	2,42	0,54	2,56
26	1,30	1,46	1,22	1,55	1,14	1,65	1,06	1,76	0,98	1,87	0,90	1,99	0,82	2,12	0,74	2,25	0,66	2,38	0,58	2,513
27	1,32	1,47	1,24	1,56	1,16	1,65	1,08	1,75	1,00	1,86	0,93	1,97	0,85	2,09	0,77	2,22	0,69	2,34	0,62	2,47
28	1,33	1,48	1,26	1,56	1,18	1,65	1,10	1,75	1,03	1,85	0,95	1,96	0,87	2,07	0,80	2,19	0,72	2,31	0,65	2,431
29	1,34	1,48	1,27	1,56	1,20	1,65	1,12	1,74	1,05	1,84	0,98	1,94	0,90	2,05	0,83	2,16	0,75	2,28	0,68	2,396
30	1,35	1,49	1,28	1,57	1,21	1,65	1,14	1,74	1,07	1,83	1,00	1,93	0,93	2,03	0,85	2,14	0,78	2,25	0,71	2,363

(Fortsetzung)

Tab. A.6 (Fortsetzung)

n	k=1 dL	k=1 dU	k=2 dL	k=2 dU	k=3 dL	k=3 dU	k=4 dL	k=4 dU	k=5 dL	k=5 dU	k=6 dL	k=6 dU	k=7 dL	k=7 dU	k=8 dL	k=8 dU	k=9 dL	k=9 dU	k=10 dL	k=10 dU
31	1,363	1,496	1,297	1,57	1,229	1,65	1,16	1,735	1,09	1,825	1,02	1,92	0,95	2,018	0,879	1,12	0,81	2,226	0,741	2,333
32	1,37	1,50	1,31	1,57	1,24	1,65	1,18	1,73	1,11	1,82	1,04	1,91	0,97	2,00	0,90	2,10	0,84	2,20	0,77	2,306
33	1,38	1,51	1,32	1,58	1,26	1,65	1,19	1,73	1,13	1,81	1,06	1,90	0,99	1,99	0,93	2,09	0,86	2,18	0,80	2,281
34	1,39	1,51	1,33	1,58	1,27	1,65	1,21	1,73	1,14	1,81	1,08	1,89	1,02	1,98	0,95	2,07	0,89	2,16	0,82	2,257
35	1,40	1,52	1,34	1,58	1,28	1,65	1,22	1,73	1,16	1,80	1,10	1,88	1,03	1,97	0,97	2,05	0,91	2,14	0,85	2,236
36	1,41	1,53	1,35	1,59	1,30	1,65	1,24	1,72	1,18	1,80	1,11	1,88	1,05	1,96	0,99	2,04	0,93	2,13	0,87	2,216
37	1,42	1,53	1,36	1,59	1,31	1,66	1,25	1,72	1,19	1,80	1,13	1,87	1,07	1,95	1,01	2,03	0,95	2,11	0,89	2,196
38	1,43	1,54	1,37	1,59	1,32	1,66	1,26	1,72	1,20	1,79	1,15	1,86	1,09	1,94	1,03	2,02	0,97	2,10	0,91	2,18
39	1,44	1,54	1,38	1,60	1,33	1,66	1,27	1,72	1,22	1,79	1,16	1,86	1,10	1,93	1,05	2,01	0,99	2,09	0,93	2,164
40	1,44	1,54	1,39	1,60	1,34	1,66	1,29	1,72	1,23	1,79	1,18	1,85	1,12	1,92	1,06	2,00	1,01	2,07	0,95	2,149
45	1,48	1,57	1,43	1,62	1,38	1,67	1,34	1,72	1,29	1,78	1,24	1,84	1,19	1,90	1,14	1,96	1,09	2,02	1,04	2,088
50	1,50	1,59	1,46	1,63	1,42	1,67	1,38	1,72	1,34	1,77	1,29	1,82	1,25	1,88	1,20	1,93	1,16	1,99	1,11	2,044
55	1,53	1,60	1,49	1,64	1,45	1,68	1,41	1,72	1,37	1,77	1,33	1,81	1,29	1,86	1,25	1,91	1,21	1,96	1,17	2,01
60	1,55	1,62	1,51	1,65	1,48	1,69	1,44	1,73	1,41	1,77	1,37	1,81	1,34	1,85	1,30	1,89	1,26	1,94	1,22	1,984
65	1,57	1,63	1,54	1,66	1,50	1,70	1,47	1,73	1,44	1,77	1,40	1,81	1,37	1,84	1,34	1,88	1,30	1,92	1,27	1,964
70	1,58	1,64	1,55	1,67	1,53	1,70	1,49	1,74	1,46	1,77	1,43	1,80	1,40	1,84	1,37	1,87	1,34	1,91	1,31	1,948
75	1,60	1,65	1,57	1,68	1,54	1,71	1,52	1,74	1,49	1,77	1,46	1,80	1,43	1,83	1,40	1,87	1,37	1,90	1,34	1,935
80	1,61	1,66	1,59	1,69	1,56	1,72	1,53	1,74	1,51	1,77	1,48	1,80	1,45	1,83	1,43	1,86	1,40	1,89	1,37	1,925
85	1,62	1,67	1,60	1,70	1,58	1,72	1,55	1,75	1,53	1,77	1,50	1,80	1,47	1,83	1,45	1,86	1,42	1,89	1,40	1,916
90	1,64	1,68	1,61	1,70	1,59	1,73	1,57	1,75	1,54	1,78	1,52	1,80	1,49	1,83	1,47	1,85	1,45	1,88	1,42	1,909
95	1,65	1,69	1,62	1,71	1,60	1,73	1,58	1,75	1,56	1,78	1,54	1,80	1,51	1,83	1,49	1,85	1,47	1,88	1,44	1,903
100	1,65	1,69	1,63	1,72	1,61	1,74	1,59	1,76	1,57	1,78	1,55	1,80	1,53	1,83	1,51	1,85	1,48	1,87	1,46	1,899
150	1,72	1,75	1,71	1,76	1,69	1,77	1,70	1,79	1,67	1,80	1,65	1,82	1,64	1,83	1,62	1,85	1,61	1,86	1,59	1,877
200	1,76	1,78	1,75	1,79	1,74	1,80	1,73	1,81	1,72	1,82	1,71	1,83	1,70	1,84	1,69	1,85	1,68	1,86	1,67	1,874

k ist die Anzahl der Koeffizienten abzüglich 1 (des Absolutglied)

Tab. A.7 Anwendungsbeispiel zu asymmetrischer Reaktion aus Komlos und Baur (2004); abhängige Variable: height (cm) of Americans

	White		African-American		Mexican-American	
	male	female	male	female	male	female
(Constant)	172,4*	157,8*	175,3*	161,4*	170,5*	156,2*
Age						
21–29 years						
30–39 years	3,1*	3,8*	1,3*	1,1*	1,3*	1,3*
40–49 years	2,7*	3,4*	1,3*	1,7*	0,300	1,3*
50–59 years	2,4*	2,9*	0,4	0,9	1,2	0,1
Education						
Elementary						
None	−0,7*	−1,5*	−1,1*	−1,0*	−2,4*	−2,5*
High School	1,8*	1,7*	1,1*	0,7*	2,4*	2,8*
University	2,9*	3,5*	1,5*	1,7*	2,5*	3,3*
Income						
None						
Low	−0,8*	−0,9	−0,9*	0,1	−0,8	−0,7
Middle	0,1	0,3	0,4	0,4	−0,2	−0,1
High	0,8	0,7	0,7	0,3	−0,8	1,3
R^2	0,13	0,19	0,07	0,03	0,1	0,2
F	34,44*	60,1*	9,9*	7,0*	10,5*	16,8*
N	5240	5705	686	893	164	184

* significant at 5 % level

Tab. A.8 Anwendungsbeispiel zu asymmetrischer Reaktion aus Komlos und Baur (2004); abhängige Variable: Body-Mass-Index of Americans

	White		African-American		Mexican-American	
	male	female	male	female	male	female
(Constant)	24,8*	24,3*	25,2*	26,5*	25,8*	25,5*
Age						
21–29 years						
30–39 years	1,1*	1,2*	0,5	2,4*	1,4*	2,5*
40–49 years	1,9*	1,5*	0,7*	3,6*	2,7*	3,4*
50–59 years	2,1*	3,1*	1,1*	3,2*	2,1*	2,6*
Education						
Elementary						
None	−0,7*	−0,5	0,1	−0,3	−0,7	−0,7
High School	0,1	−0,3	0,7*	−0,5	0,2	−0,2
University	−0,2	−1,5*	2,0*	−1,5*	−1,6*	−2,1*
Health						
Excellent						
Very Good	0,7*	0,8*	0,3	0,3	0,7	1,0
Good	1,2*	2,0*	0,6	1,5*	1,2*	1,9*
Fair	1,4*	3,0*	0,9*	2,0*	1,6*	1,9*
Poor	0,1	2,9*	−0,1	1,9*	2,0*	4,7*
R^2	0,0	0,0	0,0	0,0	0,1	0,1
F	16,0*	23,0*	2,9	11,8*	5,7*	7,5*
N	5240	5705	686	893	164	184

* significant at 5 % level

Tab. A.9 Anwendungsbeispiel zu Interaktionstermen aus Komlos und Kriwy (2003); abhängige Variable: height of German men and women, 1946–80

Model	1 Men West	2 East	3 West/East	4 Women West	5 East	6 West/East
F	15,22	6,15	18,62	11,53	11,75	22,26
N	1.209	718	1.928	1.181	790	1.972
R^2	0,08	0,06	0,07	0,06	0,1	0,08
Constant	172,15**	172,40**	171,69**	161,49**	159,04**	159,95**
Birth Cohorts						
46–50	–	–	–	–	–	–
51–60	2,57**	1,65	2,24**	0,96	2,65**	1,62**
61–70	4,49**	2,43*	3,74**	3,31**	4,65**	3,77**
71–80	5,50**	4,18**	5,04**	3,73**	5,19**	4,25**
East or West						
West	–	–	0,70*	–	–	1,16**
Residence						
Village	–	–	–	–	–	–
Town	0,54	2,04*	1,18*	0,85	0,01	0,43
City	1,17*	2,37**	1,69**	1,17*	0,06	0,66
Socio Oeconomic Status						
Lower	–	–	–	–	–	
Middle	2,06**	1,18	1,74**	1,60*	2,38**	1,90**
Upper	3,92**	2,96*	3,58**	2,46**	4,20**	3,07

* significant at 5 % level, ** significant at 10 %-level

Literaturverzeichnis

Battalio RC, Kagel JH, McDonald DN (1985) Animal's choices over uncertain outcomes. American Economic Review 75: 597–613

Bedard K, Kuhn PJ (2008) Where class size really matters: Class size and student ratings of instructor effectiveness. Economics of education review 27(3): 253–265

Box GEP, Jenkins GM (1970) Time Series Analysis: Forecasting and Control. Holden-Day, San Francisco.

Deutsche Bundesbank (2009) Umlaufsrenditen inländischer Inhaberschuldverschreibungen / Anleihen von Unternehmen (Nicht-MFIs) / Monatswerte. https://www.bundesbank.de

Deutsche Bundesbank(1992–2008) Lagerinvestitionen in Deutschland. Monatsberichte.

Economic Reports of the President, Council of Economic Advisors (2009) https://fraser.stlouisfed.org/

Greene WH (2003) Econometric Analysis, 5th Edition. Upper Saddle River, N.J: Prentice Hall.

Hoffmann WG (1965) Das Wachstum der deutschen Wirtschaft seit der Mitte des 19. Jahrhunderts. Berlin/Heidelberg/New York: Springer

infratest dimap (2009) Sonntagsfrage Bundestagswahl 04.04.1998 – 20.11.2009. https://www.infratest-dimap.de/

Kagel JH, Battalio RC, McDonald DN (1985) Marihuana and Work Performance: Results from an Experiment. The Journal of Human Resources 15(3): 13–24

Komlos J (2006) Height of French Soldiers, 1716–1784.

Komlos J, Baur M (2004) From the tallest to (one of) the fattest: the enigmatic fate of the American population in the 20th century. Economics and Human Biology 2: 57–74

Komlos J, Kriwy P (2003) The Biological Standard of Living in the Two Germanies. German Economic Review 4: 459–473

Kern M, Süssmuth B (2005) Managerial Efficiency in German Top League Soccer. German Economic Review 6(4):485–506

LMU & TU München(1998–2007) Lehrveranstaltungsevaluationen von wirtschaftswissenschaftlichen Kursen.

Mandel P, Süssmuth B (2011) Size matters. The relevance and Hicksian surplus of preferred college class size. Economics of Education Review 30(5): 1073–1084

McCloskey DN, Ziliak ST (1996) The Standard Error of Regressions. Journal of Economic Literature 34(1): 97–114

NYU: Development Research Institute (2009) Inflation, consumer prices (annual %).https://wp.nyu.edu/dri/resources/global-development-network-growth-database/

Sala-I-Martin X (1997) I Just Ran Two Million Regressions. The American Economic Review, 87(2), 178–183.

Statistisches Bundesamt (2009) Land- und Forstwirtschaft, Fischerei, Tiere und tierische Erzeugung.https://www.destatis.de/DE/Home/_inhalt.html

Statistische Jahrbücher (1974–2008) https://www.destatis.de/DE/Home/_inhalt.html

Süssmuth B (2004) A Note on Death Penalty Executions and Business Cycles in U.S. Federal States: Is there any nexus? Economics Bulletin 11(2): 1–9.

Süssmuth B, Woitek U (2013) Estimating dynamic asymmetries in demand at the Munich Oktoberfest. Tourism Economics, 19(3): 653–674.

US Census Bureau (2009) Monthly Retail Trade Survey Historical Data. https://www.census.gov/

US Census Bureau, US Bureau of Labor Statistics (1985) Current Population Survey (CPS85).

US Department of Commerce, Bureau of Economic Analysis (2009) Quarterly Personal Income by State, ab 1948 herunterladbar von https://www.bea.gov/

Weltbank (2008a) World Development Indicators, Consumer Price Index, Tanzania

Weltbank (2008b) World Development Indicators, Reales Exportwachstum, Tanzania

Weltbank (2009) World Development Indicators. Broad money (current LCU). https://databank.worldbank.org/source/world-development-indicators

Stichwortverzeichnis

A
AC. *Siehe* Stichprobenautokorrelationsfunktion; Autokorrelationsfunktion
Adjustiertes R^2 154
AIC. *Siehe* Informationskriterium: Akaike
Anpassungsgüte 154
AR-Modell. *Siehe* autoregressive Modell
AR-Prozess 183, 184, 187
   Erwartungswert 184
ARIMA-Modell 179–182, 190, 193, 197
ARMA-Modell 190–193, 199, 200
Ausreißer 2
Autokorrelation 153
   -skoeffizient 182
Autokorrelationsfunktion 160–166, 181, 192, 193, 199, 200
   eines MA-Prozesses 188–190
   eines AR-Prozesses 184–185
   Sample- 166
   Stichprobenautokorrelationsfunktion 174, 177
Autokorrelationsstruktur 192
Autokovarianz 161

B
Backward Shift Operator. *Siehe* Rückwärts-Shift-Operator
Battalio, Raymond 7
Bedard, Kelly 14
Bereinigung einer Zeitreihe
   Trendbereinigung 153, 173
   mit einem deterministischen Trendmodell 154
   mit einem stochastischen Trendmodell 158
   Trendbereinigungsverfahren 187
Best Fit. *Siehe* Anpassungsgüte
Bestandsgröße 181
Bestandsvariable 181
Bestimmtheitsmaß R^2 69–73, 172
Bestrafungsterm. *Siehe* Korrekturterm
Bias. *Siehe* Verzerrung
BIC. *Siehe* Informationskriterium: Schwarz'sche bayesianische
Box, E. P. 148, 179
Box-Jenkins-
   Ansatz 148, 200
      Schematische Darstellung 199
      Zusammenfassung der wesentlichen Schritte des 197
   Methodik 200
   Methodologie 178
   Modelle 179

C
Cobb-Douglas-Produktionsfunktion 16
Cumulative Distribution Function (CDF). *Siehe* Verteilungsfunktion

D
Daten
   Paneldaten 21
   Querschnittsdaten 20
   Zeitreihendaten 21
Dickey-Fuller-Verteilung 160

difference stationary process.
 Siehe differenzenstationärer Prozess
Differenzenbildung 148, 166, 168, 190
Differenzenreihe 169
Drift 150
Driftparameter 151, 155
DW-Statistikwert 172

E
Einheitswurzel. *Siehe* Unit-Root
Einheitswurzel-Tests. *Siehe* Unit-Root-Tests
Engel'sches Gesetz 2
Engle, Robert 9
Erwartungswert 37, 181, 183
Experimentalökonomik 7
Extrapolation 178

F
Fehler
 1. Art 50
 2. Art 50
 Fehlerterm 19, 60
 mittlerer quadrierter Fehler 27
 Spezifikationsfehler 19
Filter 154, 160
 Bandpass- 187
  Baxter-King- 187
  Christiano-Fitzgerald- 187
 Differenzenfilter 148, 167–171, 173
 DLog- 157
 HP- 187
Fisher, Irving 9
Flowgröße. *Siehe* Flussgröße
Flussgröße 181
Fourier-Transformation 200
Freiheitsgrad 45, 148, 198
Frequenz 146
Frequenzbereich 200
 -sökonometrie 200
Frisch, Ragnar 9

G
Gauss-Markov-Theorem 64
Gedächtnis, perfektes 150
Granger, Clive 9

Greene, William 8
Grenzwertsatz, zentraler 45
Grundgesamtheit 1, 23
Gütemaß
 F- 154
 Log-Likelihood- 154
 Student-t- 154

H
Haavelmo, Trygve M. 9
Heckman, James 9
Heteroskedastie 153

I
Informationskriterium 197
 Akaike- 198
 Schwarz'sche bayesianische 198
Integration 179
 Ordnung der 182
Integrationseigenschaft 181

J
Jenkins, G. M. 148, 179
Jevons, William S. 9

K
Kagel, John 7
Koeffizient
 Binomial- 6
 Korrelations- 38
 Regressions- 15, 61
Kollinearität 147
Komponente
 deterministische 148
 irreguläre 145, 146, 153
 zyklische 145, 146, 178
Konfidenzintervall 54–56
Konjunktur-Komponente 145, 153, 170, 178
Korrekturterm 198
Korrelation 38
Korrelationskoeffzient 160
Korrelogramm 161, 169
Kovarianz 38
Kuhn, Peter 14

L

Lag 157, 160, 163, 166, 173, 185
Least-Squares-Schätzung 199
Log-Likelihood-Wert 197
Logarithmierung 15, 157, 158, 178

M

MA-Modell. *Siehe* Moving-Average-Modell
MA-Prozess 187, 193
Maximum-Likelihood-Schätzung 199
McCloskey, Deirdre 10
McFadden, Daniel 9
Medianband 13
Methode der kleinsten Quadrate.
    Siehe OLS-Schätzung
Mittelwert 152, 191
Modell, autoregressives, 146, 186
Momentenschätzung, experimentelle.
    Siehe Urnenexperiment
Moore, Henry L. 9
Moving-Average-Modell 146, 187, 188
Moving-Average-Prozess 179, 186
Multikollinearität 147, 153, 172

N

Normalverteilung 40, 43, 163
Nullhypothese 10

O

Ökonometrie 8
    angewandte 4
OLS
    -Modell 23, 153
    -Regression 159
    -Schätzung 59–173
Omitted-Variable-Bias 172
Ordinary-Least-Squares-Schätzung.
    Siehe OLS-Schätzung
Ordnungsbestimmung 197
over differencing. *Siehe* Überdifferenzierung

P

Parsimonitätsprinzip 198
Periodizität 200

Polynomtrend 154
    -modelle 187
Population. *Siehe* Grundgesamtheit
Prescott, Edward 9
Principle of Parsimony.
    Siehe Parsimonitätsprinzip
Prognosehorizont 151, 197
Prozess
    AR(1) 151
    autoregressiver 179
    differenzenstationärer 167
    integrierter 179, 181
    nicht-stationärer 152
    stationärer 153, 156, 157, 158, 160, 163, 166
        Mittelwert 152
    stochastischer 148–153, 161, 201
    trendstationärer 172
p-Wert 54

Q

Querschnittsdatenmodell 21

R

R^2. *Siehe* Bestimmtheitsmaß R^2
Random Walk 149, 167
    Gleichung 155
    mit Drift 151–153, 155
    ohne Drift 149–152
    Prozess 149
        Differenzen des 167
        Erwartungswert 183
        Varianz der Vorhersage eines 151
Rauschen 3
Regressionsmodell, strukturelles 178
Residualteil 156
Residuum 11, 60, 146, 157, 158, 172, 199
Rückwärts-Shift-Operator 192

S

SACF. *Siehe* Stichprobenautokorrelationsfunktion
Saison
    -bereinigung 146–148
    -Effekt 145
    -einfluss 175

-figur (*Siehe* Zeitreihe, wiederholendes Muster einer)
-Komponente 153
Sala-i-Martín, Xavier 6
Sample Autocorrelation Function. *Siehe* Stichprobenautokorrelationsfunktion
Sargent, Thomas 9
Schätzer
　BLUE 64
　effizienter 26
　konsistenter 27
　unverzerrter 26
　verzerrter 27
Scheinregression 153, 172
Scheinzyklizität 170
Schock 150, 171
„sign econometrics" 10
Signifikanzniveau 48, 51
Sims, Christopher 9
Sparsamkeitsprinzip. *Siehe* Parsimonitätsprinzip
Spektralanalyse 200
Spektraldichte 200
Spektrum 200
Spezifikation
　Log-Log- 17
　Logit- 18
Spezifikationsgrad 20
spurious cycles. *Siehe* Scheinzyklizität
spurious regressions. *Siehe* Scheinregression
Stationarität 166, 173, 174, 177, 182, 184, 185, 190, 191
Stationaritätseigenschaft 160, 166, 187
Statistik
　deskriptive 7
　induktive 7, 37
Stichprobe 1
　Stichprobenautokorrelationsfunktion 166, 168
　Stichprobenmittelwert 152
　Stichprobenvarianz 152
　Stichprobenverteilung 26
Stockgröße. *Siehe* Bestandsgröße
Streudiagramm 59

T

Taylorreihenapproximation 158
　erster Ordnung 157, 158
Taylorreihenentwicklung 158

Test
　Dickey-Fuller- 153, 158
　Jarque-Bera-Test 45
　Signifikanztest
　　einseitiger 49
　　zweiseitiger 47–49
　t-Test 51, 160
　Unit-Root 153, 158–160
Tinbergen, Jan 9
Translog-Produktionsfunktionsspezifikation 18
Trend 146, 152, 173
　deterministischer 154, 172
　kubischer 154
　linearer 154
　quadratischer 154
Trendmodell
　deterministisches 153–154, 159
　stochastisches 153, 155–158
Trial and Error 169
t-Verteilung 51, 160

U

Überdifferenzierung 170, 206
Unbeobachtete-Komponenten-Modell 145–147, 178
Unit-Root 149, 156, 160, 167
　-Tests 153, 158–160
Unobserved Components Model. *Siehe* Unbeobachtete-Komponenten-Modell
Unverzerrtheit 26

V

Variable
　abhängige 18
　diskrete 23
　Dummyvariable 19
　Proxyvariable 19
　stetige 23
　unabhängige 18
Varianz 37
　empirische 45
　Stichprobenvarianz 45
　wahre 44
Variationsmuster 145

Verteilung
- Erwartungswert 38
- Gleichverteilung 33
- Häufigkeitsverteilung, relative 24
- Kurtosis 38, 45
- Normalverteilung 40–43, 163
  - Transformation, der 40
- Schiefe 38
- Stichprobenverteilung 27
- Student-t-Verteilung 51–54
- Verteilungsmoment 38

Verteilungsfunktion 24
Verteilungsmoment 21, 25
Vorhersage
- Standardfehler der 151

Vorhersagefehler
- Varianz des 195

W

Wahrscheinlichkeit, empirische 24
Wahrscheinlichkeitsdichtefunktion 24
Wahrscheinlichkeitsmodell 146
White-Noise-Prozess 156, 163, 164, 167, 177

Y

Yule-Walker-Gleichung 185

Z

Zeitbereichs-Ökonometrie 200
Zeitreihe 145
- ARIMA-Modellierung 199
- Bereinigung einer 146
- Diskretisierung 146
- integrierte 181
- Komponente einer 145
- saisonbereinigte 148
- stationäre 151–153, 158, 165
- wiederholendes Muster einer 147
- Zeitreihendaten 145

Zeitreihenmodell 178
- strukturelles 178

Ziliak, Stephen 10
Zufallsvariable 149, 156, 163
- Erwartungswert einer 149

Zusammenhang, linearer 14
Zyklus 171

The manufacturer's authorised representative in the EU is Springer Nature Customer Service Centre GmbH, Europaplatz 3, 69115 Heidelberg, Germany. If you have any concerns regarding our products, please contact ProductSafety@springernature.com

Printed and bound by CPI Group (UK) Ltd, Croydon, CR0 4YY

23/03/2026

02076679-0017